ARKANA

Buch

Ein Arzt legt einer hypnotisierten Frau eine kalte Münze auf den Arm und suggeriert ihr, die Münze sei glühend heiß – und nach kurzer Zeit bildet sich eine Brandblase. Eine amerikanische Hausfrau, die gegen alle bekannten Betäubungsmittel allergisch ist, wird ohne Narkose durch Kaiserschnitt entbunden – mit Hilfe von Hypnose hat man ihr die Schmerzen genommen. Ein deutscher Arzt fährt 72 Tage lang im Faltboot quer über den Atlantik, nachdem er sich durch mentales Training darauf vorbereitet hat, und eine Österreicherin, die an Schüttellähmung leidet, heilt sich selbst durch einige einfache Suggestionsformeln.

Es gibt heute eine Fülle von gut dokumentierten Beispielen für Vorgänge, die nach der herkömmlichen medizinischen oder physikalischen Anschauung eigentlich nicht sein können. Der Geist kann die Gesetze unserer physischen Welt außer Kraft setzen. Früher nannte man so etwas Wunder, göttliche Gnade, Magie oder – bei negativer Bewertung – Hexerei oder Teufelswerk. Heute wissen wir, dass es sich hierbei um ganz normale Vorgänge handelt, um Fähigkeiten, die im Prinzip jeder Mensch besitzt.

Eichelbeck berichtet aus der magischen Welt im nüchternen Ton des Beobachters – ohne Zaubersprüche und ohne esoterische Rituale. Er präsentiert eine Bestandsaufnahme, die auch eindimensionale Rationalisten nicht mehr als Illusionen und Betrug abtun können. Das Potential unserer Geist-Psyche – so der Autor – lässt sich für großartige Fähigkeiten und Leistungen aktivieren.

Autor

Reinhard Eichelbeck studierte Psychologie, Germanistik, Kunstgeschichte und Theaterwissenschaft. Ab 1968 arbeitete er als Autor und Regisseur für Hörfunk und Fernsehen. Als Kultur- und Wissenschaftsredakteur beim ZDF war er für die Sendereihe »Einblick« verantwortlich. Seit 1987 ist er als freier Journalist, Fotograf und Schriftsteller tätig. 1991 produzierte er die Fernsehserie »Die Erde, der Himmel und die Dinge dazwischen« über PSI-Phänomene.

REINHARD EICHELBECK

ÜBERSINNLICH

Berichte aus
der magischen Welt

ARKANA
GOLDMANN

Umwelthinweis:
Alle bedruckten Materialien dieses Taschenbuches sind chlorfrei und umweltschonend.

Originalausgabe April 2004

Umschlaggestaltung: Design Team München
Umschlagmotiv: Artothek © Salvador Dali, VG Bildkunst
Satz: Uhl + Massopust, Aalen
Druck: GGP Media GmbH
Verlagsnummer: 21656
Redaktion: Barbara Raschig
WL · Herstellung: WM
Made in Germany
ISBN 3-442-21656-7
www.goldmann-verlag.de

1. Auflage

Widmung

Dieses Buch ist all den Menschen mit Dank gewidmet,
die in den vergangenen drei- bis viertausend Jahren
durch Forschungen und Erfahrungen im Diesseits und Jenseits
das Material zusammengetragen haben,
auf dem es aufbaut.

Inhalt

Einleitung

»Heute ist man sich auf der physikalischen Seite der Wissenschaft fast ganz einig darüber, dass der Wissensstrom auf eine nichtmechanische Wirklichkeit zufließt; das Weltall sieht allmählich mehr wie ein großer Gedanke als wie eine große Maschine aus. Der Geist erscheint im Reich der Materie nicht mehr als ein zufälliger Eindringling; wir beginnen zu ahnen, dass wir ihn eher als den Schöpfer und Beherrscher des Reiches der Materie begrüßen sollten.«

James Hopwood Jeans

Früher nannte man es Hexerei

Die unglaublichen Fähigkeiten unseres Geistes

Eine Rechtsanwältin erfährt bei einer Untersuchung, dass sie Brustkrebs im Endstadium hat, und man gibt ihr noch höchstens zwölf Wochen zu leben. Unter Anleitung einer Heilerin beginnt sie mit ihren Zellen zu kommunizieren, schickt ihnen in Gedanken Licht und Liebe. Nach vier Monaten sind ihre Blutwerte normal, nach einem Jahr findet man bei einer Röntgenuntersuchung keine Spur mehr von Krebs.

In einem wissenschaftlichen Experiment legt man einer hypnotisierten Frau eine kalte Münze auf den Arm und suggeriert ihr, die Münze sei glühend heiß – nach kurzer Zeit bildet sich eine Brandblase.

Eine amerikanische Hausfrau, die gegen alle bekannten Betäubungsmittel allergisch ist, wird ohne Narkose durch Kaiserschnitt entbunden – mit Hilfe von Hypnose hat man ihr die Schmerzen genommen.

Ein deutscher Arzt fährt 72 Tage lang in einem Faltboot quer über den Atlantik, nachdem er sich durch mentales Training darauf vorbereitet hatte.

Eine Österreicherin, die an Schüttellähmung leidet, heilt sich selbst durch einige einfache Suggestionsformeln.

Früher nannte man es Wunder, göttliche Gnade, Magie, oder – bei negativer Bewertung – Hexerei und Teufelswerk. Nur wenige Menschen erkannten, dass es sich dabei um normale und natürliche Vorgänge handelte, wie zum Beispiel der Arzt Johann von Weier, der Priester Friedrich von Spee oder der Theologe Thomas von Aquin. Dieser schrieb bereits im 13. Jahrhundert: »Jede Idee, die in der Seele entsteht, ist ein Befehl, dem der Körper gehorcht.«

Heute ist die Wahrheit dieser Worte durch zahlreiche Untersuchungen und wissenschaftlich gut dokumentierte Fälle bewiesen. Wenn es um den eigenen Körper geht, ist der Geist allemal in der Lage, die Materie zu beherrschen.

Solche Sachverhalte werden im ersten Teil (Kapitel 1 bis 6) dieses Buches behandelt: die wunderbaren Wirkungen des Geistes im eigenen Körper, Hypnose- und Trancephänomene, so genannte »Spontanremissionen« bei Krebs und anderen Krankheiten sowie verschiedene Methoden des mentalen Trainings mit ihren erstaunlichen Wirkungen.

Wie steht es nun aber um die Fähigkeit des Geistes, auch außerhalb des eigenen Körpers auf die Materie einzuwirken? Um diese Frage geht es im zweiten Teil des Buches (Kapitel 7 bis 10). Betrachtet werden vor allem die so genannten PSI-Phänomene – Telepathie, Hellsehen, Psychometrie, Präkognition und Psychokinese –, aber auch die Geistheilung und die Wirkung positiver Gedanken und Gebete.

Ein pensionierter Polizist beschreibt im Labor kilometerweit entfernte Orte, die zur gleichen Zeit von Versuchspersonen nach einem Zufallsprinzip ausgewählt und aufgesucht wurden. Ein Schriftsteller überträgt seiner Frau in Gedanken Bilder von einfachen Gegenständen – sie zeichnet sie korrekt auf. Ein junger Israeli berührt einen Löffel leicht mit dem Finger, und der Löffel biegt sich, auf dem Tisch liegend, zu einem Winkel von 90 Grad. Ein wissenschaftliches Experiment beweist, dass man durch positive Gedanken das Wachstum von Pflanzen steigern kann. Ein Geistheiler legt einer Frau die Hände auf, und ihre Krebsmetastasen in der Lunge verschwinden.

Der Geist, so zeigen diese eindrucksvollen Beispiele, kann offenbar nicht nur im eigenen Körper die Materie beherrschen, sondern auch außerhalb des Körpers auf fremde Objekte oder Lebewesen einwirken. Wenn dies so ist, drängt sich die Frage auf, ob der Geist dann nicht auch ganz unabhängig vom Körper existieren und wirken könnte. Der dritte Teil des Buches (Kapitel 11 bis 14) versucht, eine Antwort zu geben. Er handelt von Spiritismus und Spukphänomenen, von Nahtoderfahrungen und Jenseitsreisen, von Karma und Reinkarnation.

Ein ehemaliger Elitesoldat wird vom Blitz getroffen und stirbt auf dem Weg ins Krankenhaus. Reanimationsversuche scheitern, aber nach einer halben Stunde kommt er in der Leichenhalle wieder zu sich – nach einer abenteuerlichen Reise ins Jenseits. Ein Schweizer Architekt stirbt nach einem Autounfall und wird wiederbelebt. Als er aus dem Krankenhaus entlassen wird, schreibt er ein Buch mit dem Untertitel: »Der Tod, mein schönstes Erlebnis.« Ein Arzt sammelt Hunderte von Fällen, in denen Kinder sich an frühere Inkarnationen erinnern. Dabei findet er auch zahlreiche Muttermale, die auf die Art hinweisen, wie sie im vorigen Leben zu Tode gekommen sind. Ein amerikanischer Geschäftsmann verlässt bewusst und willentlich seinen Körper und wandert durch irdische und außerirdische Welten. Eine österreichische Schriftstellerin erscheint nachts als Lichterscheinung im Zimmer ihres Ehemanns.

Der Geist kann nicht nur innerhalb und außerhalb des Körpers wirken, er kann offenbar auch unabhängig vom Körper existieren. Eine Fülle ernst zu nehmender Indizien weist zumindest deutlich in diese Richtung.

»Die Seele unverletzbar, ewig ist, in eines jeden Leib, darum die Wesen allesamt sollst du betrauern nimmermehr (…)«, heißt es in der *Bhagavadgita.* Was die heiligen Schriften der Völker seit Jahrtausenden berichten, ist heute durch zahlreiche wissenschaftliche Untersuchungen bestätigt worden: Der Geist beherrscht die Materie – mind over matter.

Begriffe wie Hexerei oder Teufelswerk können wir hier getrost vergessen. Es handelt sich um ganz normale und natürliche Vorgänge – um Fähigkeiten, die im Prinzip jeder Mensch besitzt, wenn auch sicherlich, wie bei allen Talenten, nicht in gleichem Maße. Dass diese Fähigkeiten allgemein nur wenig genutzt werden, liegt wohl hauptsächlich daran, dass die meisten Menschen gar nichts von ihrem Talent wissen, geschweige denn daran glauben. Aber es kann trainiert werden – wie das Lesen, Schreiben und Klavierspielen oder das Radfahren und das Schwimmen.

Gedanken sind wirkende Kräfte, und mit ihnen gestalten wir unsere Gegenwart und unsere Zukunft – im Guten wie im Schlechten. Wir haben die Wahl und wir haben die Verantwortung – für das, was wir tun, und für das, was mit uns geschieht. Schicksal ist nichts schlechthin Verfügtes, sondern etwas von uns selbst Gestaltbares und Gestaltetes. Äußere Umstände sind nicht Strafen oder Hindernisse, sondern Herausforderungen, an denen wir wachsen und uns bewähren sollen.

Wir alle können unser Leben ganz erheblich verbessern und bereichern, wenn wir die Vorurteile gegenüber unseren geistigen Potentialen ablegen und lernen, wie man diese richtig entfalten und einsetzen kann. Durch die zahlreichen Beispiele, die das vorliegende Buch beschreibt, will es hierzu anregen und ermutigen.

Was hat das aber mit Magie zu tun? Die Gestaltung beruht auf drei Komponenten: dem stofflichen Prinzip, dem energetischen Prinzip und dem geistigen, d. h. organisierenden und ordnenden Prinzip.

Die geistige Ebene ist die Ebene der Ursache, die stoffliche Ebene ist die der Wirkung. Das energetische Prinzip wirkt als Vermittler.

Das einfachste Verfahren, Wirkungen zu verändern, besteht darin, ihre Ursachen zu verändern. Die Ursachen verändern, heißt: Sachverhalte auf der Programmebene zu verändern.

Nehmen wir als Beispiel einen programmgesteuerten Industrieroboter, der bestimmte Bewegungen ausführt. Wenn wir ihn dazu bringen wollen, andere Bewegungen auszuführen, wäre es sehr umständlich, wenn wir seinen Greifarm abmontierten, umbauten und wieder anmontierten. Einfacher und energiesparender wäre es, seine Programmierung zu ändern.

Ein Magier, so meinte der Dichter Novalis, sei »derjenige, der ebensowohl die Gedanken zu äußeren Dingen, wie auch äußere Dinge zu Gedanken machen kann«. Und der Franzose Canseliet bezeichnete die Magie als eine »göttliche Kunst, die darin besteht, mit der Seele des Universums

Kontakt aufzunehmen und durch sie die unsichtbaren geistigen Kräfte zu beherrschen«.

Magie ist also die Verwandlung von Dingen auf jener Ebene, auf der das geistige Prinzip Gestalt annimmt – auf der Ebene der Information.

Information ist In-formation, das In-die-Form-hinein-Gehen, das Gestalt-annehmen eines geistigen Prinzips – sei es auf kosmischer oder irdisch-menschlicher Ebene –, indem sie Stoff (Materie) mit Hilfe von Kraft (Energie) in der Bewegung ordnet: zu Schwingungsfiguren, die sich dann unserer Anschauung als Sonnen oder Planeten, als Pflanzen oder Tiere, als Menschen oder von Menschenhand Geschaffenes präsentieren.

All diese Manifestationen sind wandelbar, ihre Gestalt formt sich, sofern sie lebendig sind, im ständigen Stoff-Wechsel, im permanenten Austausch der materiellen Bausteine. Dies ist die Ebene von Aufbau und Zerfall, von Blühen und Welken, von Leben und Tod. Hinter dieser Ebene des Wechsels und Wandels aber steht – als ein Beständiges – das geistige Urbild dieser Manifestationen, eine Art transzendentes oder jenseitiges Ordnungsfeld.

In einem höheren Sinne, der sich nur den wahrhaft Suchenden erschließt, bedeutet Magie demnach die Veränderung der materiellen Formen durch Eingriffe auf der Ebene der Ideen, der Urbilder, der geistigen Ordnungsfelder – Umprogrammierungen auf einer kosmischen Software-Ebene sozusagen.

Diese Umprogrammierungen auf geistiger Ebene geschehen durch Gedanken – in Wort und Bild. Und das ist die wahre Magie: durch Gedanken, durch Worte Wirklichkeit verändern, verbessern, vielleicht sogar neu erschaffen. Der Rest ist Hokuspokus.

Magische Rituale, Amulette, Zauberstäbe, Aromaöle, Kräutertränke, Räucherwerk und dergleichen mehr zeigen nur Wirkung, wenn man an sie glaubt. Und sie dienen keinem anderen Zweck, als eben den Glauben zu bestärken – den Glauben an die wirkende Kraft der Gedanken, ohne den die Gedanken keine Wirkung haben.

Mit Hilfe dieses Glaubens können Gedanken – wie dieses Buch aufzeigen will – wahre Wunder bewirken. Wunder sind erstaunliche Geschehnisse, die aber, wie schon Augustinus bemerkte, nicht im Gegensatz zur Natur geschehen, sondern lediglich im Gegensatz zu dem, was wir von der Natur wissen.

Jesus, nach Ansicht des Parapsychologen Milan Ryzl »das größte Medium der Welt« und vielleicht auch der größte Geistheiler aller Zeiten, sagte: »Dir geschieht, wie du glaubst.« Und an anderer Stelle: »Alle Dinge sind möglich dem, der da glaubt.« Jesus verkaufte keine Öle, keine Amulette und er lehrte keine komplizierten Rituale. Er gab einfache, klare Anweisungen ohne jedes okkultistische Brimborium. Und er hatte Recht damit – denn alles andere ist Zeitverschwendung.

Klingt das zu nüchtern? Die wunderwirkende Kraft der Gedanken wird nicht geringer, wenn man sie von dem überflüssigen Zierrat befreit, der sie oft regelrecht überwuchert. Und der nur zu leicht vergessen lässt, dass die wahre Kraft, die wahre Sicherheit, die wahre Hilfe von innen kommt und nicht durch äußere Gebärden.

Berichte aus der magischen Welt kommen heute ohne Zaubersprüche aus und ohne abramakabres Kauderwelsch. Es geht weder darum, die Kraft der Gedanken zu leugnen oder zu bagatellisieren, wie es materialistische Wissenschaftler gerne tun, noch sie ins maßlos Illusorische zu übertreiben, wie es in gewissen spirituell-esoterischen Kreisen üblich ist. Es geht darum, unsere geistigen Möglichkeiten und Fähigkeiten klar zu erkennen – und da zeigt sich Wunderbares genug – und sie sinnvoll und konstruktiv zu nutzen, um unser Leben besser zu meistern.

Kapitel 1

Und es fließt kein Tropfen Blut

Trancephänomene – das Bewusstsein verändert die Wirklichkeit

Die drei Männer, denen da zu nächtlicher Stunde auf der Terrasse des Schlosses von Helsingör gerade ein Geist, ein Gespenst erschienen ist, sind fassungslos. Und der eine von ihnen, Horatio, meint: »Bei Sonnenlicht – dies ist erstaunlich fremd!« Und sein Freund, Prinz Hamlet, antwortet ihm: »So heißt als einen Fremden es willkommen. Es gibt mehr Ding' im Himmel und auf Erden, als Eure Schulweisheit sich träumt, Horatio.« Der dritte im Bunde, Marcellus, bleibt stumm.

So schrieb es William Shakespeare Anfang des 17. Jahrhunderts in seinem Drama *Hamlet* in der fünften Szene des ersten Aktes. Den zweiten Satz von Hamlets Antwort haben wir oft gehört – den ersten hat man uns oft unterschlagen. Dass es viele seltsame Dinge zwischen Himmel und Erde gibt, lässt sich nicht leugnen – aber dass man sie auch noch willkommen heißen soll, das erschien unseren Bildungsvermittlern wohl etwas übertrieben.

Trotzdem finde ich gerade diesen Ratschlag Hamlets ausgesprochen vernünftig. Es gibt so vieles im Kosmos, und wir wissen so wenig darüber, dass uns zwangsläufig manches fremd und undurchschaubar erscheinen muss. Wir sollten diese Dinge aber nicht von vornherein ablehnen, sondern sie zuerst in ihrer Fremdheit und Undurchschaubarkeit akzeptieren, sie offen und unvoreingenommen betrachten und auf ihre Erklärbarkeit hin untersuchen. Ablehnen können wir sie später immer noch – wenn wir wissen, was wir ablehnen und warum.

Das »erstaunlich Fremde« nun, dem wir uns in den folgenden 14 Kapiteln behutsam nähern wollen, ist jenes für einige Menschen indiskutable, für andere zumindest anrüchige und für wieder andere ausgesprochen faszinierende Gebiet des Übersinnlichen oder Paranormalen, das man früher unter den Stichworten Magie und Hexerei abgehandelt, beziehungsweise verurteilt hat.

Es soll dabei gezeigt werden, dass sich das Seltsame reduzieren lässt auf etwas durchaus Vertrautes, über das wir aber immer noch sehr wenig wissen: das menschliche Bewusstsein – und seine erstaunlichen Möglichkeiten und Fähigkeiten.

Das Gehirn – jenes Organ, mittels dessen sich unser Bewusstsein äußert – ist eines der kompliziertesten Gebilde, die wir kennen. Und wenn wir versuchen, mit Hilfe unseres Gehirns unser Gehirn zu begreifen, dann entspricht das in etwa dem Versuch, sich mit dem Auto, in dem man gerade fährt, selbst zu überholen. Kein Wunder also, dass sich die Naturwissenschaftler hier noch nicht so recht einig sind.

Einige Forscher wie zum Beispiel der französische Neurobiologe Jean-Pierre Changeux betrachten das Bewusstsein einfach als eine Folge elektrischer Vorgänge im Gehirn: »Wozu von ›Geist‹ reden? Unser Verhalten, unsere Gedanken, unsere Gefühle sind Ergebnisse physikalischer und chemischer Vorgänge im Gehirn.«

Andere, wie zum Beispiel der Nobelpreisträger John C. Eccles, lehnen diese Ansicht als allzu materialistisch-mechanistisch ab und sprechen von einer »geheimnisvollen

Beziehung« zwischen dem Gehirn und unserem selbstbewussten Geist. Wobei dieser selbstbewusste Geist durchaus als eine eigenständige Instanz gesehen wird. Ein Buch von John Eccles und Karl Popper trägt den Titel *Das Ich und sein Gehirn*. Hat also das Bewusstsein ein Gehirn? Oder hat das Gehirn ein Bewusstsein? Was war zuerst da? Was ist Ursache, was ist Wirkung? Gehirne ohne Bewusstsein gibt es – aber gibt es auch Bewusstsein ohne Gehirn?

Eine allgemein akzeptierte und wirklich schlüssige Antwort auf die Frage, was das Bewusstsein sei, kann die Naturwissenschaft derzeit leider noch nicht bieten.

Aber auch wenn wir unser Gehirn und unser Bewusstsein noch nicht richtig begriffen haben – gebrauchen müssen wir es, so oder so. Und wir können dies im Guten wie im Schlechten tun, zu unserem Nachteil, oder zu unserem Vorteil: indem wir lernen, seine erstaunlichen Fähigkeiten und Möglichkeiten besser, sinnvoller und konstruktiver zu nutzen.

Besonders eindrucksvoll zeigen sich diese Fähigkeiten, wenn wir uns in einem besonderen Bewusstseinszustand, in Trance, befinden. Dieser Begriff kommt von dem lateinischen Wort »transire«, welches das Überschreiten einer Grenze bezeichnet.

In Trance sind Menschen fähig, barfuß über glühende Kohlen zu gehen, sie können sich Nadeln oder sogar Schwerter durch den Leib stechen lassen, ohne Schmerz zu empfinden oder zu bluten, sie sagen die Zukunft voraus wie vorzeiten die Priesterinnen im Orakel zu Delphi oder sehen Ereignisse, die an anderen Orten stattfinden, wie beispielsweise Emanuel Swedenborg (1688–1772), der 1756 den großen Brand von Stockholm im Geiste miterlebte, während er sich in Göteborg aufhielt.

Immanuel Kant, der Swedenborg zuvor als »Geisterseher« verspottet hatte, war von dieser Vision immerhin so beeindruckt, dass er sich ausführlich über die Einzelheiten informieren ließ und darüber einen Aufsatz veröffentlichte, in dem er die Echtheit des Berichtes anerkannte. Im Übrigen hatte Kant, der ja meist einseitig als purer Rationalist dargestellt wird, durchaus ein tiefes Verständnis für metaphysische Dinge. Von ihm stammt beispielsweise folgende Äußerung: »Es wird noch bewiesen werden, dass die menschliche Seele auch in diesem Leben in einer unauflöslich verknüpften Gemeinschaft mit allen immateriellen Naturen der Geisterwelt stehe, dass sie wechselweise in diese wirke und von ihnen Eindrücke empfange, deren sie sich aber als Mensch nicht bewusst ist, so lange alles wohl steht.«

Swedenborg versetzte sich durch eine besondere Atemtechnik in Trance, die er den »inneren Atem« nannte. Andere Wege, um in Trance zu kommen, bieten die Hypnose, verschiedene Entspannungstechniken, bestimmte psychedelische – das heißt »seelenöffnende«– Drogen, aber auch rhythmisch-eintönige Tänze und Gesänge oder ständig wiederholte Bewegungen, wie zum Beispiel kreisendes Reiben eines Steines auf einer festen Unterlage oder das Drehen einer Gebetsmühle. Diese Techniken, deren Tradition sich bis in die Altsteinzeit zurückverfolgen lässt, sind über die ganze Welt verbreitet und zeigen nur minimale Unterschiede. Erscheinungsformen und Ergebnisse der Trancezustände allerdings unterscheiden sich zum Teil erheblich – je nachdem, welche religiösen oder kulturellen Anschauungen die jeweilige Person oder Gruppe vertritt. Das Spektrum reicht von der ekstatischen Besessenheit eines Voodoo-Priesters über die Visionen von heiligen Männern und Frauen bis hin zu den Werken kreativer oder künstlerisch begabter Menschen.

Es gibt verschiedene Stufen von Trance, und man kann dabei durchaus wach bleiben und wissen, was man tut. Vermutlich sind wir öfter in einer – zumindest leichten – Trance, als uns dies wirklich bewusst ist. Was wir Tagträumerei nennen, hat bereits etwas mit diesem Bewusstseinszustand zu tun, in dem beispielsweise Erfinder wie Thomas Alva Edison auf geniale Ideen gekommen und Musiker wie Johannes Brahms zu unvergesslichen Werken inspiriert worden sind.

»In diesem Zustand der Verzückung sehe ich klar, was mir sonst dunkel ist«, so schrieb Brahms über seine Kompositionsweise. »Sofort strömen die Ideen auf mich ein; ich sehe nicht nur bestimmte Themen vor meinem geistigen Auge, sondern auch die richtige Form, in die sie gekleidet sind, die Harmonien und die Orchestrierung. Takt für Takt wird mir das fertige Werk offenbart, wenn ich mich in dieser seltenen, inspirierten Gefühlslage befinde. (...) Ich muss mich im Zustand der Halbtrance befinden, in einem Schweben zwischen Schlafen und Wachen, um solche Ergebnisse zu erzielen – ein Zustand, in welchem das bewusste Denken vorübergehend herrenlos ist und das Unterbewusstsein herrscht. Denn durch das Unterbewusstsein – Überbewusstsein wäre die bessere Bezeichnung – als einem Teil der Allmacht, geschieht die Inspiration. Ich muss jedoch darauf achten, dass ich das Bewusstsein nicht verliere – denn ich bin dann hart an der Grenze dazu –, sonst entschwinden die Ideen.«

Neuere wissenschaftliche Untersuchungen unterstützen diese Aussage von Johannes Brahms. Es wurde nämlich gemessen, dass bei Trancezuständen die Aktivität der linken Großhirnhemisphäre vermindert, die der rechten Hemisphäre hingegen gesteigert ist.

Das Großhirn des Menschen – jenes gefurchte, walnußähnliche Gebilde unter unserer Schädeldecke – besteht aus zwei getrennten Hälften, so genannten Hemisphären, die durch einen Strang von Nervenbahnen miteinander verbunden sind. Man nimmt heute aufgrund verschiedener Experimente an, dass die linke Großhirnhemisphäre logisch, analytisch und wortbezogen denkt, die Rechte dagegen intuitiv, synthetisch und bildhaft. Wenn wir Rechenaufgaben lösen, dann ist beispielsweise die linke Hemisphäre aktiver, wenn wir in den Tag hineinträumen und unserer Phantasie freien Lauf lassen, die Rechte. Und wenn wir dabei die Augen schließen und alles um uns herum vergessen, dann sind wir bereits in einem Zustand, den man als leichte Trance bezeichnen kann. Dies ist aber weder gefährlich noch anormal, und wir brauchen lediglich die Augen zu öffnen, um von selbst wieder in den gewöhnlichen Wachbewusstseinszustand zurückzukehren.

Die Feststellung, dass in Trance die rechte Großhirnhemisphäre aktiver ist als die Linke, beantwortet allerdings nicht die Frage, woher solche außergewöhnlichen Inspirationen wie die von Johannes Brahms und anderen Künstlern kommen. Und sie liefert uns auch keine Erklärung für die anderen außerordentlichen Leistungen, zu denen Menschen in Trance fähig sind – beispielsweise für die Tatsache, dass wir unseren Körper in diesem besonderen Bewusstseinszustand auf eine schier unglaubliche Weise beherrschen können.

Ein beeindruckendes Beispiel hierfür findet sich alle Jahre wieder Ende Januar in Singapur – beim »Taipusam«, einem Fest zu Ehren von Lord Subrahmanya, einem alten Kriegsgott der Hindus, der dem Planeten Mars zugeordnet und in Indien auch Karttikeya oder Skanda genannt wird.

Auf den ersten Blick erscheint es wie eines der üblichen Volksfeste – es ist Musik zu hören, man sieht tanzende Menschen, und es herrscht eine fröhliche, beinahe ausgelassene Stimmung. In einer Prozession, die über viele Kilometer vom Sri-Mariamman-Tempel zu Chettiar's Tempel führt, tragen junge Männer reichgeschmückte, käfigartige Aufsätze, die bis zu 32 Kilo schwer sind – so genannte »Kavadis«. Und sie tragen diese schweren Gestelle nicht nur, sie tanzen auch noch damit. Auf diese Weise lösen sie Gelübde ein, sie tun Buße für vergangene Sünden und erhoffen sich Vergebung für zukünftige.

Auch das erscheint nicht außergewöhnlich – doch bei genauer Betrachtung bemerkt man, dass die Kavadis in unzähligen Stahlspitzen enden, die sich tief ins Fleisch der Träger bohren, und dass einige der Tänzer sich außerdem Angelhaken in die Haut geschlagen haben, an denen Gewichte hängen. Da steht ein junger Mann, dessen Wangen quer von einem stricknadeldünnen Dolch durchstochen sind, umringt von anderen Männern, die einen rhythmischen Sprechgesang anstimmen – jetzt streckt er die Zunge heraus, und einer der Männer durchbohrt sie mit einem zweiten Dolch. Das Gesicht des jungen Mannes zeigt einen ruhigen, entspannten Ausdruck, seine Pupillen sind nach oben gekehrt, verschwinden zur Hälfte unter dem Lidrand. Er ist, wie die anderen Kavaditräger, in Trance, empfindet offensichtlich keinen Schmerz, und – was noch erstaunlicher ist – es fließt kein Tropfen Blut.

Für meine Sendereihe *Die Erde, der Himmel und die Dinge dazwischen* hatte ich 1984 Filmmaterial von einem Taipusam-Fest aus Singapur bekommen und zu einem Beitrag zusammengestellt. Als der Film auf einer Pressekonferenz vorgeführt wurde, verließen zwei der anwesenden Journalisten den Vorführraum, weil sie diese Bilder nicht ertragen konnten. Wir haben den Beitrag daraufhin noch einmal bearbeitet und in einer etwas entschärften Version gesendet.

Was aber war so erschreckend an diesem Film? Man sieht keine schmerzverzerrten Gesichter, es fließt kein Blut – wir sind aus dem Fernsehen Schlimmeres gewöhnt. Aber die verstümmelten Leichen, die brennenden Häuser, die explodierenden Fahrzeuge, der ganze tägliche Mord und Totschlag erschrecken uns weniger als diese Aufnahmen. Woran mag das liegen?

Eine mögliche Ursache könnte sein, dass wir uns mit den jungen Männern in Singapur identifizieren, uns in Gedanken in sie hineinversetzen und uns vorstellen, dass wir selbst diese Torturen erleiden. Und bei der bloßen Ahnung der damit verbundenen Schmerzen dreht sich uns der Magen um. Das Paradoxe dabei ist, dass jene Männer in Singapur die gleiche Vorstellungskraft, die Kraft ihrer Gedanken, ihres Glaubens, dazu benutzen, um ebendiesen Schmerz auszuschalten. Dass dies den Taipusam-Tänzern gelingt, ist erstaunlich genug. Aber noch erstaunlicher finde ich, dass hier kein Blut fließt. Ich weiß aus der Zeit, als ich mich noch rasierte, dass schon eine kleine Verletzung um den Mund herum ein morgendliches Blutbad zur Folge hatte – und hier: kein Tropfen Blut.

Solche Leistungen sind auch von Yogis oder Fakiren bekannt – und in einem fast unvorstellbaren Ausmaß hat diese Fähigkeit Ende der 40er Jahre ein Holländer demonstriert. Arnold Gerrit Johannes Henskes, der sich »Mirin Dajo« nannte, hat sich in verschiedenen öffentlichen Auftritten mit Floretten durchbohren lassen – mit zugespitzten Röhren, durch die Wasser geleitet wurde, und mit einem 2,5 Zentimeter breiten und fünf Millimeter dicken Schwert.

Diese Auftritte wurden durch Fotos und Filmaufnahmen sowie durch Röntgenaufnahmen dokumentiert, die zeigten, dass lebenswichtige Organe durchstochen wurden, Lunge und Leber zum Beispiel.

Dass Mirin Dajos Fähigkeiten auch ihre Grenzen hatten, zeigte sich 1948, als er an den Folgen eines Experiments starb, bei dem er einen Dolch schluckte und ihn durch geistige Kräfte aus seinem Körper zu entfernen versuchte.

Solche extremen Leistungen werden wohl Ausnahmen bleiben – dass aber auch normale Menschen die Fähigkeit haben, Schmerzen auszuschalten und Blutungen zu stoppen, wenn sie sich in einem besonderen Bewusstseinszustand befinden, zeigt ein Beispiel aus den USA.

Dr. Kay Thompson bildet an der Universität von Pittsburgh Zahnärzte aus. Sie hat im Verlauf unzähliger Zahnbehandlungen festgestellt, dass die gefühlsbedingte Erregung der Patienten deren Blutgerinnung beeinflusst und dass man hier mit Hypnose helfend eingreifen kann. Man kann dadurch den Patienten nicht nur die Angst nehmen, sondern sie auch dazu veranlassen, Blutungen selbst zum Stillstand zu bringen. Dr. Thompson hat dies am eigenen Leibe ausprobiert, indem sie sich in Hypnose einer Nasenoperation unterzog – ohne Anwendung von Betäubungsmitteln. Das Skalpell kitzelte sie in der Nase und sie musste niesen – aber sie empfand keine Schmerzen dabei und sie blutete nicht. Normalerweise braucht man bei solchen Operationen ein Gerät zum Blutabsaugen – aber da Dr. Thompson die Blutung selbst kontrollieren konnte, war dies hier nicht nötig.

Zu den Patienten von Dr. Thompson gehörte unter anderen auch der Rockmusiker Al Hines. Der Leadsänger und Gitarrist einer Pittsburgher Rockband ist Bluter – er leidet an Hämophilie, einer schweren erblichen Krankheit, bei der die Blutgerinnung gestört ist. Sobald er sich verletzt, ist er in Gefahr zu verbluten, da die Blutung nur sehr schwer gestillt werden kann. Durch Hypnose ist er inzwischen im Stande, die Blutgerinnung selbst zu beeinflussen.

Bis zu seinem sechzehnten Lebensjahr wagte sich kein Zahnarzt an ihn heran. Als dann eine Zahnoperation unumgänglich wurde, konsulierte der Patient Dr. Thompson, die es erfolgreich mit Hypnose versuchte: Während der Operation blieb die befürchtete unstillbare Blutung aus. Und Al Hines ist kein Einzelfall. Eine Untersuchung von Hämophiliekranken ergab, dass ohne Hypnose pro Patient zwischen fünf und 35 Bluttransfusionen nötig waren. Mit Hypnoseanwendung waren es nur zwei bis drei.

Dr. Martin Orne, Professor für Experimentelle Psychiatrie in Philadelphia, kommentierte diesen Sachverhalt wie folgt:

»Die Kontrolle von Blutungen hängt hauptsächlich von der Zusammenziehung der Blutgefäße ab, die vom Nervensystem gesteuert wird, und von der Gerinnung des Blutes, die biochemischer Natur ist. Dass in Hypnose die Zusammenziehung der Blutgefäße beeinflusst werden kann, wissen wir inzwischen. Wie aber die Blutgerinnung, die Biochemie des Blutes, durch Hypnose verändert werden kann, ist noch nicht so recht klar. Die Erfahrungen mit Hämophiliepatienten zeigen jedoch, dass dies offenbar möglich ist. Hier gibt es noch sehr viel zu erforschen – aber es ist doch ein aufregender Gedanke, dass wir irgendwie die Fähigkeit haben, solche grundsätzlichen biochemischen Vorgänge im Körper zu beeinflussen.«

Es erscheint auf den ersten Blick verblüffend, dass wir unsere Körperfunktionen in einem solchen Ausmaß beeinflussen können – aber es ist eigentlich gar nicht so ungewöhnlich. Wenn wir vor Schreck oder Wut erbleichen, ziehen sich unsere Blutgefäße zusammen, wenn wir vor Verlegenheit erröten, erweitern sie sich. Und unsere Gefühle rufen chemische Veränderungen im Körper hervor – bei Freude ebenso wie bei Ärger, Aufregung oder Angst. In unserer Sprache kennen wir eine Reihe von Ausdrücken, die darauf hinweisen: Wir kriegen Herzklopfen oder kalte Füße, etwas schnürt uns die Kehle zusammen, der Angstschweiß bricht uns aus allen Poren oder wir sind vielleicht sogar vor Angst wie gelähmt. Solche Vorgänge passieren normalerweise unwillkürlich, das heißt sie werden vom Unterbewusstsein gesteuert und sind dem bewussten Willen nicht unterworfen. Im besonderen Bewusstseinszustand der Trance aber wird das Unwillkürliche willkürlich beeinflussbar.

Unsere Gefühle verändern unseren Körper – und unsere Vorstellungen verändern unsere Gefühle. Wenn wir zum Beispiel im Fernsehen eine Zahnoperation in Großaufnahme sehen, dann bricht die Erinnerung an alle vergangenen Zahnschmerzen über uns herein und verursacht ein Gefühl des Unbehagens – obwohl man doch nur vor dem Fernsehapparat sitzt, und nicht im Behandlungsstuhl des Zahnarztes.

Unsere Vorstellungskraft verändert die Art und Weise, wie wir die Realität erleben, sie verändert unsere Wahrnehmung. Wie weit das gehen kann, demonstrierte Professor Martin Orne in einem Hypnoseexperiment mit seinem Patienten Steven Schonwald. Dabei gab er ihm in Hypnose die Anweisung, die Zahl zwischen Fünf und Sieben zu vergessen, weckte ihn auf und bat ihn, seine Finger zu zählen.

Und Mr. Schonwald zählte: »Eins, zwei, drei, vier, fünf, sieben, acht, neun, zehn, elf.«

Er stutzte, schaute einen Augenblick ratlos auf Professor

Ornes Hände und zählte noch einmal: »Eins, zwei, drei, vier, fünf, sieben, acht, neun, zehn – elf?«

Er sah Professor Orne fragend an und sagte: »Was ist da los?«

Professor Orne hielt ihm seine linke Hand hin und fragte: »Wieviel Finger sind das hier?«

»Eins, zwei, drei, vier, fünf«, zählte Steven Schonwald.

»Und wie viele sind das hier?«, fragte Professor Orne und hielt ihm die rechte Hand hin.

»Eins, zwei, drei, vier, fünf.«

»Wie viele Finger habe ich also?«, fragte Professor Orne.

»Zehn«, antwortete Steven Schonwald.

»Gut«, sagte Professor Orne, »dann zählen Sie jetzt noch einmal.«

Und Steven Schonwald zählte: »Eins, zwei, drei, vier, fünf, sieben, acht, neun, zehn – elf?!«

Er schüttelte den Kopf, zählte stumm noch einmal Professor Ornes Finger, schaute ihn dann hilfesuchend an und fragte: »Was mach ich falsch? Das ist doch irgendwie nicht in Ordnung...«

Professor Orne hypnotisierte ihn nun ein zweites Mal, gab ihm die Anweisung, sich an alles zu erinnern, führte ihn wieder aus der Hypnose heraus und bat ihn dann, noch einmal bis zehn zu zählen.

Steven Schonwald lächelte und zählte: »Eins, zwei, drei, vier, fünf, *sechs*, sieben, acht, neun, zehn.«

»Sie wissen jetzt, was Sie getan haben?«, fragte Professor Orne. Und als Steven Schonwald dies bestätigte, fragte er weiter: »Wie war das – wie fühlten Sie sich dabei?«

»Aufgeregt«, meinte Steven Schonwald, »oder besser gesagt – verwirrt. Alles war plötzlich irgendwie aus den Fugen. Und ich wusste nicht warum.«

Diese Situation entbehrt nicht einer gewissen Komik – aber sie macht auch nachdenklich. Da ist ein erwachsener Mann, der vermutlich seit seinem fünften oder sechsten Lebensjahr weiß, dass nach der Fünf die Sechs kommt – und dann, nur weil ihm jemand in Hypnose die Anweisung gibt, vergisst er diese Zahl, sie existiert nicht mehr für ihn.

Hier drängt sich die Frage auf, wie viele Dinge wir vielleicht nicht wahrnehmen, weil uns irgendwann einmal jemand gesagt hat, dass es sie nicht gibt. Oder wie viele unserer Fähigkeiten wir nicht nutzen, weil uns einmal jemand gesagt hat: »Das kannst du nicht.«

Kleine Kinder befinden sich häufig in einem entrückten Bewusstseinszustand, der mit Hypnose oder Trance zu vergleichen ist. Und dann kann aus einer beiläufigen Bemerkung unter Umständen ein Befehl werden, den wir vielleicht ein Leben lang befolgen, ohne uns dessen bewusst zu sein.

Das Kind ist klein und muss zum Erwachsenen aufschauen. Wenn man aber die Augen schräg nach oben richtet und den Blick fixiert, gerät man leicht in einen veränderten Bewusstseinszustand, der durch erhöhte Suggestibilität – das heißt Beeinflussbarkeit durch Suggestion – gekennzeichnet ist. Einige Hypnosetechniken verwenden dieses Verfahren.

Der Ausdruck Suggestion stammt vom lateinischen »suggerere«, was soviel bedeutet wie: eingeben, anraten oder unterschieben – und gemeint ist damit eine gefühlsmäßige oder seelische Beeinflussung des Menschen. Unter Autosuggestion versteht man dementsprechend eine Selbstbeeinflussung des Menschen ohne Fremdeinwirkung. Der Begriff »suggestio« war im Lateinischen ein rhetorischer Fachausdruck. Er bezeichnete die Beantwortung der Frage eines

Redners durch ihn selbst. Nach dem Muster: Wer ist an allem schuld? Die Roten! Oder die Schwarzen, die Gelben, die Grünen – wie auch immer, die Etiketten sind beliebig austauschbar. Die erhöhte Tribüne, auf der ein Redner stand, wurde bei den Römern »suggestum« genannt – und dass manche Redner ihre Zuhörer regelrecht hypnotisieren können, ist nichts Neues.

Auch der Pfarrer in der Kirche steht auf seiner Kanzel den Gläubigen gegenüber erhöht, und so können seine Worte wie eine Art hypnotischer Befehl wirken. Wenn er dann auf seine Schäfchen herunterdonnert: »Ihr seid alle Sünder!«, dann provoziert er geradezu jenes Übel, gegen das er predigt.

Das Gleiche gilt für den Erwachsenen, der von oben herab seinem Kind Befehle erteilt in der Art wie: »Dafür bist du zu klein, das kannst du nicht, dafür bist du zu dumm!«, oder Ähnliches. Solche Befehle vergisst man, verdrängt man mit der Zeit. Sie rutschen ab ins Unterbewusstsein. Aber sie verlieren damit nicht ihre Wirksamkeit. Sie halten uns fest, behindern uns, machen uns mutlos – ohne dass wir eigentlich wissen, warum. Und das oft noch nach Jahrzehnten.

Man neigt dazu, solche Äußerungen nicht so ernst zu nehmen – aber Suggestionen können ganz erstaunliche, vielleicht sogar fatale Wirkungen erzeugen: zum Beispiel einen Menschen etwas sehen lassen, das in Wirklichkeit gar nicht vorhanden ist.

Professor Orne hat dies unter anderem in einer Sendung des kanadischen Fernsehens demonstriert, als er eine Versuchsperson durch hypnotische Suggestion dazu brachte, den Moderator der Sendung doppelt zu sehen. Man spricht in solchen Fällen von »Halluzination« oder Sinnestäuschung. Und dies kann alle Sinne betreffen, nicht nur Gesicht und Gehör, sondern auch Geruch, Geschmack und Tastsinn.

In diesem Hypnoseexperiment konnte die Versuchsperson zum Beispiel keinen Unterschied zwischen dem echten und dem halluzinierten Moderator feststellen, obwohl sie auf Anweisung von Professor Orne beide mit der Hand berührte.

»Körperlich war kein Unterschied zu bemerken«, sagte die Versuchsperson nach dem Experiment, »das Haar fühlte sich gleich an, ebenso die Struktur der Jacke.«

»Ist Ihnen einer von den beiden echter oder wirklicher vorgekommen?«, wollte Professor Orne wissen.

»Eigentlich nicht«, meinte die Versuchsperson, »aber der halluzinierte Moderator war mir sympathischer.«

»Das ist kein Wunder«, kommentierte Professor Orne lachend, »Sie haben ihn ja auch erschaffen …«

Unser Bewusstsein ist offenbar in der Lage, Bilder, wie es sie im Traumschlaf hervorbringt, unter bestimmten Umständen auch dann zu produzieren, wenn wir wach sind. Gehirnforscher, wie beispielsweise der Chilene Francisco Varela, gehen heute davon aus, das nur ein Teil der Informationen, aus denen sich unser Bewusstsein sein Bild von der äußeren Wirklichkeit bastelt, aus dem optischen Apparat der Augen stammt. Der Rest – vermutlich mehr als die Hälfte – kommt aus anderen Quellen: von anderen Sinnesorganen, vielleicht sogar aus jenem Bereich, den man als »außersinnliche Wahrnehmung« bezeichnet.

In diesem Zusammenhang könnte man auch an jene Erlebnisse von Menschen denken, die plötzlich »sahen«, wie ein naher Verwandter, der weit entfernt war, in Gefahr geriet – beispielsweise im Krieg verwundet wurde. Unter den fast 20000 Zuschriften, die ich zu meiner Sendereihe *Die*

Erde, der Himmel und die Dinge dazwischen bekam, war auch der Brief eines Zuschauers, der unter anderem folgendes schrieb:

»Bei einem Besuch meiner Eltern in Eisleben (...) sagte mir meine Mutter: ›Hier in meinem Kalender habe ich notiert, am 15. Januar 1942, dass du an dem Tag gegen 14 Uhr schwer verwundet wurdest. Ich lag auf dem Sofa, ruhte mich aus und sah plötzlich an der Wand ein Bild: Soldaten wurden verwundet, darunter auch du. Es war nur ganz kurz zu sehen.‹... Ich betone, dass niemand zuvor mit meiner Mutter über Ort und Zeit meiner schwersten Verwundung gesprochen hatte. Also: Bildübermittlung von Russland nach Eisleben ohne Fernseher!«

Mit solchen Fernwahrnehmungen werden wir uns im achten Kapitel noch ausführlicher beschäftigen.

Viele Wissenschaftler nehmen derartige Erlebnisse nicht so recht ernst. Aber dass wir in der Tat ständig etwas sehen, das wir eigentlich gar nicht sehen können, ist unbestritten. Den Beweis dafür liefert der so genannte »blinde Fleck«. An jener Stelle, wo der Sehnerv das Auge verlässt, liegen keine Sehzellen, und so müsste unser Blickfeld eigentlich zwei leere Stellen enthalten. Aber unser Gehirn füllt diese Löcher einfach aus. Dass unser Auge dort, wo sich der blinde Fleck befindet, tatsächlich nichts sieht, kann man sich durch ein kleines Experiment verdeutlichen.

Man nehme ein Blatt Schreibmaschinenpapier, lege es quer vor sich hin und zeichne in das rechte Drittel einen schwarzen Kreis von etwa zwei Zentimetern Durchmesser. Links davon, in einem Abstand von etwa elf Zentimetern, zeichne man ein schwarzes Kreuz mit einer Balkenlänge von ebenfalls etwa zwei Zentimetern. Wenn man nun das rechte Auge zuhält und das linke aus einer Entfernung von etwa vierzig Zentimetern starr auf den Kreis richtet, wird das Kreuz verschwinden. Ebenso wird, wenn man das linke Auge zuhält und mit dem rechten starr auf das Kreuz schaut, der Kreis verschwinden. Die richtige Entfernung, bei der Kreuz oder Kreis verschwinden, lässt sich durch Aufwärts- oder Abwärtsbewegung des Kopfes leicht herausfinden. Es ist nur wichtig, das offene Auge nicht hin- und herzubewegen.

Auf eine Distanz von vier Metern wird durch den blinden Fleck bereits ein Objekt von der Größe eines menschlichen Kopfes ausgelöscht, aber wir merken nichts davon. Unser Gehirn füllt die Lücke automatisch aus – daher sehen wir ständig etwas, das wir eigentlich gar nicht sehen können. Und diese Fähigkeit des Gehirns, Bilder zu produzieren oder zu verändern, ist offenbar auch bei den Halluzinationserscheinungen wirksam.

Durch eine ganze Reihe von Hypnoseexperimenten ist gezeigt worden, dass nicht nur positive Halluzinationen, bei denen etwas nicht Vorhandenes gesehen wird, möglich sind, sondern umgekehrt auch negative Halluzinationen, bei denen etwas tatsächlich Vorhandenes nicht gesehen wird.

Richard von Krafft-Ebing, Ende des 19. Jahrhunderts Professor für Psychiatrie in Wien, beschrieb beispielsweise ein Experiment, in dem er einer Versuchsperson in Hypnose suggerierte, sein Assistent sei verreist: »Dieser macht weiter seine Besuche, doch sie sieht und hört ihn nicht, ist daher entsetzt, weil sie die Türe gehen, einen Hut, eine Uhr durch die Luft sich bewegen und von unsichtbarer Hand die Blätter eines Buches umwenden sieht, denn sie nimmt nur die Gegenstände wahr, nicht den wegsuggerierten Träger.«

Es lässt sich bei solchen und ähnlichen Demonstrationen natürlich nicht mit absoluter Sicherheit sagen, ob die Reaktionen der Beteiligten echt sind, oder nur gespielt. Aber es gibt Reaktionen in Hypnose, die schlechterdings nicht simuliert werden können – wenn man zum Beispiel ohne Betäubung operiert wird und keine Schmerzen verspürt, oder wenn messbare körperliche Veränderungen erzeugt werden. Über derartige Vorgänge gibt es inzwischen eine ganze Reihe gut dokumentierter wissenschaftlicher Untersuchungen.

Kapitel 2

Alles spielt sich im Kopf ab

Hypnose – die Vorstellungskraft besiegt den Schmerz

Im Jahre 1962 spielte die amerikanische Hausfrau Janet Salisz, die in einem kleinen Ort in Michigan, im Norden der USA, lebte, die »Hauptrolle« in einem Aufsehen erregenden medizinischen Film.

Es hatte sich herausgestellt, dass das Kind, das sie erwartete, nur durch einen Kaiserschnitt zur Welt gebracht werden konnte. Da sie aber gegen alle bekannten Betäubungsmittel allergisch war, gab es nach Ansicht ihrer Ärzte nur noch eine Möglichkeit, ihr die Schmerzen zu ersparen, nämlich indem man sie vor der Operation hypnotisierte. Die beteiligten Ärzte ließen die Operation und die Operationsvorbereitungen filmen, um ihre Kollegen davon zu überzeugen, dass auch psychologische Techniken, wie die Hypnose, zur Schmerzkontrolle eingesetzt werden können.

Das Baby, ein Junge, kam ohne Probleme zur Welt, und Janet Salisz bestätigte später, dass sie während der Operation keine Schmerzen empfunden hatte. Nachdem dieser erste Versuch so erfolgreich verlaufen war, beschloss sie, noch zwei weitere Kinder auf gleiche Weise zur Welt zu bringen: durch Kaiserschnittoperationen, die mit Hilfe von Hypnose durchgeführt wurden.

»Es war anders, als ich es mir vorgestellt hatte«, erinnerte sich Janet Salisz später. »Es war weniger eine Veränderung im Bewusstsein, als vielmehr in meiner Körperempfindung. Ich hatte damit gerechnet, das Bewusstsein zu verlieren, aber stattdessen wurde mein Körper empfindungslos, und ich war nach der Entbindung so schlaff, dass ich kaum meine Arme und Beine bewegen konnte. Gleichzeitig war ich in einem Zustand der Euphorie und völlig in Einklang mit den Menschen um mich herum.«

Ihr Hausarzt wusste, dass Janet sich gerne durch Klavierspielen und Singen entspannte. Während der Hypnoseeinleitung zur Vorbereitung der Operation gab er ihr daher die Anweisung, sie solle sich vorstellen, dass sie Klavier spiele und dabei singe. Während des Singens, so suggerierte er ihr, werde sie sich immer weiter entspannen und immer ruhiger werden. Diese Anweisungen wiederholte der Arzt später während der Operation, und so erlebte Janet Salisz singend, wie ihr Kind durch Kaiserschnitt zur Welt gebracht wurde.

»Ich war sehr erleichtert, als alles vorbei war«, meinte Janet Salisz rückblickend. »Es ist überaus anstrengend, sich zu konzentrieren, wenn so viel um einen herum vorgeht. Ich hatte anfangs etwas mystische Vorstellungen von der Hypnose. Ich dachte, dass man dabei sein Bewusstsein einem anderen Menschen überantwortet und dann alles tut, was dieser verlangt. Aber in Wirklichkeit war es dann so, dass ich mich einfach völlig entspannte und dass sich in dieser Entspannung mein Bewusstsein von meinem Körper trennte. Ich beobachtete, was da vor sich ging, und ich fühlte mich wohl dabei. Und es wurde von Mal zu Mal einfacher.«

In einem Gespräch mit ihrem Arzt bestätigte Janet Salisz nach der Operation, dass sie sich trotz der Hypnose all dessen bewusst war, was um sie herum passiert war. Sie wusste noch, dass sie gesungen hatte, sie erinnerte sich an die hellen Operationslampen, und sie konnte auch Auskunft darüber geben, was die Ärzte und Schwestern mit ihr gemacht hatten: »Man hat mich gewaschen, und dann hat der Arzt – glaube ich – zwei Schnitte gemacht. Und dann spürte ich, wie er nach dem Baby getastet hat, und er fragte die Schwester, ob sie bereit wäre, das Baby zu nehmen, und dann war es auch schon da und fing an zu schreien. Und der Arzt sagte mir, ich solle meine Augen öffnen, und ich öffnete sie und sah seinen Kopf und seine Beine – es war ein Junge ...«

Dieses außergewöhnliche Operationsverfahren ist nicht so ganz neu. Bereits Mitte des 19. Jahrhunderts hatte der englische Arzt James Braid seine Patienten in Trance versetzt, um sie schmerzfrei operieren zu können. Da er den Eindruck hatte, dass seine Patienten dabei in einen schlafähnlichen Zustand gerieten, nannte er sein Verfahren – nach Hypnos, dem griechischen Gott des Schlafes, einem Sohn der Nacht und Zwillingsbruder von Thanatos, dem Gott des Todes – »Neurohypnose«, das heißt Nervenschlaf.

Die Anwendung von Hypnose und Trancetechniken zu Heilungszwecken ist schon seit Jahrtausenden in zahlreichen Kulturen üblich. Uralte mesopotamische und indische Schriften berichten davon, und aus Ägypten sind uns Angaben zur Hypnoseeinleitung erhalten, die im 3. Jahrhundert vor Christus aufgezeichnet wurden. Griechische Priester des Äskulapkultes heilten ebenso mit Hilfe von Suggestionen wie die Schamanen afrikanischer und australischer Naturvölker. Und Ende des 18. Jahrhunderts kam es in Europa durch Männer wie Mesmer, Puységur und de Faria regelrecht zu einer hypnotischen Modewelle mit Begriffen wie »Magnetismus«, »Mesmerismus« und »Somnambulismus«.

James Braids Erfolge mit seinen Hypnoseoperationen waren eindrucksvoll, ebenso wie die seines schottischen

Kollegen Esdaile, der in Indien über 300 Operationen mit dieser Methode durchführte. Dabei reduzierte er die damals übliche Sterberate von sechzig auf fünf Prozent. Leider setzte sich diese wirkungsvolle und gleichzeitig nebenwirkungsfreie Methode nicht durch, denn kurz darauf entdeckte man Chloroform und Lachgas als Betäubungsmittel, die leichter anzuwenden waren.

Heute allerdings wird die Hypnose von einigen Ärzten wieder in ihrer ursprünglichen Weise bei Operationen eingesetzt – vor allem dann, wenn es sich um Patienten handelt, die gegen herkömmliche Betäubungsmittel allergisch sind, wie es zum Beispiel bei Janet Salisz der Fall war. Aber auch, weil man mit Hilfe von Hypnose die Schmerzen ohne Nebenwirkungen vertreiben kann.

Schmerz ist ja eigentlich keine Krankheit, sondern nur ein Signal – eine Warnung sozusagen, die anzeigt, dass in unserem Körper etwas nicht in Ordnung ist. Man wird also sinnvollerweise auch einen Schmerz nicht einfach wegprügeln – egal ob mit dem Hypnoseknüppel oder mit der chemischen Keule –, sondern erst einmal nach seiner Ursache forschen, um diese dann zu behandeln.

Was aber, wenn die »Warnleuchte« Schmerz auch dann blinkt, wenn kein organischer Defekt festgestellt werden kann? Oder wenn ein Körperteil schmerzt, der gar nicht mehr vorhanden ist, wie zum Beispiel ein amputiertes Bein? Man spricht dann von einem »Phantomschmerz« – und auch hier, so zeigt ein Fall aus Großbritannien, kann Hypnose helfen.

Der Londoner Taxifahrer Harold Librach litt, nachdem man ihm ein Bein amputiert hatte, mehr als 17 Jahre lang an solchen Phantomschmerzen.

»Mittwoch, 11. Februar. Um sechs Uhr morgens wache

ich auf mit Schmerzen und heftigem Kribbeln im ganzen Bein – dem Bein, das nicht mehr da ist.

Donnerstag, 26. März. Sehr heftige Schmerzen wecken mich gegen zwei Uhr morgens. Die schlimmste Nacht, die ich seit dem Verlust meines Beines durchgemacht habe.«

Dies sind Sätze aus einem Tagebuch, das Harold Librach auf Anweisung seines Arztes geführt hat. Die Schmerzen, die er darin beschreibt, hatten ihn seit der Amputation nicht mehr verlassen. Alle Behandlungsversuche blieben erfolglos.

»Sein Gesicht war grau und eingefallen und er war ständig müde, weil er nicht genug Schlaf bekam«, berichtete Harold Librachs Frau in einem Dokumentarfilm, den die BBC über diesen Fall gedreht hat. Es war schrecklich für sie, hilflos mit ansehen zu müssen, wie ihr Mann litt. Sie erinnerte ihn immer wieder daran, seine Tabletten zu nehmen, aber auch die halfen nicht.

»Ich konnte die Schmerzen nur durch eine hitzige Diskussion oder intensive Konzentration einschränken, oder durch Sex«, erzählte Harold dem Fernsehteam, und seine Frau meinte, dass sie, zu seinem Glück, Spaß am Sex habe. Aber gelegentlich hat Harold wohl doch etwas übertrieben, und als sie von der Möglichkeit einer Hypnosebehandlung hörte, hat sie ihn dazu überredet. Er wollte nicht so recht, wegen der hohen Kosten, aber mit etwas Nachdruck – sie drohte, seine ehelichen Rechte zu beschränken – brachte sie ihn schließlich dazu, sich hypnotisieren zu lassen.

Der behandelnde Arzt, Dr. Maher Loughnan, Vorsitzender des Bereichs Hypnose in der Royal Society of Medicine, hat langjährige Erfahrung. Er geht sanft und freundlich mit den Patienten um und regt sie zu eigener Aktivität an. Seine Art der Hypnose könnte sozusagen als »antiautoritär« bezeichnet werden.

Die Behandlung von Harold Librach erwies sich allerdings als schwierig und langwierig. Selbst nach fünf Monaten war noch kein Erfolg zu verzeichnen, und die Schmerzen peinigten Harold nach wie vor, so dass er drauf und dran war, die Behandlung abzubrechen.

»Er war sehr niedergeschlagen, und ich hatte ein schlechtes Gewissen, weil ich ihn dazu überredet hatte, so viel Geld auszugeben«, erinnert sich Harolds Frau. »Aber dann, so wie bei einer Pflanze, die erst einige Zeit unterirdisch wächst und dann mit einem Mal durchbricht, stellte sich schließlich doch der Erfolg ein.«

»Die Schmerzen haben nachgelassen, und die Abstände zwischen den einzelnen Schmerzperioden sind länger geworden«, bestätigt Harold. »Und das nach nunmehr 17 Jahren.«

Hat er eine Erklärung dafür?

»Es spielt sich alles im Kopf ab«, meint Harold. »It's all in the mind.« Und seine Frau hält es für ein Wunder.

Dr. Loughnan hat die Erfahrung gemacht, dass seine Patienten ganz individuell auf die Behandlung ansprechen, unabhängig von ihrem Alter beispielsweise, oder von ihrem Geschlecht. Bei einigen zeigt sich ausgesprochen schnell ein Erfolg, bei anderen dauert es sehr lange. Aber alles in allem könne man doch mit einer Erfolgsquote von etwa achtzig Prozent rechnen, unabhängig von der Art der Symptome. Natürlich wäre es hilfreich, wenn man die Reaktion des Patienten voraussagen könne, aber obwohl man die Computer schon mit vielen Daten gefüttert habe, so Dr. Loughnan, sei man bislang auf keine zuverlässigen Anhaltspunkte gestoßen, und es werde hier noch einiges an Forschungsarbeit zu leisten sein.

Während der Hypnosebehandlungen hat Dr. Loughnan

seinem Patienten unter anderem auch Anweisungen für eine Selbsthypnose gegeben, die der Taxifahrer täglich zwanzig Minuten lang praktizieren solle. Und er hat ihm dabei auch suggeriert, dass diese Selbsthypnose die gleiche therapeutische Wirkung haben werde, wie eine Sitzung in Loughnans Praxis.

Jeden Tag um die Mittagszeit fährt Harold Librach seitdem in den Regent's Park, setzt sich auf den Rücksitz seines Taxis, schließt die Augen und zählt von zwanzig an rückwärts. Wenn er bei zehn oder neun angekommen ist, hört er gewöhnlich auf zu zählen und beginnt, sich in einer Art Tagträumerei zu verlieren.

Und welche Wirkung spürt er dabei?

»Es ist erfrischend«, meint Harold. »Und es hat geholfen, ganz zweifellos.« Allerdings weiß er noch nicht, was ihm da eigentlich geholfen hat. Und er steht vor einem Rätsel, vor allem, weil er das Gefühl hat, dass er diesen Vorgang nicht kontrollieren kann.

Er sei es nicht, der die ganze Sache kontrolliere – es sei etwas da oben in seinem Kopf: »Something up there's controlling it...«

Aber wer oder was ist das? Harolds Unterbewusstsein? Vermutlich. Aber was ist Harolds Unterbewusstsein?

Den Begriff des Unterbewusstseins zu definieren sei sehr schwierig, meint Dr. Loughnan. Er selbst betrachte es von einem eher mechanistischen Standpunkt aus. Das Unterbewusstsein sei schlicht die Instanz, von der Herzschlag, Blutdruck, Atmung und andere funktionelle Abläufe in unserem Körper gesteuert werden. Den Nutzen der Hypnose sehe er darin, dass sie unterbewusste Prozesse in Gang bringe, mit deren Hilfe man Störungen im autonomen Nervensystem, das vom Unterbewusstsein kontrolliert wird, beheben könne.

Nicht alle Psychologen, Psychiater oder Ärzte betrachten dies von einem ebenso pragmatischen Standpunkt aus. Und auch die Frage, was denn nun eigentlich das menschliche Bewusstsein sei, wird keineswegs einheitlich beantwortet.

Zum Teil wird die Ansicht vertreten, dass das Bewusstsein aus den chemischen und physikalischen Prozessen im Gehirn bestehe, und mit diesen praktisch gleichzusetzen sei; zum Teil herrscht die Meinung, es sei eine Instanz, die nicht mit dem Gehirn identisch sei, sondern es stattdessen als eine Art Instrument benutze – so wie etwa der Programmierer seinen Computer.

Im Allgemeinen gehen die Psychologen heute davon aus, dass unsere Persönlichkeit aus verschiedenen, mehr oder weniger selbstständig handelnden Schichten besteht. In Anlehnung an die Lehre von Sigmund Freud (1856–1939) unterscheidet die Tiefenpsychologie beispielsweise das »Unbewusste« (oder »Es«) vom »Ich« und vom »Über-Ich«.

Eine Dreiteilung des seelischen Bereichs vertrat im Altertum bereits der griechische Philosoph Aristoteles (384–322 v. Chr.), der von einer »vegetativen«, einer »animalischen« und einer »vernünftigen« Seele sprach. Für Aristoteles war das Herz das Zentralorgan des Seelenlebens und nicht, wie für uns, das Gehirn, das er wegen seiner vielen Windungen lediglich als eine Kühlungsvorrichtung für die vom Herzen aufsteigenden »Dämpfe« ansah. Überreste dieser Vorstellung haben sich bis heute in unserem Sprachgebrauch erhalten – wenn wir beispielsweise etwas be-herzigen, oder wenn die Engländer für »auswendig lernen« die Formulierung »to learn by heart« benutzen.

Für Aristoteles war die Seele außerdem die »Entelechie« des Körpers, eine Ordnungsinstanz, die für seine Gestalt und seine Eigenschaften verantwortlich ist. Diese Auffassung war auch noch im späten Mittelalter verbreitet. Später sah man Körper und Seele immer in weniger engem Zusammenhang.

Descartes (1596–1650) unterschied zwischen der bewusst denkenden Seele (»res cogitans«) und dem automatenhaft unbewusst funktionierenden Körper (»res extensa«). Er nahm aber auch eine Wechselwirkung zwischen Körper und Seele an, von der er glaubte, dass sie durch die Zirbeldrüse im Gehirn koordiniert wird.

Bei Leibniz (1646–1716) erscheinen Körper und Seele getrennt, so »als ob sie keinen Einfluss aufeinander ausübten«, laufen aber, auf Grund einer göttlichen Voraussicht, in ihren Aktivitäten weitgehend synchron.

Spinoza (1632–1677) betrachtete Seele und Körper nicht mehr als selbstständige Instanzen, sondern nur als unterschiedliche Ausdrucksformen der einen unendlichen (göttlichen) Substanz (»una eademque res sed duobus modis expressa«).

Für die Materialisten des 19. Jahrhunderts war das Seelische dann nur noch eine Äußerung oder ein besonderer Zustand der Materie, während ihre spiritualistisch orientierten Zeitgenossen die Auffassung vertraten, dass die eigentliche Wirklichkeit im Geistigen liege und die Materie lediglich eine andere Erscheinungsform des Geistes sei. Die Auseinandersetzung über diese unterschiedlichen Standpunkte dauert auch heute noch an.

Uneinigkeit herrscht auch über die Grenze zwischen Bewusstsein und Unterbewusstsein. John Locke (1632–1704) behauptete: »Es ist unmöglich wahrzunehmen, ohne wahrzunehmen, dass man wahrnimmt.«

Lockes Zeitgenosse Leibniz dagegen war der Ansicht,

»dass es in jedem Augenblick eine Unendlichkeit von Perzeptionen (Wahrnehmungen) in uns gibt, aber ohne Apperzeption (Bewusstsein) und ohne Reflexion (Nachdenken), das heißt, es gibt in der Seele selbst Veränderungen, deren wir uns nicht bewusst werden, weil die Eindrücke entweder zu gering und zu zahlreich oder zu einförmig sind«. Diese Erkenntnis hat die Wissenschaft inzwischen bestätigt – die strikte Trennung von Leib und Seele hingegen gilt als widerlegt.

Sigmund Freud und seine Nachfolger betrachteten das Unbewusste als ein eigenständiges psychisches System, das dem Bewussten Ich zuwiderhandeln und es durch seine triebhaften Ausbrüche in Verlegenheit bringen könne. Man verglich das Unbewusste mit einem Ross und das Ich mit seinem Reiter, der das gelegentlich ungebärdige Tier zu lenken und zu bändigen habe.

Für den Schweizer Psychologen C. G. Jung (1875–1961) war das Unbewusste hingegen weniger ein triebhafter Störenfried, sondern vielmehr – im positiven Sinne – der Mutterboden der gesamten geistig-seelischen Entwicklung. Eine Auffassung, die bereits von den Philosophen der deutschen Romantik vertreten wurde, die, wie C. G. Carus (1789–1827) beispielsweise, im Unbewussten den vitalen, mit dem All-Leben verbundenen Urgrund des flüchtigen Bewusstseins sahen.

Diese Betrachtungsweise erfreut sich heute unter dem Etikett einer ganzheitlichen Psychologie wieder zunehmender Popularität: Alle seelischen Regungen, ob bewusst oder unbewusst, werden als Aspekte eines einheitlichen Ganzen aufgefasst. Bewusst ist jeweils der Bereich der äußeren oder inneren Wirklichkeit, auf den wir gerade unsere Aufmerksamkeit gerichtet haben. Der Rest ist unbewusst, kann aber bewusst gemacht werden, indem man sozusagen den Lichtkegel der Aufmerksamkeit darauf konzentriert.

Durch Einübung und Ausübung verschiedener Techniken des mentalen Trainings oder der Meditation bemüht man sich, die Steuerung der Aufmerksamkeit so zu beherrschen, dass möglichst viele Aspekte des Unbewussten bewusst gemacht und damit in die Gesamtpersönlichkeit integriert werden können.

Es hat wenig Sinn, sich in die Auseinandersetzung um psychologische Begriffe und Abgrenzungen einzumischen – es sei denn, man verdient damit seinen Lebensunterhalt. Ein allgemein brauchbarer Standpunkt ist im Zweifelsfall der Pragmatische, ähnlich dem, den Dr. Loughnan vertritt. Wir wissen inzwischen, dass die Seele, der Geist, das Bewusstsein oder die Vorstellungskraft – wie immer wir es nennen wollen – den Körper in einem erstaunlichen Ausmaß beeinflussen kann, und wir sollten uns angewöhnen, diese Fähigkeit in vernünftiger und konstruktiver Weise zu nutzen. Auch wenn wir noch nicht genau wissen, worin sie besteht und wie sie im Einzelnen wirkt. Schließlich gehen wir im täglichen Leben ja ständig mit Dingen um, deren Innenleben uns weitgehend fremd ist – Auto, Fernsehapparat, Personalcomputer, Telefon, Waschmaschine, Radio, Reisewecker und vieles mehr.

Allerdings ist jeder Mensch, im Gegensatz zu den genannten Maschinen, ein einmaliges und unwiederholbares, lebendiges – und das heißt: wandlungsfähiges – Individuum. Deshalb gibt es für ihn weder eine verbindliche Gebrauchsanweisung, noch allgemeingültige Patentrezepte. Jeder Einzelne muss selbst herausfinden – wobei ihm natürlich andere, erfahrenere Menschen helfen können und sollen –, was für ihn oder für sie gut ist.

Erinnern wir uns an die Erfahrung, die Dr. Loughnan gemacht hat: Die Reaktion der Patienten auf die Hypnosebehandlung ist ausgesprochen individuell. Dementsprechend können auch Vorstellungsbilder ganz unterschiedlich wirken – und eine Suggestion, die bei einem Menschen hilfreich ist, kann bei einem anderen wirkungslos sein.

Das folgende Beispiel zeigt einen solchen Fall, und es verdeutlicht auch, dass das Unterbewusstsein einer Patientin in der Lage ist, dem Arzt von sich aus eine wirkungsvollere Suggestion anzubieten. Es handelt sich dabei um eine junge Frau, deren Verletzungen nach einem Autounfall zwar verheilt waren, Schmerzen in den Armen aber nicht aufhörten. Sie konnten nur dadurch gelindert werden, dass man ihre Arme unter Strom setzte.

Dr. Frederik Frankel, Professor der Psychiatrie am Beth Israel Hospital in Boston, einem wichtigen Zentrum für Hypnoseausbildung in den USA, versuchte es schließlich mit einer Hypnosebehandlung.

»Bitte stellen Sie sich jetzt den Schmerz, den Sie empfinden, als eine Farbe vor«, sagte Professor Frankel während der Behandlung zu seiner Patientin, nachdem er sie hypnotisiert hatte. »Stellen Sie sich vor, dass diese Farbe nun zusammenschrumpft und immer kleiner wird, bis sie schließlich so winzig klein ist, wie ein Sandkorn ...«

Die Patientin folgte im Geiste den Anordnungen von Professor Frankel, aber die Suggestion einer sich verkleinernden Farbfläche brachte ihr keine Erleichterung. Professor Frankel bat sie daher, selbst eine Suggestion vorzuschlagen, die ihr besser helfen könnte. Die Patientin wählte daraufhin die Vorstellung, dass ihre Arme sich erwärmen.

»An Stelle der Farbe möchten Sie sich also Wärme vorstellen?«, fragte Professor Frankel nach. »Mit welcher Hand wollen wir beginnen? Mit der Linken? Oder wollen wir lieber die Rechte nehmen?«

»Nein«, antwortete die Patientin, »die Rechte.«

»Gut«, sagte Professor Frankel, »dann entspannen Sie sich nun immer mehr. Und wenn Sie wollen, dann erlauben Sie sich die Vorstellung, dass Ihre Hand sich zuerst erwärmt, dann Ihr Unterarm und der Oberarm bis hinauf zur Schulter. Sie können diese Vorstellung ganz nach Belieben gestalten, indem Sie sich zum Beispiel vorstellen, vor einem offenen Kamin zu sitzen, oder indem Sie sich vorstellen, in der Sonne zu liegen – ganz wie Sie wollen. Lassen Sie dieses Gefühl der Wärme von Ihrer Hand über den ganzen Arm wirken. Und wenn sich dieses Gefühl eingestellt hat, dann sagen Sie es mir bitte, oder nicken Sie einfach mit dem Kopf.«

Nach einer Weile bestätigte die Patientin, dass ihre Schmerzen verschwunden waren. »Ich stellte mir vor«, so berichtete sie nach Beendigung der Hypnose, »dass ich vor einem offenen Kamin sitze und das Feuer meine Arme erwärmt. Und diese Wärme brachte die Schmerzen zum Verschwinden.«

Hier war die Vorstellung von Wärme hilfreich – aber es ist auch von anderen Fällen berichtet worden, bei denen im Gegensatz dazu die Vorstellung von Kälte die Schmerzen vertreiben half.

Welche Erklärung hat Professor Frankel für das, was hier in der Hypnose geschieht?

»Durch die Hypnoseeinleitung«, meint er, »wird ein Zustand der Entspannung erreicht, die Aufmerksamkeit des Patienten wird auf einen bestimmten Punkt gelenkt, und es entsteht eine Atmosphäre hoffnungsfroher Erwartung. Diese drei Faktoren können auch ohne Hypnose einem

Menschen helfen, Schmerzen besser zu ertragen. Was die Hypnose noch hinzufügt, ist die Möglichkeit einer Veränderung der Wahrnehmung. Und wenn es gelingt, diese Elemente miteinander zu verbinden, dann ist man – was die Linderung von Leiden angeht – einen guten Schritt weitergekommen.«

Es ist inzwischen durch viele Untersuchungen und Experimente bestätigt und auch von der Schulwissenschaft weitgehend akzeptiert worden, dass man mit Hilfe von Hypnose die Schmerzempfindung eines Menschen verändern kann. Sowohl im Sinne einer Verminderung oder Ausschaltung, als auch, wie wir später noch sehen werden, einer Vermehrung oder Erzeugung von Schmerzen. Worauf dies aber zurückzuführen und was nun genau unter Hypnose zu verstehen ist, darüber besteht unter den Gelehrten derzeit noch keine Einigkeit.

Man hat inzwischen festgestellt, dass etwa 85 Prozent der Erwachsenen hypnotisierbar sind und zumindest das erste Stadium der Trance, die so genannte Somnolenz oder Schläfrigkeit erreichen können. Die zweite Stufe, Hypotaxie oder mittlerer Schlaf genannt, wird noch von etwa 45 Prozent der Erwachsenen erreicht, und die dritte Stufe, Somnambulismus oder tiefe Trance, nur noch von zwanzig Prozent. Warum aber einige Menschen leicht und andere weniger leicht zu hypnotisieren sind, ist noch unklar. Statistisch gesehen lassen sich zwar Kinder besser als Erwachsene und Frauen etwas besser als Männer hypnotisieren, aber über den jeweiligen Einzelfall kann diese Statistik wenig aussagen.

Man hat durch Messungen inzwischen auch festgestellt, dass der hypnotische Zustand in physiologischer Hinsicht (Grundumsatz, Pulsfrequenz, elektrischer Hautwiderstand, elektrische Gehirnaktivität, Reflexerregbarkeit) eher dem Wachzustand gleicht, als dem des Schlafes – und der Begriff Hypnose daher eigentlich unzutreffend ist. Aber er hat sich nun einmal eingebürgert.

Immerhin ist man sich heute weitgehend darüber einig, dass es sich bei der Hypnose um einen veränderten Bewusstseinszustand handelt, der gewöhnlich von einer tiefen Entspannung begleitet wird und bei dem die nach außen gerichtete Wahrnehmung herabgesetzt, die nach innen gerichtete Aufmerksamkeit aber verstärkt ist. Die rechte Großhirnhemisphäre ist dabei messbar aktiver als die linke – etwa im Verhältnis siebzig zu dreißig.

Unser Großhirn besteht aus zwei Hälften – so genannten Hemisphären –, die durch einen Strang von Nervenbahnen miteinander verbunden sind. Man nimmt heute an, dass die beiden Großhirnhemisphären unterschiedlich arbeiten: Die linke denkt wortbezogen und rational, sie kümmert sich um Details; die rechte denkt intuitiv und bildhaft, sie hat den Gesamtzusammenhang im Blick. Gelegentlich sieht die linke den Wald vor lauter Bäumen nicht, und die rechte sieht vor lauter Wald keine Bäume mehr. Und diese rechte Hemisphäre ist offenbar in der Hypnose besonders aktiv.

Diesen Bewusstseinszustand führt die hypnotisierte Person selbst herbei – nicht etwa irgendwelche besonderen Kräfte des Hypnotiseurs, der lediglich eine anleitende und begleitende Funktion innehat.

Dies ist jedoch nur eine Beschreibung und keine Erklärung für das, was sich durch die Hypnose ereignet – wenn, wie in dem gerade beschriebenen Fall, Schmerzen verschwinden.

Es gibt allerdings einige Theorien darüber, zum Beispiel

die sogenannte Gate-Control-Theorie, die zwei Schmerzforscher aus Montreal, Ronald Melzak und Patrick Wall, in den 1970er Jahren entwickelt haben.

»Die Schmerzempfindung«, so Professor Melzaks Ansicht, »wird als eine Art Signal über die Nervenbahnen zum Rückenmark und von dort ins Gehirn weitergeleitet. Im Gehirn selbst breitet sich das Schmerzsignal über unterschiedliche Wege aus. Zum einen wird es an jene Gehirnbereiche weitergeleitet, die mit dem Einordnen von Sinneswahrnehmungen befasst sind – dann können wir bestimmen, was es für eine Art von Schmerz ist und wo er sich befindet. Zum anderen wird das Signal auch ins Innere des Gehirns geleitet, zum Limbischen System, das mit Gefühlen und Trieben zu tun hat – dann fühlt man sich unwohl und möchte etwas dagegen tun.

Es scheint nun so zu sein, dass man diese beiden Wirkungen voneinander trennen kann, indem man durch Befehle oder Suggestionen auf die gefühlsmäßig-triebhafte Komponente einwirkt. Man kann dann den Schmerz immer noch beschreiben und lokalisieren, aber er wird in anderer Weise empfunden und bewertet.«

Inzwischen geht man davon aus, dass an diesen Vorgängen im Gehirn bestimmte biochemische Substanzen beteiligt sind, so genannte »endogene Morphine«, oder kurz: »Endorphine«. Endogen heißen sie, weil sie im Innern, im Gehirn selbst erzeugt werden, und Morphine, weil sie in ihrer molekularen Struktur dem Morphium ähneln und auch ähnlich wirken: Sie blockieren Schmerz und vermitteln Glücksgefühle. In besonders reichem Maße werden sie in Extremsituationen produziert, in Augenblicken höchster Anspannung und Gefahr, beim Sterben ebenso wie bei der Geburt.

Janet Salisz, über deren Kaiserschnittoperationen mit Hilfe von Hypnose wir zu Anfang dieses Kapitels berichtet haben, sprach davon, dass sie sich »in einem Zustand der Euphorie befand, völlig im Einklang war mit den Menschen um sie herum«. Dies ist ein deutlicher Hinweis auf erhöhte Endorphinproduktion.

Unser Gehirn ist sozusagen eine kleine chemische Fabrik, und es kann sich die Stoffe, die es braucht, um schmerzfrei und glücklich zu sein, selbst erzeugen – wenn es die Situation erfordert, oder wenn wir es dazu anregen. Trance ist offenbar auch ein Mittel, um dies zu erreichen, und Meditations- und Entspannungsübungen können eine ähnliche Wirkung haben.

Eine weitere Möglichkeit, die Produktion der Endorphine und damit das eigene Wohlbefinden zu steigern, besteht darin, anderen Lebewesen etwas Gutes zu tun – das haben jedenfalls wissenschaftliche Untersuchungen ergeben. Unter der Überschrift »Lustgefühle beim Friseur« war im Nachrichtenmagazin *Der Spiegel* beispielsweise folgender Bericht zu lesen:

»Das angenehme Gefühl, das viele Menschen bei einer Behandlung im Kosmetiksalon, einer Maniküre oder auch beim Frisör empfinden, ist nach Ansicht britischer Wissenschaftler auf die Ausschüttung von gehirneigenen, opiumähnlichen Substanzen zurückzuführen. Das Forscherteam von der Universität Cambridge unter dem Neurophysiologen Eric Keverne untersuchte den Hirnstoffwechsel einer Gruppe Affen bei der gegenseitigen Körperpflege. Dabei registrierten die Forscher einen deutlichen Anstieg von Beta-Endorphin, einer körpereigenen Substanz, die ähnliche Empfindungen auszulösen vermag wie etwa Opium und Morphin.

Wurde den Affen eine die Wirkung der Endorphine blockierende Substanz gespritzt, zeigten sie sich irritiert und vermehrten ihre Anstrengungen am jeweiligen Pflegeobjekt, gerade als müssten sie den Endorphinmangel kompensieren. Wurde den Affen dagegen eine geringe Dosis Morphin verabreicht, ließen sie in ihren Pflegebemühungen sofort nach.

Psychologen vermuten, dass die Belohnung mit guten Gefühlen für die nichtsexuelle Berührung von Artgenossen das Bedürfnis nach sozialen Interaktionen steigern soll.«

Es ist hier nicht der Ort, die Frage nach den Konsequenzen solcher Erkenntnisse zu beantworten – aber es mag immerhin erlaubt sein, sie zu stellen: Wenn bestimmte chemische Stoffe offenbar deshalb wirken, weil unser Gehirn sie im Bedarfsfall selbst produzieren kann, wäre es dann nicht sinnvoller zu lernen, wie wir unser Gehirn zu dieser Produktion anregen können, anstatt sie von außen zuzuführen und die Gehirnproduktion dadurch zu vermindern?

Wenn bestimmte Übungen oder bewusstseinsverändernde Techniken dabei hilfreich sein können, wäre es dann nicht angebracht, sie in größerem Umfange anzuwenden, beispielsweise bei der Heilung von Drogenabhängigkeit, oder besser noch bei deren Prävention?

Das Endorphinmodell kann erklären, warum Schmerz verschwindet, und es ist mittlerweile auch weitgehend anerkannt. Inzwischen sind noch weitere, ähnliche Stoffe entdeckt worden – unter anderem die sogenannte »P-Substanz«, die Schmerzen auslösen soll, und deren Wirkung eine andere bemerkenswerte Tatsache erklären könnte: dass nämlich die Vorstellungskraft auch ohne einen äußeren Anlass Schmerz erzeugen kann.

Dr. Martin Orne, Professor der Psychiatrie am Pennsylvania Hospital in Philadelphia, demonstrierte dies höchst eindrucksvoll in einem Hypnoseexperiment, in dem er einem Studenten über eine am Unterarm befestigte Elektrode leichte Elektroschocks versetzte. Mit einem Messgerät wurde dabei die physiologische Körperreaktion aufgezeichnet. Der Student wurde gebeten, die Stärke seiner Schmerzempfindung mit einer Zahl zwischen Eins und Zehn zu bezeichnen, wobei die Zehn einem sehr starken, die Eins einem kaum erkennbaren Schmerz entsprechen sollte.

Der Student bekam den ersten Elektroschock im normalen Wachzustand und bezifferte ihn mit einer Sieben. Professor Orne bat ihn, sich zu entspannen und führte ihn in die Hypnose. Dann suggerierte er ihm, dass er den folgenden Elektroschock nicht als Schmerz empfinden werde. Der Schock hatte die gleiche Stärke wie zuvor, und das Messgerät verzeichnete eine entsprechende körperliche Reaktion – aber der Student spürte keinen Schmerz und bezifferte seine Empfindung mit einer Eins.

Ohne sein Wissen wurde dann die Verbindung zur Elektrode unterbrochen, so dass er keinen Elektroschock mehr empfangen konnte. Professor Orne suggerierte ihm aber, dass er, wenn das entsprechende Geräusch zu hören ist, einen Schock bekommen und einen Schmerz empfinden würde, der dem entspricht, den er im Wachzustand mit einer Sieben beziffert hatte.

Obwohl der Schock den Studenten gar nicht erreichte, zuckte dieser heftig zusammen. Und was noch erstaunlicher ist: Auch das Messgerät reagierte entsprechend. Der eingebildete Schmerz verursachte die gleiche körperliche Reaktion, wie der durch den tatsächlichen Elektroschock erzeugte. Und als er im Anschluss an die Hypnose nach dieser letzten Schmerzempfindung befragt wurde, antwortete der Student: »Es war ein prickelnder Schmerz an meinem Unterarm, und er ging von der Elektrode aus.«

Ein vorhandener Schmerz wird nicht empfunden, weil man gesagt bekommt: Es tut nicht weh. Andererseits wird ein nicht vorhandener Schmerz empfunden, weil man gesagt bekommt: Jetzt tut es weh. Und mehr noch, der eingebildete Schmerz erzeugt die gleiche körperliche Reaktion wie ein echter Schmerz. Erstaunliche Dinge, die unser Gehirn da mit uns treibt, wenn wir uns in Hypnose befinden. Aber es kommt noch unglaublicher, denn durch die Vorstellungskraft können nicht nur Empfindungen, sondern sogar Brandblasen erzeugt werden.

Kapitel 3

Barfuß über glühende Kohlen

Feuerlaufen – vom religiösen Ritual zur Mutprobe für Manager

Unser Geist kann mit unserem Körper erstaunliche Dinge anstellen, wenn wir uns in jenem besonderen Bewusstseinszustand der Trance befinden.

Ein besonders spektakuläres Beispiel bietet das sogenannte Münzexperiment, das in der Hypnoseliteratur häufig zitiert wird. Dabei wird einer hypnotisierten Person eine kalte Münze auf den Arm gelegt, mit der Suggestion, die Münze sei glühend heiß – worauf sich eine Brandblase bildet.

Dr. Leon Chertok, ein französischer Arzt und Fachmann für psychosomatische Erkrankungen, hat vor einiger Zeit am Fernand-Vidal-Krankenhaus in Paris ein derartiges Experiment durchgeführt. Dr. Chertok hatte zuvor in der medizinischen Literatur darüber gelesen, jedoch nicht so recht daran geglaubt. Dann fand er eines Tages eine Patientin, die sich sehr gut hypnotisieren ließ und bereit war, einen solchen Versuch mitzumachen. Das Experiment wurde filmisch dokumentiert, es war erfolgreich, und so blieb Dr. Chertok gar nichts anderes übrig, als daran zu glauben.

Nachdem er sie hypnotisiert hatte, legte der Arzt seiner Patientin eine kalte Münze auf den Unterarm und suggerierte ihr, die Münze sei sehr, sehr heiß. Als die Patientin gefragt wurde, ob sie die Hitze spüren könnte, verneinte sie.

Auch einige Zeit später spürte die Patientin keine Hitze, sondern nur den Druck der Münze auf ihrem Arm. Dr. Chertok suggerierte ihr daraufhin, dass sich im Laufe des Nachmittags eine Brandblase auf der Haut bilden würde, so als ob die Münze sehr heiß gewesen wäre. Er umrandete dann die Stelle, wo sich die Münze befand und wo später die Brandblase erscheinen sollte. Auf seine Nachfrage antwortete die Patientin wieder, dass sie keine Hitze spüre, sondern nur einen leichten Druck.

Nach etwa einer Stunde war an jener Stelle, wo sich die Münze befand, eine leichte Rötung auf der Haut zu bemerken. Nach zwei Stunden veränderte sich bereits die Hautoberfläche, und nach drei Stunden hatte sich eine deutlich erkennbare Blase gebildet, die von einem Hautarzt untersucht und als eine typische Brandblase bezeichnet wurde.

Dr. Chertok war sehr beeindruckt – eine Erklärung für diesen Vorgang konnte er jedoch nicht geben. »Die Theorie besagt«, so meinte er, »dass eine halluzinierte, eine eingebildete Hitze, die gleiche Wirkung haben sollte, wie reale Hitze. Aber in diesen Fall war es anders, denn die Patientin spürte gar keine Hitze – und trotzdem bildete sich eine Brandblase –, so als ob eine Phantasie, ein Vorstellungsbild, sich direkt in der Haut ausprägen könnte. Ich denke, wir stehen hier vor einem großen Rätsel.«

Solche Experimente sind regelrecht unheimlich – aber man sollte bedenken, dass hier nicht eine Art magische Kraft des Hypnotiseurs am Werke ist, sondern dass der Geist, das Bewusstsein, die Vorstellungskraft – wie immer man das nennen will – der hypnotisierten Person diese Wirkungen verursacht.

Es kann auch niemand gegen seinen Willen in Hypnose versetzt werden, und nach Ansicht von Psychologen ist im

Grunde jede Fremdhypnose eigentlich eine Selbsthypnose, wenn auch unter Anleitung und Führung des Hypnotiseurs.

»Niemand gelangt gegen seinen Willen in Hypnose«, befand der Psychologe M. Brenman im Jahre 1951. »Es kann aber sein, dass er sich dieser Absicht nicht bewusst ist.«

Ein Beispiel dafür, dass ein Patient in Hypnose den Suggestionen des Hypnotiseurs nicht unbedingt Folge leisten muss, hat Dr. Joe Barber vom Pain Management Center der University of California in Los Angeles berichtet. Er behandelte einen Polizisten, der nach Ausheilung einer Verletzung an chronischen Rückenschmerzen litt, mit Hypnose. Während der Sitzungen suggerierte er dem Patienten, dass er seinen Schmerz mit einer Zahl zwischen Eins und Zehn bezeichnen, und sich dann vorstellen sollte, dass diese Zahl immer kleiner wird. Es gelang ihm nach einiger Zeit auch, die Zahl bis auf Eins zu bringen und die Schmerzempfindung entsprechend zu vermindern. Als Dr. Barber ihm dann probeweise suggerierte, er solle die Zahl in seiner Vorstellung wieder erhöhen, zum Beispiel auf eine Sechs, folgte der Patient dieser Aufforderung nicht – obwohl er in einer tiefen Trance war. Das Motiv, keinen Schmerz empfinden zu wollen, war stärker als die Bereitschaft, dem Hypnotiseur zu gehorchen.

»Wenn jemand in Hypnose ist«, schließt Dr. Barber aus seinen Erfahrungen, »bedeutet das noch lange nicht, dass er auch alles tut, was man ihm befiehlt. Ebenso, wie man niemand gegen seinen Willen hypnotisieren kann, bringt man ihn auch nicht dazu, in Hypnose irgendetwas zu tun, wenn er es nicht will.«

Ins Reich der Fabel gehören auch die Schilderungen von Gewaltverbrechen, die Menschen unter dem Zwang hypnotischer Suggestionen begangen haben sollen. »Suggestiones inclinant, non necessitant«, könnte man in Abwandlung einer alten Astrologenregel sagen: »Die Suggestionen zwingen nicht, sie machen nur geneigt.«

Allerdings kann in Hypnose die Bereitschaft, Dinge zu tun, die man sonst nicht tun würde, im positiven wie im negativen Sinne erheblich zunehmen. Der Mensch tut zwar nichts, was seinem wahren Wesen widersprechen würde, aber es hat sich gezeigt, dass im Zustand der Trance die Kritikfähigkeit des Menschen herabgesetzt ist und anerzogene Verhaltensprogramme vorübergehend außer Kraft gesetzt werden können. Dadurch kann der unter Erziehung, Konventionen, Vorurteilen, Denkmodellen und falschen Selbstbildern verborgene »wahre« Mensch zum Vorschein kommen. Wer sich selbst nicht kennt, könnte dabei schon einige – erfreuliche oder auch unerfreuliche – Überraschungen erleben.

Der Psychologe Peter R. Hofstätter schrieb in diesem Zusammenhang: »In der Regel entziehen sich Menschen spontan dem Einfluss der Suggestion, wenn in dieser ihrem ethischen Empfinden zuwiderlaufende Verhaltensweisen gefordert werden. Die Möglichkeit lässt sich jedoch nicht ausschließen, dass die Suggestion verdrängte asoziale Triebregungen ansprechen und damit deren handlungsmäßige Realisierung erleichtern könnte.«

Verdrängte Triebregungen können aber auch bei allen möglichen anderen Gelegenheiten zum Vorschein kommen – zum Beispiel in Stresssituationen oder in alkoholisiertem Zustand. Es bedarf dazu nicht der Hypnose.

Erscheinungen wie die Entstehung einer Brandblase im Münzexperiment lassen sich auch durch Autosuggestion, Selbstbeeinflussung, oder durch einen besonders starken Glauben erzielen. Dies wurde in verschiedenen Fällen von sogenannter Stigmatisierung deutlich, wo am Körper von Menschen beispielsweise die Wundmale Christi aufgetreten sind. Seitdem das Phänomen zum ersten Mal bei Franz von Assisi beobachtet wurde, sind mehr als 300 Fälle dieser Art dokumentiert. Zu den bekannteren zählen die Augustinernonne Anna Katharina Emmerick, Louise Lateau, Therese Neumann aus Konnersreuth und der Franziskaner Francesco Forgione, genannt »Padre Pio«.

Bemerkenswert sind in diesem Zusammenhang auch Erscheinungen, die man als Hautgedächtnis bezeichnet hat. Dr. R. L. Moody berichtete 1946 in der Zeitschrift *Lancet* über eine Reihe solcher Fälle. Ein Mann erinnerte sich beispielsweise unter Einfluss eines Narkotikums daran, wie er im Krieg nach einem Bombeneinschlag von einem herabstürzenden Balken getroffen wurde. Während er davon erzählte, bildete sich auf seiner Stirn ein Bluterguss, und sein Fußgelenk schwoll an. Bei einer 35-jährigen Frau, die im Alter von zehn Jahren einen Reitunfall hatte, traten während des Wiedererlebens die gleichen Blutergüsse und Schmerzen auf, die sie damals erlitten hatte. Eine andere Frau, die als Kind von ihrem sadistischen Vater mit einer Peitsche geschlagen wurde, entwickelte, als sie sich daran erinnerte, blaue Striemen auf dem Gesäß und eine Quetschwunde an der Schulter. Diese psychosomatischen Wunden waren so gravierend, dass sie bluteten und verbunden werden mussten. Allerdings beobachtete Dr. Moody, dass sie ungewöhnlich schnell wieder heilten. Mehr als dreißig solcher Fälle sind ihm bekannt, eine schulmedizinische Erklärung jedoch steht noch aus.

Bewusst oder in den meisten Fällen wohl unbewusst wirkt der Mensch ständig auf seinen Körper ein, in positiver oder negativer Hinsicht. An all diesen Erscheinungen ist nichts

Übernatürliches, aber sie zeigen auch, wozu ein Mensch sich selbst gegenüber fähig ist. Und die meisten Dinge, die uns angetan werden, tun wir uns offensichtlich selber an.

Wenn nun aber, wie oben geschildert, die Vorstellungskraft Brandblasen erzeugen kann – ist sie dann vielleicht auch in der Lage, sie zu verhindern?

Immer wieder wird von Menschen berichtet, die scheinbar unempfindlich gegen Feuer sind, die glühende Kohlen anfassen oder darauf herumtanzen. Ein eindrucksvolles Beispiel hierfür ist das »Firewalking«, das Feuerlaufen – ein Brauch, der in vielen Teilen der Welt geübt wird, unter anderem auch in Singapur.

Es ist Oktober, und im Hof des Sri-Mariamman-Tempels in der South Bridge Road, dem ältesten und wichtigsten Hindutempel der Stadt, hat sich eine große Menschenmenge versammelt. Durch Absperrungen und bewaffnete Polizisten ist sie von einer flachen Grube in der Mitte des Hofes getrennt, die mit glühenden Holzkohlen gefüllt ist.

Die Musik, die kurz zuvor noch aus einigen Lautsprechern dröhnte, ist jetzt verstummt. Die Menschenmenge wartet in gespanntem Schweigen.

Am Rande der Feuergrube steht eine Gruppe von Männern, die gelbe Lendenschurze tragen. Alle sind barfuß, einige haben sich aus Blumen geflochtene Kränze um den Hals gelegt. Die Männer bewegen sich unruhig hin und her und diskutieren. Dann löst sich plötzlich einer aus der Gruppe und läuft mit raschen Schritten über die glühenden Kohlen. Andere folgen – manche langsam, manche im Laufschritt. Einer spielt auf einer Flöte und wiegt sich wie in einem rhythmischen Tanz.

Immer mehr Männer betreten die glühenden Kohlen und laufen hinüber. Die Zuschauer geraten in Begeisterung, klatschen, pfeifen und feuern mit lauten Rufen die Läufer an.

Am Ende der Feuergrube fallen sich die Feuerläufer um den Hals. In ihren Gesichtern spiegelt sich die Dramatik der Szene, die Spannung löst sich in Tränen. Ob es Tränen der Freude und der Erleichterung sind oder Tränen des Schmerzes, ist schwer zu sagen.

Diese seltsame Prozedur ist Bestandteil eines Zyklus von Ritualen, der »Timiti« genannt wird und sich über zweieinhalb Monate erstreckt. Grundlage und Ursprung bildet die *Mahabharata*, das indische Nationalepos. Es erzählt von den Kämpfen zweier Familien, vor allem von den Taten des Prinzen Ardjuna, und ist gleichzeitig Heldenlied und religiös-moralisches Lehrgedicht. Ihr wohl wichtigster Bestandteil ist die *Bhagavadgita*, das »Lied des Erhabenen«, eines der wesentlichen philosophischen Werke der Weltliteratur. Als es Ende des 18. Jahrhunderts in Europa bekannt wurde, hat es vor allem die deutschen Philosophen der Romantik begeistert und inspiriert. Der Gelehrte und Staatsmann Wilhelm von Humboldt (1767–1835) war davon so ergriffen, dass er einem Freund schrieb, er danke Gott, dass er ihn solange habe leben lassen, um dieses Gedicht noch lesen zu können.

Im Timiti-Zyklus werden nun einzelne Szenen und Ereignisse der *Mahabharata* in stilisierter Form nachgespielt, aber wie das Feuerlaufen hineingeraten ist, kann nicht mit Sicherheit ermittelt werden. Im ursprünglichen *Mahabharata*-Text ist davon jedenfalls nicht die Rede. Die gängigste Erklärung führt das Feuerlaufen auf eine Legende zurück: Als der Prinz Ardjuna aus dem Krieg zurückkehrte, entstand das Gerücht, seine Gattin Draupadi habe ihm in der Zwischenzeit die Treue gebrochen. Um ihre Unschuld zu beweisen, unterzog sie sich der Feuerprobe. Sie ging barfuß über glühende Kohlen, ohne sich zu verbrennen.

Und die gläubigen Hindus vollziehen diese Feuerprobe nach: auch noch im 21. Jahrhundert und in einer der modernsten Städte des Fernen Ostens. Sie haben sich lange darauf vorbereitet, durch Fasten, Beten und gottgefällige Lebensweise. Wenn sie den Feuerlauf unbeschadet überstehen, ist dies ein Beweis für den Erfolg ihrer Bemühungen und die Reinheit ihres Glaubens. Wenn ihr Glaube stark genug ist, werden sie sich nicht verbrennen – ob aber ihr Glaube stark genug ist, wird sich erst herausstellen, wenn sie die glühenden Kohlen betreten.

Die Feuergrube ist etwa sechs Meter lang, und die Kohlen entwickeln eine Hitze von etwa 600 bis 700 Grad Celsius. Nicht wenige der Teilnehmer verletzen sich bei diesem Ritual – manchmal bis zu zwanzig von hundert.

Der eigentliche Ursprung des Feuerlaufens verliert sich im Dunkel der Frühgeschichte. Im Alten Testament wurde es erwähnt, im 5. Buch Moses beispielsweise, wo es heißt: »Wenn du in das Land kommst, das dir der Herr, dein Gott, geben wird, so sollst du nicht lernen die Greuel dieser Völker, dass nicht jemand unter dir gefunden werde, der seinen Sohn oder Tochter durchs Feuer gehen lasse, oder ein Weissager oder ein Tagwähler oder der auf Vogelschrei achte oder ein Zauberer.«

Außerdem finden sich Berichte darüber in Quellen der griechischen und römischen Antike. Plinius der Ältere (23–79 n. Chr.) schrieb beispielsweise: »Nicht weit von der Stadt Rom, im Gebiet der Fallisker, leben einige wenige Familien, Hirper genannt; diese gehen beim jährlichen Opfer, welches am Berg Soracte dem Apollo dargebracht wird, über einen brennenden Holzstoß, ohne sich zu verbrennen. Deshalb sind sie auch durch einen immerwährenden Senatsbeschluss vom Kriegsdienst und allen anderen Auflagen befreit.«

Der Feuerlauf war vorzeiten auch eine Form des Gottesurteils. Gottesurteile wurden in der Rechtsprechung angewendet, wenn Schuld oder Unschuld eines Angeklagten durch Zeugen oder Beweise nicht einwandfrei festgestellt werden konnten. Der Grundgedanke dabei war, dass der Unschuldige im Glauben an seine Unschuld und mit Gottes Hilfe Dinge tun kann, zu denen er sonst nicht fähig wäre: zum Beispiel Gift trinken, ohne Schaden zu nehmen, oder in kochendes Wasser greifen, ohne sich zu verbrühen, oder über glühende Kohlen, Steine und glühende Pflugscharen laufen, ohne sich zu verbrennen.

Die Kaiserin Kunigunde soll dies im 11. Jahrhundert getan haben, als man sie beschuldigte, ihrem Gatten, Kaiser Heinrich dem Zweiten, untreu geworden zu sein. Eine bemerkenswerte Parallele zur *Mahabharata.*

1250 wurden die Gottesurteile vom Laterankonzil verboten, und sie verschwanden aus der Rechtsprechung. Mit Recht, denn hier zeigte sich weniger die Unschuld eines Menschen als vielmehr seine Fähigkeit, sich in Trance zu versetzen.

Als religiöses Ritual hat sich aber das Feuerlaufen vielerorts bis heute erhalten – in Indien, in Südamerika, auf einigen pazifischen Inseln, in Japan und China, in Bulgarien und Griechenland.

Ohne diesen religiösen Hintergrund hat es in letzter Zeit auch in den westlichen Industriestaaten immer mehr Anhänger gefunden, und es gibt inzwischen sogar Seminare und Workshops im Feuerlaufen. Der Kalifornier Tolly Burkan zum Beispiel hat in seinen Workshops etliche tausend

Teilnehmer dazu gebracht, über glühende Kohlen zu laufen, und das nach nur vierstündiger Vorbereitungszeit, ohne wochenlanges Fasten und Beten. Die westliche Zivilisation bevorzugt schnelle Rituale.

Auch Larissa Vilenskaya, eine russische Wissenschaftlerin, die jetzt in Kalifornien lebt, hat solche Workshops durchgeführt. Während der PSI-Tage in Basel hielt sie vor einigen Jahren einen Vortrag über ihre Arbeit und lief anschließend, vor den Kameras von ZDF, SRG und ARD, dreimal über die glühenden Kohlen. Am gleichen Abend sah man Frau Dr. Vilenskaya auf der PSI-Party tanzen. Eine Woche später veranstaltete sie in Winterthur einen Workshop im kleinen Kreis, bei dem fünf Leute mit ihr durchs Feuer gegangen sind.

»So, wie ich es sehe«, sagte Larissa Vilenskaya in einem Gespräch, das ich damals mit ihr führte, »geht es darum, den Leuten zu helfen, ihre psychologischen Probleme zu lösen, Furcht, Ängste und Hemmungen zu überwinden. Das ist der Zweck, und das Feuerlaufen ist nur ein Mittel, um diesen Zweck zu erreichen. Ich sage den Leuten: Wenn ihr im Stande gewesen seid, diesen Schritt zu tun – eure Furcht zu überwinden und über glühende Kohlen zu gehen –, dann könnt ihr einen solchen Schritt tun, wann immer ihr diesen im Leben braucht. Wenn es um einen Stellenwechsel geht oder darum, Beziehungen in Ordnung zu bringen oder Lösungen für schwierige Situationen zu finde, dann werdet ihr auch im Stande sein, auf euer Gefühl, auf eure Intuition zu hören und eine Lösung zu finden. Ihr habt gelernt, dass ihr euch selbst und eurer inneren Kraft vertrauen könnt. Und das ist meiner Meinung nach die wichtigste Lehre, die wir aus dem Feuerlaufen ziehen können.«

Inzwischen gibt es auch in Deutschland Feuerlaufveranstaltungen dieser Art in größerem Rahmen, zum Teil mit zwanzig und mehr Teilnehmern. Es gibt Psychologen, die es in ihr (ganzheitliches) psychotherapeutisches Repertoire aufgenommen haben, und von (ganzheitlichen) Managementberatern werden sogar geschlossene Firmenbelegschaften über die glühenden Kohlen geführt. Vielleicht, damit sie lernen, für den Chef oder die Chefin die Kastanien aus dem Feuer zu holen?

Mein Kollege Ivo Bulanda hatte vor einiger Zeit die Gelegenheit, bei einem Feuerlaufseminar zu filmen, das ein junger Amerikaner namens Ken Cadigan – ebenfalls ein Schüler von Tolly Burkan – in Süddeutschland abgehalten hat.

Nach einer mehrstündigen Vorbereitung mit Gesprächen, Meditation und Gesang hat man am Nachmittag gemeinsam einen großen Holzstoß aufgeschichtet, der bei Einbruch der Dunkelheit entzündet wird. Feuer hat den Menschen seit jeher fasziniert – aber auch geängstigt, und vielleicht wird von den Menschen, die sich ihrer Schuhe und Strümpfe entledigt, sich bei den Händen gefasst und einen Kreis um den brennenden Holzstoß gebildet haben, jetzt doch der eine oder andere dabei sein, der lieber zu Hause geblieben wäre. Man wartet eine Weile, bis das Feuer so weit heruntergebrannt ist, dass nur noch glühende Holzkohlen übrig geblieben sind. Die Kohlen werden über eine Strecke von vielleicht drei Metern mit einem Rechen gleichmäßig verteilt, und dann ist es soweit: Ken Cadigan geht als Erster über die glühenden Kohlen, die anderen folgen ihm nach und nach. Verletzt hat sich bei dieser Aktion niemand, beteiligt haben sich alle. Für einige der Teilnehmer war es nicht das erste Mal, und eine junge Frau meinte:

»Es ist ein enthusiastisches Erlebnis für mich. Ich bin jedes Mal fast high, wenn ich da drübergehe. Ich liebe das Feuer und ich kann eigentlich sagen, dass ich jedes Mal das Gefühl habe: Wenn ich da durchgegangen bin, dann kann ich durch jede Angst gehen im Leben – einfach durchgehen. Ich habe vorhin auch gezittert und hatte Angst, obwohl es das vierte Mal ist, aber jetzt freue ich mich total.«

Ob als religiöses Ritual in Singapur oder als Managementtraining, als Psychotherapie oder ekstatisches Gruppenerlebnis – das Feuerlaufen ist ein erstaunliches Phänomen, und man fragt sich, während einem schon beim Zuschauen die Haare zu Berge stehen, wie etwas Derartiges dem Menschen überhaupt möglich ist.

Man hat schon in früheren Zeiten nach einer Erklärung für dieses Phänomen gesucht. Vor etwa hundert Jahren beauftragte beispielsweise die französische Regierung den großen Zauberer (im Sinne von Trickkünstler) Jean-Eugène Robert-Houdin, das Geheimnis der algerischen Feuerläufer zu lüften. Er fand heraus, dass sie sich vor dem Feuerlauf die Füße mit Alaun einrieben und sich durch eine Art Selbsthypnose in Trance versetzten. Aber ist mit dieser Beobachtung erklärt, warum die Menschen sich auf den glühenden Kohlen ihre Fußsohlen nicht verbrennen?

Man hat in diesem Zusammenhang auch auf das »Leidenfrost'sche Phänomen« hingewiesen – benannt nach Johann Gottlob Leidenfrost, einem Arzt des 18. Jahrhunderts. Man kann es beobachten, wenn ein Wassertropfen auf eine heiße Herdplatte fällt: Auf seiner Unterseite bildet sich eine Dampfschicht, die ihn vor der unmittelbaren Berührung mit der Platte schützt. Deshalb verdampft er nicht sofort, sondern tanzt auf der Platte noch eine Weile hin und her, bis er sich schließlich ganz in Dampf verwandelt hat. Demzufolge wurde behauptet, die Füße der Feuerläufer entwickelten sehr viel Schweiß, der verdampfe, als liefen die Feuerläufer gleichsam auf einer Art Dampfkissen über die Kohlen, ohne sie zu berühren.

Diese Erklärung ist allerdings nicht gerade einleuchtend. Zum einen sind die Kohlen nicht glatt wie eine Herdplatte, zum anderen kann auch heißer Dampf zu erheblichen Verbrennungen führen.

Was die Erklärung des Feuerlaufens angeht, sind sich die Experten auch heute noch nicht ganz einig. Die einen halten es für etwas Besonderes, andere nicht. Wissenschaftler des Max-Planck-Instituts in Seewiesen sind der Meinung, dass sie dem Feuerlauf seinen magisch-mystischen Nimbus genommen haben. Ihre Beobachtungen von Feuerläufern in Griechenland – den sogenannten »Anastenarides« – ergaben, dass diese gewöhnlich ihre Fußsohlen nicht länger als 0,8 Sekunden der Glut aussetzen. Die Wissenschaftler haben dann Selbstversuche durchgeführt, bei denen sie auf einer Strecke von drei Metern über glühende Holzkohlen von etwa 400 Grad Celsius liefen, ohne sich zu verbrennen. In einer Zusammenfassung ihrer Untersuchungsergebnisse heißt es:

»In mehreren Selbstversuchen konnten wir zeigen, dass trotz kurzfristiger Spitzentemperaturen von 200 Grad Celsius für bis zu 0,8 Sekunden ein schadloses Überqueren der Holzkohlenglut (438 bis 240 Grad Celsius) ohne Vorbereitungszeremoniell, ohne jegliche psychophysischen Ausnahmezustände, ohne Verknüpfung mit religiösen Glaubensinhalten, ohne spezielle Gehtechnik und andere Hilfsmittel barfuß in normaler Alltagsverfassung möglich ist. Da jedoch die Angst vor dem Feuer sehr tief verwurzelt sein kann, könnte ihre Überwindung eine tiefgehende Wirkung auf Stabilität und Identität der Persönlichkeit haben.«

Nun könnte man sich natürlich fragen, ob ein Mensch, der im Begriff ist, barfuß über glühende Kohlen zu gehen, sich noch in einer normalen Alltagsverfassung befindet. Und ob nicht vielleicht allein schon das Bewusstsein über seinen Entschluss ihn in einen psychophysischen Ausnahmezustand bringen könnte. Aber davon abgesehen reduziert sich, wenn man es aus dieser Perspektive betrachtet, das vermeintliche Wunder doch wohl auf eine – wenngleich beachtliche – Mutprobe. Aber es geht den Beteiligten ja auch darum, Ängste zu überwinden und Selbstsicherheit zu gewinnen.

Ob die Kraft des Geistes in der Lage ist, die verbrennende Wirkung des Feuers wirklich auszuschalten oder auch nur zu mindern, das lässt sich jedenfalls aus dieser Form des Feuerlaufens nicht eindeutig ableiten. Dass unser Bewusstsein oder unser Unterbewusstsein aber immerhin die Heilung von Brandwunden wesentlich beschleunigen kann, hat ein amerikanischer Arzt gezeigt, indem er Patienten mit schweren Verbrennungen hypnotisierte.

Kapitel 4

Der Körper gehorcht dem Geist

Kaum zu glauben, aber wahr – Heilungen mit Hilfe von Hypnose

Hypnose hilft beim Heilen – das ist keine Erkenntnis unserer Tage. Schamanen, Priester und Ärzte haben sie seit Jahrtausenden praktiziert – zum Teil auch versteckt unter allen möglichen Formen von rituellem Hokuspokus.

Der römische Historiker Plutarch (50–125 n. Chr.) berichtete von einem Griechen namens Antiphon, der im 4. Jahrhundert vor Christus lebte und »Kranke durch Worte heilen konnte«. Im Mittelalter meinte Meister Eckehart (1260–1327): »Die Vorstellungen der Seele wirken kräftiger auf den Leib als der Arzt und seine Arzneien.« Und Thomas von Aquin (1225–1274) sagte: »Jede Idee, die in der Seele entsteht, ist ein Befehl, dem der Körper gehorcht.«

Es gibt eine Fülle von eindrucksvollen Beispielen – einige davon wurden bereits erwähnt –, die zeigen, wie solche Befehle und Suggestionen wirken können. Blutungen werden zum Stillstand gebracht, Schmerzen werden vertrieben oder erzeugt, und Brandblasen bilden sich ohne Anwendung von Hitze.

Dass man andererseits die Folgen schwerer Verbrennungen mit Hilfe von Suggestionen schneller und besser überwinden kann, hat der amerikanische Arzt Dr. Dabney Ewin schon 1968 entdeckt, als er begann, seine Patienten bei Brandverletzungen mit Hypnose zu behandeln.

»1959 haben Laboruntersuchungen ergeben«, so berichtet Dr. Ewin, »dass man bei Verbrennungen zwei Aspekte beachten muss: einerseits die Verletzung der Haut durch die Hitze und andererseits die Reaktion des Körpers darauf in Form einer Entzündung, von Schmerzen, Schwellungen und Brandblasen. Und mit Hilfe von Hypnose kann man diese Entzündungsreaktion unterbinden.«

Bei seinem ersten Fall hatte eine Alkoholexplosion das Gesicht des Patienten verbrannt und seine Augenbrauen abgesengt. Dr. Ewing traf ihn in der Notaufnahme, etwa eine halbe Stunde nach dem Unfall, versetzte ihn in Hypnose und suggerierte ihm Kühle und Wohlbefinden.

»Normalerweise folgt auf eine solche Verbrennung innerhalb von 24 Stunden eine schwere Entzündung mit heftigen Schwellungen, die dazu führen, dass die Patienten alle ähnlich aussehen, mit dicken Mondgesichtern und Augen, die so fest zugeschwollen sind, dass man sie kaum öffnen kann, um sie zu untersuchen. Und es dauert dann an die sechs Wochen, bis eine Heilung erfolgt ist.«

In diesem Fall war es anders. Als Dr. Ewin ihn 31 Stunden später wieder besuchte, fühlte der Patient sich wohl und hatte noch nicht einmal ein Aspirin verlangt, obwohl er wusste, dass man ihm auf Wunsch auch Morphium gegeben hätte. Er konnte seine Augen vollständig öffnen, und es gab keine Anzeichen der sonst üblichen Schwellung und Entzündung. Die allmähliche Heilung verlief dann leicht und angenehm, und nach 14 Tagen konnte der Patient wieder zur Arbeit gehen.

»Es scheint so zu sein«, vermutet Dr. Ewin, »dass durch die Verbrennung ein Reiz an das zentrale Nervensystem geleitet wird, der zu einer Entzündungsreaktion führt. Wenn man hier nun innerhalb von zwei Stunden nach der Verbrennung mit Hypnose eingreifen kann, wird offenbar diese Reaktion unterbunden, und die Entzündung bleibt aus. Der Körper verhält sich so, als ob er nicht verbrannt worden wäre – soweit es die Entzündungsreaktion angeht.«

Ein anderer Patient von Dr. Ewin hatte sich durch einen Azetylenbrenner den Arm verletzt. Azetylen entwickelt eine Hitze von etwa 3000° Celsius, und die Flamme hatte buchstäblich Hemd und Unterarm des Mannes verkohlt. Dr. Ewin hypnotisierte ihn etwa eine Stunde nach dem Unfall und versorgte die Wunde mit einem Verband. Der Patient ging anschließend wieder zur Arbeit. Auf einem Foto, das 21 Stunden später aufgenommen wurde, ist keine Schwellung zu sehen, obwohl die Haut ringsum verkohlt ist. Der Patient hatte keine Schmerzen, es gab keine Anzeichen für eine Infektion, und nach 12 Tagen war die Verbrennung völlig abgeheilt.

Dr. Ewins Kollegen reagierten unterschiedlich auf diese erstaunlichen Erfolge.

»Diejenigen, die selbst mit Hypnose arbeiten, waren nicht überrascht«, stellte Dr. Ewin fest. »Und die anderen neigten zu der Annahme, dass die Verbrennungen nicht so schwer gewesen seien, wie es den Anschein gehabt habe. Weitere Untersuchungsergebnisse zeigen inzwischen jedoch, dass in der Tat durch Hypnose die Entzündungsreaktion auf eine Verbrennung unterbunden werden kann.«

Die Erfolge von Dr. Ewin legen die Vermutung nahe, dass nicht nur die Reaktion des Körpers auf die Verbrennung verändert wird, sondern dass auch eine Beschleunigung des eigentlichen Heilungsprozesses stattfindet. Womit das zusammenhängt, ist allerdings noch nicht genau erwiesen.

Neuere wissenschaftliche Untersuchungen haben gezeigt, dass Wachstumshormone einerseits die Heilung von Wunden oder Knochenbrüchen beschleunigen können; andererseits verlangsamen sie den natürlichen Alterungsprozess. Die Ergebnisse der Hypnosebehandlungen deuten darauf hin, dass wir in einem veränderten Bewusstseinszustand die Produktion dieser Wachstumshormone beeinflussen können. Dies wäre auch eine Erklärung dafür, dass Menschen, die im Geiste – im Denken und Fühlen – jung geblieben sind, auch körperlich langsamer altern. Der Satz: »Man ist so alt, wie man sich fühlt«, bewahrheitete sich dann nicht nur im übertragenen Sinne. Solche Überlegungen sind derzeit wissenschaftlich noch nicht völlig abgesichert. Aber es sprechen zahlreiche Hinweise für eine solche Annahme. In jedem Fall ist es sicher besser, sein Denken auf Jugend und Gesundheit auszurichten, statt auf Alter und Krankheit.

Wissenschaftlich gut dokumentiert sind die Heilerfolge von Hypnosebehandlungen inzwischen bei asthmatischen Erkrankungen.

Der Londoner Juwelenhändler Harold Black beispielsweise gehört zu einer Reihe von Asthmapatienten, deren Leiden durch Hypnosebehandlung erheblich gemildert werden konnte. Die ersten Symptome seiner Krankheit tauchten im Zusammenhang mit belastenden Umständen auf – dem Tod seiner Mutter, dem Umzug in ein neues Haus und beruflichen Schwierigkeiten.

Eines Nachts wachte er auf und hatte das Gefühl, als ob ihn jemand erwürgen wollte. Er sprang aus dem Bett und riss das Fenster auf, um mehr Luft zu bekommen. Aber es wurde nicht besser – er kämpfte mit Atemnot und seine Frau war sehr erschrocken, weil sie nicht wusste, was da vor sich ging. Der Hausarzt diagnostizierte Asthma und empfahl Harold Black, zu einem Spezialisten zu gehen, dessen Behandlung mit Hypnose ihm dann auch sehr geholfen hat.

Der Spezialist, den Harold Black besuchte, war Dr. Maher Loughnan, seinerzeit Vorsitzender des Bereichs Hypnose in der Royal Society of Medicine. Wir haben ihn schon im zweiten Kapitel im Zusammenhang mit den Phantomschmerzen des Taxifahrers Harold Librach kennengelernt.

Dr. Loughnan behandelte Harold Black über einen gewissen Zeitraum mit Hypnose und brachte ihm während der Sitzungen bei, sich durch Selbsthypnose in einen Zustand der Entspannung zu bringen, der ihm hilft, seine Asthmaanfälle zu kontrollieren. Seither bittet Harold Black von Zeit zu Zeit seine Sekretärin, für etwa zwanzig Minuten keine Anrufe durchzustellen, damit er in Ruhe seine Entspannungsübungen machen kann.

Harold Blacks Frau ist sehr zufrieden mit der Verbesserung, die sich im Laufe der Behandlung eingestellt hat. Aus Angst vor einem Anfall wollte Harold beispielsweise lange Zeit nicht mehr mit ihr tanzen. Seitdem er die Selbsthypnose praktiziert, belastet ihn dies nicht mehr, und inzwischen gehen sie wieder zum Tanzen. Und Mrs. Black genießt es – auch wenn ihr Mann, wie er selbst eingesteht, nicht gerade der weltbeste Tänzer ist. Aber immerhin kann er jetzt wieder tanzen – und das ist nur ein kleines Beispiel für die Verbesserungen, die sich durch die Übungen ergeben haben.

Was Harold Black bei seinen Asthmaanfällen am meisten belastete, war dieses Gefühl, keine Luft zu bekommen, und durch die Selbsthypnose hat er gelernt, sich zu entspannen und diese Anfälle zu kontrollieren. Und mit zunehmender Routine gelingt ihm dies immer besser – auch wenn es sich dabei seiner Ansicht nach um einen Vorgang handelt, der sich weitgehend im Unterbewusstsein abspielt.

Harold Black ist kein Einzelfall.

»Die British Medical Association«, so referierte Dr. Loughnan, »hatte schon 1958 empfohlen, die Möglichkeit einer Anwendung von Hypnose bei Asthmaerkrankungen zu erforschen. Es wurden dann klinische Untersuchungen mit 350 Patienten durchgeführt, von denen eine Hälfte in herkömmlicher Weise und die andere Hälfte mit Hypnose behandelt wurde. Bei der Hypnosegruppe betrug die Erfolgsquote etwa 69 Prozent, bei der Kontrollgruppe 42 Prozent – ein deutlicher Unterschied zu Gunsten der Hypnosebehandlung.«

Wenn die seelische Komponente bei der Entstehung einer Krankheit eine so deutliche Rolle gespielt hat wie hier, dann ist es kein Wunder, wenn eine psychologische Technik eine Verbesserung bewirkt – so könnte man angesichts dieses Falles sagen. Aber wir haben schon an anderen Beispielen gesehen, wie durch die Hypnose ganz konkrete körperliche Wirkungen erzielt werden können, und dies gilt offenbar auch bei Asthma.

Eine amerikanische Ärztin hat zum Beispiel in einer Reihe von wissenschaftlichen Versuchen gezeigt, dass man durch Hypnose die Wirkung einer Chemikalie, die gewöhnlich einen leichten asthmatischen Anfall hervorruft, aufheben kann. Sie heißt Dr. Laurie Smith und beschäftigt sich am Walter Reed Army Hospital in Washington mit der Untersuchung von Allergien.

»Mein Interesse für Hypnose wurde geweckt, als meine Mutter vor einiger Zeit das Rauchen aufgab«, berichtete Dr. Smith in einem Fernsehinterview. »Sie hatte zwanzig Jahre lang geraucht, und nach drei Hypnosesitzungen hörte sie einfach auf. Das beeindruckte mich, und ich wollte mehr über Hypnose wissen, über die verschiedenen Anwendungsbereiche und vor allem, ob man dadurch auch körperliche Veränderungen hervorrufen kann. Ich lernte also hypnotisieren und behandelte einige Patienten damit. Zur Zeit arbeite ich nun an einem Forschungsprogramm, mit dem wir untersuchen wollen, inwieweit sich durch Hypnose messbare körperliche Wirkungen erzielen lassen.«

In einer Reihe von Experimenten wurden Asthmapatienten hypnotisiert, die dann eine Chemikalie inhalierten, welche normalerweise einen leichten asthmatischen Anfall auslöst. Dr. Smith wollte dabei herausfinden, ob man durch Hypnose die Reaktion der Patienten auf diese Chemikalie verändern kann. Und es ist ihr in dieser Untersuchung auch gelungen, die Wirkung von Hypnose auf die Empfindlichkeit der Atemwege durch Messungen wissenschaftlich nachzuweisen.

»Ungefähr 75 Prozent unserer Versuchspersonen konnten durch Hypnose die Empfindlichkeit ihrer Atemwege so beeinflussen, dass die Wirkung einer Chemikalie, die Asthma hervorruft, abgeschwächt wurde«, stellte Dr. Smith fest. »Bei vier Personen zeigte die Chemikalie überhaupt keine Wirkung mehr, obwohl sie vorher, ohne Hypnose, einen Asthmaanfall bei ihnen hervorgerufen hatte. Das heißt: Wir können durch Hypnose einen direkten Einfluss auf das autonome Nervensystem ausüben, und zwar nicht nur im seelischen, sondern auch im körperlichen Bereich. Und wir können dies auch durch physiologische Messungen nachweisen.«

Das autonome Nervensystem – auch vegetatives Nervensystem genannt – steuert in unserem Körper die Drüsentätigkeit und den Herzrhythmus, die gesamte glatte Muskulatur, die Blutgefäße und verschiedene Hautreflexe, wie zum Beispiel die Verengung oder Erweiterung der Poren. Die Wissenschaft war lange Zeit der Meinung, dass es durch unser Bewusstsein nicht beeinflusst werden könne – deshalb nannte man es auch autonom, das heißt: selbstständig oder unabhängig. Berichte von Yogis oder Fakiren, die zum Beispiel ihren Herzschlag willkürlich verlangsamen oder andere autonome Körpervorgänge beherrschen konnten, wurden als Legenden abgetan, oder auf Betrug und Manipulation zurückgeführt.

Inzwischen haben die Versuche von Dr. Smith und vielen anderen Wissenschaftlern gezeigt, dass das autonome Nervensystem doch nicht so autonom ist, wie man annahm, und dass wir lernen können, darauf einzuwirken: durch Fremd- oder Selbsthypnose, durch Biofeedback, durch Autosuggestionsübungen und mentales Training.

Wie aber lassen sich diese verblüffenden, teilweise an Wunder grenzenden Wirkungen erklären, die der Geist oder das Bewusstsein über das Unterbewusstsein auf das autonome Nervensystem und von da aus auf den Körper ausüben kann?

Ein möglicher Schlüssel dazu liegt in einer Reihe von chemischen Botenstoffen, zum Beispiel Hormonen und Neurotransmittern, sowie jenen Teilen des Gehirns und des Nervensystems, von denen sie produziert und verteilt werden. Der wichtigste Bestandteil dieses Systems ist nach neueren Erkenntnissen der Hypothalamus. Er stellt das Zentrum des sogenannten Limbischen Systems dar, das unterhalb des Großhirns liegt und häufig auch als »Säugerhirn« bezeichnet wird, weil es bei den Säugetieren am höchsten entwickelt ist. Das Limbische System steuert unter anderem Körpertemperatur, Pulsfrequenz, Blutdruck und Blutzuckerspiegel. Es ist auch an der Entstehung von Gefühlen und emotional-triebhaften Reaktionen beteiligt und sichert die vier Grundfunktionen des Überlebens: Ernährung, Kampf, Flucht und Fortpflanzung.

Vom Limbischen System führen besonders viele Nervenbahnen zum Stirnlappen des Großhirns, der offenbar für Urteilsbildung, Planung, Entscheidungen und zielgerichtetes Verhalten zuständig ist. Man hat festgestellt, dass Menschen nach Zerstörung oder Entfernung des Stirnlappens die Fähigkeit verloren, sich zu konzentrieren, vorauszuplanen oder sich an neue Gegebenheiten anzupassen.

Man könnte nun eine Verbindungslinie ziehen vom konzentrierten und zielgerichteten Denken des Stirnlappens zum Limbischen System und damit zum Hypothalamus, der unter anderem die wichtigste Hormondrüse des Körpers steuert: die Hypophyse. Diese wiederum steuert die übrigen Hormondrüsen des Körpers und die Informationsübertragung im Nervensystem. Mit dieser »Stirnlappen-Hyphothalamus-Hypophyse-Drüsen-Nerven-Schiene« bietet sich nun eine recht einleuchtende Erklärung für viele der bisher erwähnten körperlichen Wirkungen von Bewusstseinsprozessen an.

Das Hormon Kortisol beispielsweise fördert die Blutgerinnung, das vegetative Nervensystem beeinflusst die Zusammenziehung der Blutgefäße, und beide werden von der Hypophyse gesteuert: Dies könnte eine Erklärung liefern für die Fähigkeit, Blutungen zu stillen, die wir im ersten Kapitel erwähnt haben.

Das Kortison, ebenfalls ein Hormon der Nebennierenrinde und Abkömmling des Kortisols, hat eine antiallergische und entzündungshemmende Wirkung. Damit ließen sich die Erfolge von Dr. Ewin und Dr. Smith erklären, von denen in diesem Kapitel die Rede war.

Das somatotrope Wachstumshormon STH wirkt indirekt auf alle Körperzellen, indem es Enzyme einschaltet, die für den Kohlehydrat-, Eiweiß- und Fettstoffwechsel zuständig sind. Wie bereits erwähnt, beeinflusst es auch Wachstum, Wundheilung und Alterungsprozesse. Was die Regulierung des Stoffwechsels angeht, so lässt sich hier ein Zusammenhang mit den Erfolgen von Hypnosebehandlung bei Über- oder Untergewicht vermuten. Und schließlich ließe sich über das STH auch das erstaunliche Phänomen der »hypnotischen Brustvergrößerung« erklären, die Gordon R. Taylor in seinem Buch *Die Geburt des Geistes* beschrieben hat:

»Es gibt aus dem Jahr 1948 Berichte über einige Versuche, die Brust mittels Hypnose zu vergrößern, und 1974 berichtete ein gewisser J. E. Williams, er habe mit dieser Methode einige Erfolge erzielt. Kurz darauf beschloss R. D. Willard, der damals am Institute of Behavior and Mind Science arbeitete, diese Behauptungen wissenschaftlich zu überprüfen.

Er fand 22 freiwillige weibliche Versuchspersonen im Alter zwischen 19 und 54 Jahren. Ihre Brüste wurden von einem unabhängigen Mediziner sorgfältig vermessen: Höhe, Durchmesser und Umfang. Dann wurde ihnen gesagt, sie sollten sich vorstellen, über ihre Brüste fließe warmes Wasser, die Brüste würden warm werden; wenn das nicht funktioniere, sollten sie sich vorstellen, ein Warmlicht würde sie anstrahlen. Sie würden fühlen, wie ihre Brüste zu pulsieren beginnen. Die Suggestionen erfolgten unter leichter Trance, und die Frauen erhielten auf Band gesprochene Instruktionen, mit deren Hilfe sie diese Routineübungen täglich wiederholen sollten. Bei allen wurden in bestimmten Abständen Kontrolluntersuchungen durchgeführt.

Nach zwölf Wochen hatten 28 Prozent der Frauen die von ihnen jeweils gewünschte Brustgröße erreicht und beendeten die Übungen. Insgesamt hatten 85 Prozent der Frauen eine gewisse Vergrößerung erreicht, und 46 Prozent mussten sich größere Büstenhalter kaufen. Der durchschnittliche Zuwachs betrug etwa 1,7 cm vertikal, 2,5 cm horizontal und 3,4 cm im Umfang. Einige Frauen brachten es auf fast das Doppelte dieses Zuwachses. Ein Zyniker mag fragen, ob sie nicht einfach ganz generell an Gewicht zugenommen hätten, doch tatsächlich haben 42 Prozent dieser Frauen zwei Pfund oder mehr abgenommen. Darüber hinaus hatten 14 dieser freiwilligen Versuchspersonen Kinder und wünschten sich eine festere Brust. Sie alle erreichten in dieser Hinsicht eine gewisse Verbesserung. Und schließlich, als besonderes Extra, hatten die Frauen, deren Brüste ungleich groß gewesen waren, am Ende gleich große Brüste.«

Eine Wiederholung dieses Versuchs durch Psychologen an der Universität in Houston bestätigte Willards Ergebnis. Und bei einer Nachuntersuchung drei Monate später fand man, dass achtzig Prozent des Zuwachses erhalten geblieben waren.

Man könnte diese Fälle auch mit einem anderen Hormon als STH in Verbindung bringen: mit dem Prolaktin nämlich, das unter anderem die Zellbildung in den Milchdrüsen steigert. Wie auch immer – in jedem Falle sind Hypophyse und Hypothalamus die Steuerungsorgane.

Das sogenannte pankreotrope Hormon, dessen Existenz allerdings noch umstritten ist, soll eine Vergrößerung der insulinproduzierenden Inselzellen in der Bauchspeicheldrüse bewirken. Mangelnde Insulinproduktion ist Ursache der Zuckerkrankheit.

Es zeigen sich hier mögliche Zusammenhänge des Hypothalamus-Hypophyse-Systems mit einer Fülle von Krankheiten, bei denen auch die Schulmedizin davon ausgeht, dass sie psychosomatisch, das heißt durch geistig-seelische Vorgänge hervorgerufen oder zumindest mitverursacht sind:

Magen- und Darmstörungen, Asthma, Kreislaufstörungen, Überfunktion der Schilddrüse, Zuckerkrankheit, Menstruationsstörungen, Hautleiden und Allergien. Es hat sich mittlerweile ein neuer Wissenschaftszweig gebildet, die »Psycho-Neuro-Immunologie«, die sich mit diesem Bereich beschäftigt und auch schon eine Reihe von harten wissenschaftlichen Erkenntnissen vorlegen kann. Unter anderem wurde festgestellt, dass über den Hypothalamus auch die Produktion der weißen und roten Blutkörperchen und das körpereigene Abwehrsystem gesteuert wird. Wir wollen uns damit in einem späteren Kapitel noch etwas ausführlicher beschäftigen.

Immer mehr körpereigene Botenstoffe sind in den vergangenen Jahren entdeckt und in ihrer Wirkung erforscht worden. Das aktivierende Adrenalin zum Beispiel; die schmerzstillenden und beglückenden Endorphine; das entzündungshemmende Kortisol; Melatonin, das den Biorhythmus steuert; Acetylcholin, das bei Lernprozessen eine Rolle spielt; Dopamin, das die Kreativität fördert; Serotonin, das beruhigend und ausgleichend wirkt; Endovalium, das entspannt und Ängste auflöst; sowie zahlreiche andere. Man weiß inzwischen, dass viele natürliche (wie Opium) oder chemische Drogen (wie Valium) nur deshalb wirken, weil ihre molekulare Struktur den körpereigenen Botenstoffen so sehr ähnelt, dass sie dieselben Rezeptoren benutzen und so die gleichen Wirkungen erzeugen können.

»Alle wichtigen Arzneidrogen, welche die Medizin zur Therapie einsetzt, werden in ähnlicher (natürlich verträglicherer) Form vom menschlichen Körper selbst hergestellt«, schreibt der Arzt und Psychotherapeut Josef Zehentbauer. Und weiter: »Jeder Mensch hat die Fähigkeit, seine körpereigenen Botenstoffe und seine psychische

Energie auf die ihm eigene, individuelle Art zu aktivieren – dies könnte die Grundlage für eine neue, am Individuum orientierte Wissenschaft, für eine humanistische Medizin sein.«

Es gibt aufregende Neuigkeiten auf diesem Gebiet, auch wenn im Detail noch vieles unklar ist. Ernst genommen wird aber heute zumindest die Annahme, dass es eine Wechselwirkung zwischen geistig-seelischen und körperlichen Prozessen gibt. Und die Schnittstelle sozusagen zwischen Körper und Geist scheint der Hypothalamus zu sein.

René Descartes, der diese Funktion der Zirbeldrüse zuschrieb, lag also gar nicht so weit daneben. Wenn er überhaupt daneben lag, denn wir wissen noch sehr wenig über die Zirbeldrüse, und auch hier sind noch etliche überraschende Erkenntnisse möglich.

Dass Suggestionen auf das Limbische System einwirken können, hat Professor Melzak schon in den 70er Jahren in seiner »Gate-Control-Theorie« vertreten, die wir in Kapitel zwei erwähnt haben. Durch den Hypothalamus, das Zentralorgan des Limbischen Systems, wird die Hypophyse gesteuert und durch die Hypophyse die Hormonproduktion im Körper. Auf dieser Linie ließe sich plausibel erklären, warum mit Hilfe von Hypnose Allergien gebremst werden können: durch eine gesteigerte Produktion des Nebennierenhormons Kortison nämlich, das eine antiallergische Wirkung hat. Wie aber steht es mit der Tatsache, dass allein die Vorstellungskraft Allergien nicht nur bremsen, sondern auch – und das sogar ohne äußeren Anlass – hervorrufen kann?

Der kalifornische Arzt Dr. Franz Baumann hat einen solchen Fall erlebt. Vor etlichen Jahren behandelte er einen zehnjährigen Jungen, der an multipler Allergie litt. Der

Junge war gegen fast alles in der Welt allergisch und lebte in einem hermetisch abgeschlossenen Raum, der durch Spezialfilter belüftet wurde, damit kein Staub, keine Blütenpollen oder Federn hereingelangen konnten. Nachdem verschiedene Behandlungsmethoden erfolglos geblieben waren, bat man Dr. Baumann, es mit Hypnose zu versuchen.

Er nahm daraufhin an einem Hypnosekurs teil und wendete dann das neuerworbene Wissen bei seinem Patienten an. Wie er es im Kurs gelernt hatte, sagte er dem Jungen, er solle sich vorstellen, er sei auf einer schönen Bergwiese voller Blumen und zwitschernder Vögel an einem wunderschönen sonnigen Tag, und aus der Ferne sei der friedliche Klang von Kuhglocken zu hören. Für Dr. Baumann verband sich mit dem Geläut von Kuhglocken die Vorstellung von Ruhe und Frieden. Aber der Junge wusste, dass zu Kuhglocken Kühe gehören und dass er gegen Kuhhaare allergisch war, und so bekam er aufgrund dieser Vorstellung einen heftigen Asthmaanfall.

»Er bekam keine Luft mehr«, erinnert sich Dr. Baumann, »sein Gesicht lief blau an, und ich hatte gerade noch rechtzeitig die Eingebung, ihm zu sagen, er solle sich vorstellen, dass ein Hubschrauber neben ihm lande, dass er in diesen Hubschrauber einsteige und hoch emporgetragen würde, wo die Luft klar und kräftig sei und frei von allen Verunreinigungen, so dass er wieder ohne Schwierigkeiten atmen könne.

Mit Hilfe dieser Vorstellung gelang es dem Jungen, wieder zu Atem zu kommen, und nach ein paar tiefen Atemzügen sagte er: ›Wissen Sie Doktor, dieses kleine Flugzeug ist gerade noch rechtzeitig gekommen.‹ Es war ihm klar, dass er in Lebensgefahr geschwebt hatte.«

Für Dr. Baumann war dies ein unglaublich beängstigendes Erlebnis, und es hat ihn veranlasst, die Hypnose aufzugeben und zur Schulmedizin zurückzukehren. Obwohl ihm natürlich später klar geworden ist, dass er im Falle dieses Jungen einfach die falschen Vorstellungsbilder gewählt hatte. Die Blumen, die Vögel und ihre Federn, die Kuhhaare – das waren alles Dinge, gegen die der Junge allergisch war –, und er reagierte auf diese Vorstellungsbilder so, wie er draußen in der Natur darauf reagiert hätte.

Eine bloße Vorstellung – so Dr. Baumanns Schlussfolgerung – kann also ebenso machtvoll sein, wie die tatsächliche Wirklichkeit.

Die medizinische Literatur berichtet über eine Reihe ähnlicher Fälle. Häufig zitiert wird das Beispiel einer Frau, die gegenüber Rosen allergisch war. Diese Allergie trat auch dann auf, wenn man ihr eine Vase mit künstlichen Rosen ins Zimmer stellte. In Hypnoseexperimenten wurde gezeigt, dass eine harmlose Substanz Allergien auslöste, wenn man der Versuchsperson suggerierte, dass es sich dabei um eine allergieauslösende Substanz handle. Andererseits hatte eine allergieauslösende Substanz keine Wirkung, wenn durch die Suggestion der Eindruck erzeugt wurde, die Substanz sei harmlos.

Was kann man aus solchen Fällen schließen? Muss man nicht annehmen, dass der Körper selbst Stoffe produzieren kann, die Allergien auslösen? Aber warum sollte er das tun? Man kann verstehen, dass der Körper daran interessiert ist, Allergien zu verhindern und die dafür nötigen Stoffe bereitstellt – aber welches Interesse sollte er daran haben, allergische Reaktionen hervorzurufen? Fragen, die noch beantwortet werden wollen.

Eine der spektakulärsten Heilungen mit Hilfe von Hypnose fand in den 1950er Jahren in England statt, als Dr. A.

A. Mason eine bis dahin als unheilbar bezeichnete erbliche Hautkrankheit einfach weghypnotisierte, und das sozusagen aus Versehen, weil er dachte, dass es sich dabei um Warzen handelte. Der Fall ging damit in die Medizingeschichte ein.

»Ich war damals Narkosefacharzt und beschäftigte mich auch mit Hypnose«, erinnert sich Dr. Mason. »Unter anderem hatte ich damit erfolgreich Warzen behandelt. Eines Tages wurde ein Junge von etwa 16 Jahren in den Operationssaal gebracht, dessen Hand verkrustet war, so als ob sie von Tausenden von Warzen bedeckt wäre. Ich war für die Narkose zuständig, während Dr. Moore, der Chirurg, eine Hautverpflanzung vornahm. Ich sah, dass er ein unzufriedenes Gesicht machte, weil eine frühere Hautverpflanzung nicht richtig angewachsen war, und sagte zu ihm: ›Warum versuchen Sie es nicht mal mit Hypnose? Das hilft sehr gut bei Warzen.‹ Er sah mich ziemlich sauer an, sagte: ›Versuchen Sie's doch selber‹ – und verließ den Operationssaal. Ich brachte dann den Jungen wieder auf die Station zurück und sagte der Schwester, dass ich am nächsten Tag wiederkäme, um ihn zu behandeln.«

Am nächsten Morgen erklärte Dr. Mason dem Jungen, dass Dr. Moore ihm den Fall übertragen hätte, dass er ihn mit Hypnose behandeln wollte und dass er damit schon in vielen anderen Fällen erfolgreich gewesen sei. Der Junge war einverstanden. Also hypnotisierte Dr. Mason ihn und suggerierte ihm, dass die Warzen von seinem rechten Arm verschwinden würden. Er solle sich eine Woche später wieder melden, sagte ihm Dr. Mason, und das tat er auch. Sein rechter Arm war sauber, der linke immer noch verkrustet. Dr. Mason war einigermaßen zufrieden und nahm ihn mit zu dem Raum, in dem Dr. Moore arbeitete. Er hielt die

Arme des Jungen hoch, damit dieser sie durch die Glasscheibe sehen konnte. Dr. Moore riss den Mund auf, legte seine Instrumente weg und kam heraus.

»Da sehen Sie«, sagte Dr. Mason, »Hypnose funktioniert gut bei Warzen.«

»Um Himmels willen«, entgegnete Dr. Moore, »wissen Sie, was Sie da angerichtet haben?«

»Nein – was denn?«

»Nun, das ist ein Fall von congenitaler ichthyosiformer Erythrodermie nach Brocq. Und nun gehen Sie mal in die Bibliothek und schlagen Sie nach, was das ist.«

Das tat Dr. Mason, und zu seinem Entsetzen fand er, dass es sich hierbei um eine unheilbare erbliche Hautkrankheit handelte, bei der in einigen Bereichen der Haut keine Talgdrüsen ausgebildet sind. Dadurch wird die Haut nicht genügend eingefettet und es bilden sich dicke, harte Verkrustungen. Etwas Derartiges zu heilen, ist ungefähr so unmöglich, wie einem Klumpfuß plötzlich zu normalem Aussehen zu verhelfen.

Dr. Mason kehrte also einigermaßen erschüttert zu seinem Kollegen zurück und dieser fragte ihn: »Haben Sie herausgefunden, was es ist?«

»Ja«, gab Dr. Mason zu, und Dr. Moore sagte: »Fein. Dann finden Sie mal schnell eine Erklärung, wir werden diesen Fall nämlich übermorgen der Royal Society of Medicine vorführen.«

Das haben sie dann auch getan. Aber Dr. Mason konnte ebensowenig eine Erklärung dafür liefern, wie irgendjemand sonst.

»Ich habe den Jungen vier Jahre später noch einmal untersucht«, berichtet Dr. Mason, »und die Verbesserung war nicht nur geblieben, sie hatte sich sogar noch etwas gesteigert. Allerdings waren immer noch einige verkrustete Hautpartien übriggeblieben, und ich wollte die Behandlung gerne noch einmal aufnehmen, um eine völlige Heilung zu erzielen. Der Junge war einverstanden, aber als ich ihn hypnotisieren wollte, stellte sich heraus, dass dies völlig unmöglich war. Ich hatte ihn vorher unzählige Male hypnotisiert, auch in Anwesenheit von Kollegen im Royal College of Medicine, um das Phänomen der Hypnose zu demonstrieren – und nun war er völlig unhypnotisierbar.«

Dr. Mason war ausgesprochen verblüfft über diesen Sachverhalt, aber später kam ihm der Gedanke, dass der Junge vielleicht Angst gehabt hatte, dass sich statt einer Verbesserung eine Verschlechterung einstellen könnte, und lieber in Ruhe gelassen werden wollte, da er sich in seinem derzeitigen Zustand wohl fühlte. Dr. Mason hat ihn seither nicht wieder gesehen.

»Was nun eine Erklärung des Falles angeht«, meint Dr. Mason, »so könnte ich mir vorstellen, dass vielleicht Ansätze von Talgdrüsen in der Haut vorhanden, aber nicht richtig entwickelt waren, und dass durch einen psychologischen Mechanismus die Entwicklung ausgelöst wurde. Das würde aber bedeuten, dass sich alles entwickeln kann, wofür in unseren Zellen eine keimhafte Anlage vorhanden ist. Aber der Auslöser für eine derartig tiefgreifende Änderung muss natürlich entsprechend tiefgreifend sein.«

Dr. Mason hat noch eine andere Leistung vollbracht, die in der Hypnoseliteratur zitiert wird. Er gab einer Patientin, die zwölf Jahre unter Heuschnupfen gelitten hatte, in Hypnose folgende Suggestionen: »In diesem Jahr werden Sie keine Schwierigkeiten mit dem Atmen haben, weder nachts noch tagsüber. In diesem Jahr werden Ihre Augen nicht tränen, wird Ihre Nase nicht verstopft sein, es wird Sie um die

Augen herum nicht mehr jucken, und Sie werden keine Niesanfälle haben.« Diese Suggestionen wurden zehn Wochen lang, während der kritischen Zeit, täglich eine halbe Stunde lang wiederholt, und die Patientin war zum ersten Mal seit zwölf Jahren völlig frei von Heuschnupfensymptomen.

Die Hypnose – das ist wohl aus all diesen Beispielen deutlich geworden – ist ein sehr wirkungsvolles Instrument. Und wie alle wirkungsvollen Instrumente kann sie auch gefährlich sein, wenn sie von jemandem praktiziert wird, der sein Handwerk nicht versteht. Die Hypnose gehört auch nicht ins Varieté oder in den Zirkus, achtlose Spielerei sollte in jedem Fall vermieden werden. Die Erfahrung, die Dr. Baumann machte, mag als Warnung dienen.

Die Hypnose ist natürlich auch kein Allheilmittel, und ob die erzielten Erfolge von Dauer sind, ist eine andere Frage. Aber es wird hier, wie bei jeder anderen Form von Behandlung auch, darauf ankommen, ob es gelingt, bis zu den Wurzeln der Krankheit vorzudringen und ihre eigentliche Ursache zu beseitigen.

Eines aber zeigen uns die zitierten Beispiele von Hypnosebehandlungen auf alle Fälle: dass nämlich der Geist, soweit es den eigenen Körper betrifft, durchaus über die Materie herrschen kann.

Was durch Hypnose erreicht wird – positive Beeinflussung des Körpers, Heilung von Krankheiten, Leistungssteigerung und Ähnliches – ist auch durch Selbsthypnose, durch Selbstbeeinflussung oder Autosuggestion möglich. Der Psychologe Charles Baudouin meinte sogar: »Die Autosuggestion ist der Mustertyp jeder Suggestion. Zwischen Heterosuggestion (das heißt: Suggestion durch einen anderen, wie zum Beispiel bei der Hypnose) und Autosuggestion besteht kein grundsätzlicher Unterschied.«

Wir beeinflussen uns ständig selbst, durch verschiedene Autosuggestionen, meist allerdings unwillkürlich und unbewusst und häufig leider auch in negativer Weise: durch Befürchtungen, Vorurteile und destruktives Denken wie »das kann nicht gut gehen«, »das schaffe ich nie« oder »das wird böse enden«.

Gedanken sind wirkende Kräfte, und wir können uns viele Unannehmlichkeiten ersparen, wenn wir uns angewöhnen, die Möglichkeiten der Autosuggestion bewusst, gezielt und in positivem Sinne zu nutzen. Es gibt einige einfache Techniken, die uns dabei helfen können.

Kapitel 5

Immer besser und besser

Autosuggestion als Lebenshilfe

In der Zeit vor dem Ersten Weltkrieg hatte der deutsche Nervenarzt Dr. Johann Heinrich Schultz viel mit Hypnose gearbeitet, und seine Patienten berichteten übereinstimmend, dass sie während der Hypnose ein Gefühl von Schwere und Wärme in Leib und Gliedern empfanden.

Dr. Schultz stellte dann die Überlegung an, ob man diesen Vorgang nicht umkehren, das heißt mit der Vorstellung von Schwere und Wärme einen hypnotischen oder wenigstens hypnoseähnlichen Zustand erreichen könnte. Dieser Gedanke bestätigte sich, und Dr. Schultz entwickelte daraufhin eine Technik der »konzentrativen Selbstentspannung«, mit der er 1932 an die Öffentlichkeit trat. Er nannte diese Technik »autogenes Training«.

Durch eine Reihe einfacher Befehle – mein rechter Arm ist schwer, mein linker Arm ist schwer, mein rechtes Bein ist schwer, mein linkes Bein ist schwer, mein rechter Arm ist warm… und so weiter – sowie Konzentration auf die entsprechenden Körperteile wird eine tiefe Entspannung erreicht. Sie ist mit einem veränderten Bewusstseinszustand verbunden, der als leichte Trance bezeichnet werden kann. Das Unterbewusstsein ist in diesem Zustand offener als sonst und kann durch einfache, formelhafte Sätze beeinflusst werden, etwa: »Meine Kehle ist kühl und meine Brust ist warm«, zur Besserung von Husten oder Asthma. Es wird allerdings empfohlen, mit solchen organspezifischen Formeln nur unter Anleitung von geschulten Therapeuten zu arbeiten.

Daneben gibt es einfache und allgemein anwendbare Formeln zur Verbesserung der inneren Einstellung, zum Beispiel: »Ich schaffe es«, »Ich bin Problemen gewachsen«, oder Ähnliches. Wenn man die Grundstufe einmal beherrscht, kann man zur so genannten Oberstufe des autogenen Trainings übergehen, in der meditative und kontemplative Übungen vermittelt werden. Man ruft bestimmte Farben, Landschaften oder Szenen vor das geistige Auge, stellt Fragen an das Unterbewusstsein, oder geht im Körper spazieren.

Kurse in autogenem Training werden von einzelnen Psychologen und Ärzten, von Volkshochschulen und vom Deutschen Roten Kreuz oder ähnlichen Institutionen veranstaltet.

Eines der eindrucksvollsten Beispiele für die Wirksamkeit des autogenen Trainings lieferte der deutsche Arzt Dr. Hannes Lindemann, der 1955 und 1956 den Atlantik überquerte – erst in einem afrikanischen Einbaum, dann im Faltboot.

»1952 hatte ich in Marokko einen französischen Kollegen kennen gelernt«, erinnert sich Dr. Lindemann, »der vorgab, als ›freiwilliger Schiffbrüchiger‹ in einem Schlauchboot über den Atlantik segeln zu wollen. Und unter anderem behauptete er, Schiffbrüchige könnten Meerwasser trinken.«

Dr. Lindemann war davon überzeugt, dass dies falsch sei, und um es in einem Gegenexperiment zu beweisen, segelte er in einem Einbaum von 7,70 Meter Länge und 70 Zentimeter Breite von Portugal über die Kanarischen Inseln nach Haiti.

»Und dabei habe ich festgestellt, dass man kein Meerwasser trinken kann, denn ich habe schon nach 24 Stunden geschwollene Füße bekommen, und nach weiteren 36 Stunden reichten die Schwellungen vom Salzwassertrinken schon bis zu den Knien.«

Er gab daraufhin das Meerwassertrinken auf und beschränkte sich auf die mitgeführten Vorräte und aufgefangenes Regenwasser. Nach 65 Tagen erreichte er die Antilleninsel Saint Croix und segelte von dort die Westindischen Inseln entlang nach Haiti. Aber obwohl er das schwierige Unternehmen gemeistert hatte, war er nicht ganz zufrieden.

»Ich hatte mich physisch, technisch und navigatorisch sorgfältig vorbereitet – psychisch hingegen nicht. Dadurch war ich in eine äußerst gefahrvolle Krisensituation geraten, die auch unglücklich hätte enden können. Mir war bekannt, dass mehr Schiffbrüchige aus Panik, Angst und Verzweiflung ums Leben gekommen sind als durch körperliche Not, da die Psyche im Allgemeinen schneller aufgibt als der Körper. So fragte ich mich, wie man die Psyche beeinflussen oder sogar zur Mithilfe gewinnen kann – und da fiel mir das autogene Training ein.«

Dr. Lindemann beschloss, eine weitere Fahrt zu unternehmen, auf die er sich sechs Monate lang intensiv mit autogenem Training vorbereitete. Als Fahrzeug wählte er diesmal ein deutsches Serienfaltboot – 5,20 Meter lang, 87 Zentimeter breit. Er hatte schon zweimal versucht, 1949 und 1951, mit einem Faltboot über den Atlantik zu segeln. Beide Male fühlte er sich aber körperlich sehr unwohl und psychisch gereizt.

»Und dann bin ich auch umgekehrt, weil ich einfach das Gefühl hatte, noch nicht reif dafür zu sein, irgendetwas stimmte nicht mit mir. Und auf diese neue Fahrt habe ich mich nun so vorbereitet, dass ich erst einmal mein Unbewusstes gefragt habe: Komme ich heil an? Eine Frage also an die tieferen seelischen Schichten. Und nach kurzer Zeit fühlte ich mich absolut sicher. Selbst wenn ich fünfmal, zehnmal kentern sollte, würde ich heil ankommen. Dieses Gefühl lässt sich nicht beschreiben – ich nannte es ein ›kosmisches Sicherheitsgefühl‹. Es hat mich auch nicht getäuscht. Ich bin zweimal gekentert und war eigentlich während der ganzen Fahrt sicher, dass ich die Karibischen Inseln erreichen werde.«

Dr. Lindemann hatte für jeden Tag etwa 800 Kubikzentimeter Flüssigkeit mitgenommen und war darauf angewiesen, Regenwasser aufzufangen. »Nun kann man sich ausrechnen, wieviel Regenwasser in diesen Breitengraden jeden Monat fällt, und es fiel mir auch gar nicht schwer, genügend Regenwasser aufzufangen«, erinnert sich Dr. Lindemann. An fester Nahrung hatte er pro Tag etwa 900 Kalorien zur Verfügung, und er ergänzte seinen Proviantvorrat, indem er Fische fing, die er roh aß. »Die habe ich mariniert, mit Salzwasser und mit Knoblauch, und dann schmeckten sie mir sogar ganz gut.«

Ein halbes Jahr vor der Fahrt hatte Dr. Lindemann begonnen, sich eine Reihe formelhafter Vorsätze zu geben, die er bei jeder Gelegenheit wiederholte, zum Beispiel: »Ich schaffe es«, »nicht aufgeben« und »Kurs West«. Diese tief im Unterbewusstsein verankerten Vorsätze wirkten auch im Schlaf und weckten Dr. Lindemann in kritischen Situationen.

»Und wie das gearbeitet hat, ist hochinteressant«, meint er. »Auf der einen Seite haben mir die Wellen lautmalerisch zugerufen: Kurs wescht, oder wessst – und das hat mich dann immer aufgeweckt, so dass ich den Kurs korrigieren konnte. Das Erstaunlichste bei dieser ganzen Fahrt war sicherlich, dass ich spüren konnte: Vorsätze bahnen sich selbst durch Halluzinationen ihren Weg. Ich habe einmal halluziniert, ich sah einen Afrikaner neben mir und fragte ihn: Wohin geht die Fahrt? Nach dem Westen, sagte er. Und das rührte natürlich her von diesem Vorsatz: Kurs West.«

Außerdem praktizierte Dr. Lindemann während der Fahrt die Wärmeübung, um die Durchblutung von Gesäß und Beinen zu verbessern. Tatsächlich bekam er dadurch weder Sitz- noch Salzwassergeschwüre, die sonst durch Bewegungsmangel und ständiges Sitzen unter derartigen Umständen schon nach viel kürzerer Zeit auftreten.

Nach 72 Tagen endlich landete Dr. Lindemann auf der Karibikinsel Saint Martin. Müde und abgemagert zwar, aber wohlbehalten und gesund. Es dauerte allerdings eine Woche, bis er wieder richtig laufen konnte. Wer sich für weitere Einzelheiten über Lindemanns Atlantikabenteuer interessiert, dem sei sein Buch *Allein über den Ozean* empfohlen, in dem er seine Fahrt ausführlich schildert.

Dr. Lindemann hat später in Abwandlung des autogenen Trainings eine eigene Entspannungstechnik entwickelt, die er »Psychohygiene-Training« nannte. Ein wesentlicher Bestandteil dieser Technik ist eine besondere Form des Atmens, die aus spontaner Einatmung, verlängerter Ausatmung und einer Atempause besteht. Dabei tritt eine Beruhigung und Entspannung ein.

»Bei langer Ausatmung ist man im Atem, bei umgekehrtem Atemrhythmus mit kurzer Aus- und langer Einatmung ist man außer Atem«, schreibt Lindemann und verweist auf die traditionelle chinesische Medizin, in der die gesundheitsfördernde Wirkung des Atems schon seit Jahrtausenden anerkannt ist. »Nur der Kranke atmet mit der Lunge, der Gesunde atmet mit der großen Zehe«, sagt man in China.

Was mich am meisten an Dr. Lindemanns Schilderungen beeindruckt, ist die Tatsache, dass solche einfachen suggestiven Vorsätze eine derart weitreichende Wirkung haben, wenn man sie entsprechend verinnerlicht. Und auch für uns, die wir nicht über den Atlantik segeln wollen, können solche Vorsätze bei der Bewältigung alltäglicher Probleme eine große Hilfe sein.

Dies erkannte Anfang des 20. Jahrhunderts auch der französische Philosoph und Apotheker Emil Coué. Gelegentlich baten ihn Kunden, ohne Anweisung des Arztes Medikamente für sie anzufertigen. Da er die ärztliche Behandlung nicht stören wollte, gab er ihnen Scheinmedikamente, sogenannte »Placebos«, die keine wirksamen Substanzen enthielten. Nichtsdestoweniger trat in den meisten Fällen die erwartete Besserung ein, und Emil Coué lernte daraus, welch große Rolle der Glaube bei der Heilung von Krankheiten spielt.

»Jeder Gedanke, der unseren Geist ausschließlich beherrscht, wird für uns zur Wahrheit und drängt darauf, Wirklichkeit zu werden«, erkannte Emil Coué, und auch: »Bei einem Widerstreit zwischen Willen und Vorstellungskraft siegt immer die Vorstellungskraft.«

Aus diesen Überlegungen heraus entwickelte er eine Reihe von Suggestionsformeln, um die Glaubenskräfte des Menschen zur Entfaltung zu bringen. Zum Beispiel: »Es geht mir mit jedem Tag in jeder Hinsicht immer besser und besser.« Oder die Kurzformel für akute Beschwerden: »Das geht weg, weg, weg …«

Coués Erfolge, die ihn in ganz Europa berühmt machten, führten bald dazu, dass eine Reihe von Coué-Vereinigungen gegründet wurden, unter anderem auch in Deutschland und in der Schweiz. Während des Hitlerregimes wurde die Coué-Bewegung unter dem Einfluss des Nationalsozialismus unterdrückt. Ausgehend von der Schweiz bildeten sich erst nach dem Zweiten Weltkrieg wieder Coué-Vereinigungen in der Bundesrepublik und in Österreich. Die Gründung der österreichischen Coué-Vereinigung ging auf die Initiative von Emma Krakowitzer zurück, einer alten Dame, die sich bei einem Gespräch, das ich vor einiger Zeit in Linz mit ihr führte, trotz ihrer 87 Jahre sehr rüstig und lebhaft zeigte.

»Ich wurde ja dreimal für unheilbar erklärt«, erzählte Emma Krakowitzer, » mit 36, mit 42 und mit 70. Und mit 36 und 42 habe ich mich selbst geheilt, durch unbewusste Autosuggestion.«

Beim dritten Mal, als sie durch einen Schock an Schüttellähmung erkrankt war, hatte sie bereits alle Hoffnung aufgegeben. Da machte sie eine Cousine auf Emil Coués Buch *Die Selbstbemeisterung durch bewusste Autosuggestion* aufmerksam.

»Ich hab das Buch bestellt«, erzählt Emma Krakowitzer, »es gelesen, die Einflüsterungsformel angewendet und war sofort geheilt – kein Zittern mehr, gar nichts. Und dann war ich so begeistert von der ganzen Sache, dass ich mir gedacht hab: Das müssten eigentlich alle Menschen wissen, dass man mit einer so einfachen Sache sich selbst heilen kann – von so einer schweren Krankheit, die dich an den Rand der Verzweiflung brachte.«

Emma Krakowitzer hat 1970 die Gründung der österreichischen Coué-Vereinigung angeregt, hat unzählige Vorträge gehalten und einer großen Zahl von Menschen die Coué-Methode vermittelt. In einem ihrer Vorträge zitiert sie dafür folgendes Beispiel:

»Ich sollte einer jungen Mutter, die ihren Mann bei einem Arbeitsunfall verloren hat, mit der Coué-Methode helfen, denn diese Frau hatte allen Lebensmut verloren. Also musste ich dieser jungen Witwe mit den beiden Kindern Mut machen. Mut reimt sich auf gut. Fehlen noch ein paar Worte. Gesundheit und Glück – das passt. So reimte ich das kleine Sprücherl: ›Wir haben Glück, wir haben Mut, wir sind gesund, es geht uns gut.‹ Neben der Anwendung der Coué-Methode morgens und abends habe ich der jungen Witwe angeraten, beim Auftauchen von trüben Gedanken, bei Mutlosigkeit oder auch bei anderen Schwierigkeiten, soll sie rasch diese negativen Gedanken mit dem obigen Sprücherl vertreiben. Dass ich auch dieser unglücklichen Mutter mit den beiden Kindern helfen konnte, ist einer der schönsten Erfolge, die ich bei der Coué-Methode erleben durfte.«

Dieser Fall zeigt besonders anschaulich, wie die weder Zeit noch Geld in Anspruch nehmende Coué-Methode wirkt: Mit wenigen einfachen Worten, die wie ein gut gezielter Pfeil ins Schwarze treffen, erreicht man spielend die Befreiung von drückenden seelischen Lasten; genauso, wie die Befreiung von angeblich unheilbaren Krankheiten. Jedem ungläubigen Thomas, der nicht glauben kann oder will, dass man sich mit so wenigen einfachen Worten sein Leben schöner, gesünder und glücklicher gestalten kann, möchte ich zu bedenken geben, dass man ja auch von wenigen kränkenden Worten, die uns lieblose Menschen ins Gesicht schleudern, krank und unglücklich werden kann.

Aber auch die gewohnheitsmäßigen Aussprüche der Pessimisten, wie zum Beispiel: ›Ich bin ein Pechvogel, bei mir nützt überhaupt nichts, mir kann kein Mensch mehr helfen, denn mich freut das ganze Leben nicht mehr‹, machen ihr Leben zu dem, was sie sich mit diesen Worten einreden. Diese Pessimisten beweisen uns dann an Hand einer Kette von Misserfolgen, dass sie eben Pechvögel sind, denen wirklich nicht geholfen werden kann. Der Coué-Freund, der seine optimistische Einflüsterungsformel genauso gewohnheitsmäßig hersagt, wie der Pessimist seine negativen Aussagen, kann demgegenüber an Hand einer Kette von Erfolgen beweisen, dass er in allen seinen Unternehmungen Glück hat. Mit Hilfe der Coué-Methode ist es unzähligen Pessimisten gelungen, glückliche Erfolgsmenschen zu werden.«

Es ist in der Tat erstaunlich, dass solche einfachen Suggestionen eine derartige Wirkung haben können – wohlgemerkt »können« –, nicht müssen. Und sie wirken umso besser, je öfter man sie wiederholt und je entspannter man dabei ist. Emil Coué empfahl deshalb, eine Knotenschnur zu verwenden. Ein einfacher Bindfaden, in den man etwa zwanzig Knoten geknüpft hat, genügt. Bei Gelegenheit setzt man sich entspannt hin, lässt die Knotenschnur durch die Finger gleiten und wiederholt bei jedem Knoten die Formel: »Es geht mir mit jedem Tag in jeder Hinsicht immer besser und besser. Es geht mir mit jedem Tag in jeder Hinsicht immer besser und besser. Es geht mir mit jedem Tag…« und so weiter. Das litaneiartige Herunterbeten der Formel vertieft die Entspannung und führt gewöhnlich zu einer leichten Trance, die das Unterbewusstsein öffnet und die Suggestionen besser eindringen lässt.

Die durch solche Übungen erreichte Trance ist gewöhnlich weniger tief als die durch Hypnose erzielte, aber dies wird durch die häufigere Wiederholung offenbar ausgeglichen, so dass hier ebensolche Erfolge erzielt werden können wie mit Hilfe von Hypnose.

Der Psychologe Charles Baudouin war sogar der Meinung, dass eine in Hypnose gegebene Suggestion nur dann eine dauerhafte Wirkung hat, wenn sie zu einer festverankerten, anhaltenden Autosuggestion führt. In seinem Buch *Suggestion und Autosuggestion* vertritt er unter anderem die These, »dass die Autosuggestion in Wahrheit der Mustertyp jeder Suggestion ist; die hypnotische Heterosuggestion ist nur ihr oft abgeschwächtes, minder widerstandsfähiges, minder beständiges Abbild.« Und er schreibt weiter: »Dr. A. Forel ist der Auffassung, dass durch Heterosuggestion nur in zwei Fällen dauernde Heilung erreicht werden kann: wenn kein Grund für das Wiedererscheinen der materiellen Ursache der Beschwerden vorliegt oder wenn die Fremdsuggestion beim Patienten zur Gewohnheit und Autosuggestion wird. Man sieht: Forel ist nicht sehr weit von unserer Theorie der Suggestion entfernt.«

Man kann bei Autosuggestionen ganz unterschiedliche, speziell auf die eigenen Bedürfnisse zugeschnittene Formulierungen verwenden – wichtig ist nur, dass man auf jeden Fall negative Suggestionen vermeidet. Und nicht nur sich selbst, sondern auch anderen Menschen, vor allem Kindern gegenüber. Dies hat Emil Coué immer wieder betont. Er schrieb zum Beispiel: »Unter keinen Umständen darf man einem Kinde sagen, du bist ein fauler Schlingel, ein Nichtsnutz und so weiter, weil dies gerade erst die dauernden Charakterfehler schafft, die man ihm vorwirft.«

Für das Kind sind die Erwachsenen Riesen, denen es hilflos ausgeliefert ist, machtvolle Wesen, die Befehle erteilen, die man befolgen muss, um nicht bestraft zu werden.

»Du warst ohne Mütze im Regen, du wirst dich erkälten«, sagt die Mutter. Wenn das Kind dies als Befehl versteht und gehorcht, bleibt ihm gar nichts anderes übrig, als krank zu werden. Das Kind ist klein und muss zum Erwachsenen aufschauen. Wenn man aber die Augen schräg nach oben richtet, gerät man leicht in Trance, also in jenen veränderten Bewusstseinszustand, der auch für die Hypnose charakteristisch ist. Wenn der Erwachsene dann dem Kind mit der geballten Kraft seiner Autorität etwas sagt, kann dies wie ein hypnotischer Befehl wirken, auch wenn es sich dabei um vergleichsweise belanglose Bemerkungen handelt, wie etwa: »Dafür bist du zu klein«, »Das kannst du nicht«, »Dafür bist du zu dumm«, »Wenn du so weitermachst, bleibst du sitzen«, »Mit dem Zeugnis kriegst du nie eine Lehrstelle« und so weiter.

Solche Befehle vergisst man mit der Zeit, aber sie verlieren dadurch nicht an Wirksamkeit. Das Unterbewusstsein hält sie fest, und sie behindern uns, ohne dass wir uns dessen bewusst werden. Es ist sicher nicht verkehrt, wenn man – und sei es auch nur auf Verdacht – positive Vorsätze dagegen stellt. Zum Beispiel: »Ich schaffe es«, »Ich bin Problemen gewachsen«, »Ich überwinde Widerstände«, »Ich finde meinen Traumberuf«, und so weiter.

Wenn wir Probleme haben, wenn wir in Schwierigkeiten sind, wenn wir uns umorientieren, unser Leben neu ordnen und die Zukunft sich vor uns auftürmt wie eine Mauer, auch dann können solche Vorsätze hilfreich sein. Durch positive Suggestionen wird das Hindernis an sich nicht kleiner, aber wir selbst werden größer durch positive Suggestionen – und das kommt auf das Gleiche hinaus.

Jedes Hindernis ist relativ. Eine kleine Mauer kann für eine Maus unüberwindlich sein, ein Elefant wird sie nicht einmal bemerken. Das Hindernis bleibt das Gleiche – es kommt nur darauf an, ob wir uns innerlich zu einer Maus oder zu einem Elefanten machen. Vernünftigerweise sollten wir also das Programm »Ich bin eine Maus« streichen und an seine Stelle setzen: »Ich bin ein Elefant.« Wenn man sich das fünfzigmal am Tag vorsagt, wird sich nach einiger Zeit zwangsläufig eine Wirkung einstellen. Dass einem dabei ein Rüssel wächst, ist nicht zu befürchten.

Aber es sind nicht nur die Suggestionen anderer, die uns behindern – meist stellen wir uns, unbewusst und durch unüberlegtes Denken, selbst ein Bein. Ein Beispiel: Ich will meine Brille aufsetzen, aber sie liegt nicht da, wo sie eigentlich liegen müsste. Erster Gedanke: »Meine Brille ist weg.« Dies ist ein Befehl an das Unterbewusstsein, die Brille verschwinden zu lassen – und dass es Derartiges leisten kann, zeigen die vielen Fälle von negativer Halluzination, wo Menschen Dinge, die vorhanden sind, nicht mehr sehen. Ich suche also nun die Brille, sehe sie aber nicht, selbst wenn sie vor meiner Nase liegt, denn jede Wahrnehmung, die Brille betreffend, wird vom Unterbewusstsein unterdrückt – gemäß dem Befehl: »Die Brille ist weg.«

Zweiter Gedanke: »Ich kann meine Brille nicht finden.« Ein weiterer Befehl an das Unterbewusstsein, jede Information zu blockieren, die mich die Brille finden ließe und mich stattdessen überall dorthin zu führen, wo die Brille nicht ist. Nach einer Weile gebe ich genervt die Suche auf, setze mich wieder an den Schreibtisch und arbeite weiter. Das Unterbewusstsein sieht nun keine Veranlassung mehr, die Information, wo sich die Brille befindet, weiter zu unterdrücken. Und ganz zufällig, will sagen: unabsichtlich schaue ich nach einiger Zeit zur Fensterbank hinüber, und da liegt die Brille, an der ich mindestens dreimal dicht vorbeigegangen bin, ohne sie zu bemerken.

Hat man diesen Vorgang durchschaut, fällt es nicht schwer, eine bessere und unfehlbar hilfreiche Selbstprogrammierung zu entwerfen. Keinesfalls also denken: »Die Brille ist weg«, wenn die Brille weg ist! Stattdessen, erster Gedanke: »Die Brille ist da.« Zweiter Gedanke: »Ich werde sie finden.« Und dann überlasse ich es einfach meinem Unterbewusstsein, mich zu der Stelle zu führen, wo die Brille liegt. Eine ganz einfache und klare Angelegenheit. Ein paar Tage später versucht man, etwas Kleingedrucktes zu entziffern – und: »Jetzt ist schon wieder diese blöde Brille weg!«

Angewohnheiten sind etwas Gutes, weil sie uns erlauben, Dinge automatisch zu tun und damit Denkarbeit sparen. Aber das Gute hat auch seine Kehrseite. Und schlechte Angewohnheiten sind oft sehr anhänglich. Negatives und unkontrolliertes Denken gehören meist auch zu unseren schlechten Angewohnheiten (»Wem sagst du das?«). Da hilft nur Disziplin und Übung (»Jajaja!«). Man lernt auch nicht in einem Tag Klavierspielen (»Ich komm ganz gut mit meinem Walkman zurecht«). Führen Sie manchmal auch solche Selbstgespräche? Aber Spaß beiseite – es gibt eine Wahrheit, die ist so banal, dass man sich fast scheut sie auszusprechen: Von nichts kommt nichts.

Übung ist wichtig, auch im Hinblick auf Suggestionen. Und noch einmal: Suggestionen sollten in jedem Falle positiv formuliert werden, in Form von Bejahungen, da das Unterbewusstsein Verneinungen offenbar nicht richtig versteht. Wenn wir davon ausgehen, dass wir uns bei solchen Suggestionsvorgängen in einer leichten Trance befinden, und dabei hauptsächlich die rechte Großhirnhemisphäre aktiv ist, die bildhaft denkt, wird auch klar, warum: Verneinungen lassen sich in Bildern nur sehr schwer ausdrücken. Wie kann ich mir zum Beispiel bildhaft vorstellen, dass ich die Treppe nicht herunterfalle? Doch nur, indem ich sehe, wie ich ruhig und sicher die Treppe hinabschreite – indem ich also positiv das gewünschte Ergebnis sehe, und nicht negativ das Ungewünschte.

In Amerika hat sich seit geraumer Zeit eine eigene Richtung des »positiven Denkens« herausgebildet, die auch bei uns etliche Anhänger gefunden hat. Ausgehend von Philosophen des 19. Jahrhunderts wie Emerson, Mulford oder Trine führt sie über Ernest Holmes zu Dr. Joseph Murphy und Norman Vincent Peale.

Durch Bejahungen und positives Denken wurde zum Teil Erstaunliches erreicht. Wenn auch nicht alle, die es versuchten, damit Erfolg hatten. Ein Grund dafür könnte darin liegen, dass man Dinge zu erreichen versucht hat, die dem eigenen Wesen widersprechen. Auch mit Hilfe von Suggestionen kann man nicht werden, was man nicht ist; bestenfalls kann das, was im Menschen angelegt ist, jedoch bislang noch unterdrückt war, zur Entfaltung gebracht werden. Dem Frosch, der bei Wilhelm Busch auf einen Baum gekrochen ist und »schon glaubt, dass er ein Vogel wär«, werden auch durch ein noch so positives Denken keine Flügel wachsen. Aber es ist auch nicht der Sinn seines Lebens, zu fliegen – sonst wäre er ein Vogel geworden.

Der Mensch jedoch ist vieles, und er vereint vieles auf einmal – oftmals ist ihm nicht anzusehen, ob er ein Frosch ist oder ein Vogel. Hier hilft nur die alte Weisheit: »Erkenne dich selbst«, und im Zweifelsfall irrt man sich eben – auch Fehleinschätzungen können die Entwicklung fördern.

Ein anderer Grund für Irrtümer könnte darin liegen, dass bestimmte Prinzipien nicht beachtet wurden, die der Psychologe Charles Baudouin die »Gesetze der Suggestion« nannte. Darunter versteht er unter anderem:

1. Das Gesetz der angespannten Aufmerksamkeit: Um eine Sug-

gestion zu bestimmen, muss der Gedanke Gegenstand einer alles andere ausschließenden oder konzentrierten Aufmerksamkeit sein.

James Braid, dem die Hypnose ihren Namen verdankt, sprach in diesem Zusammenhang von »Monoideismus«; das heißt, nur ein einziger Gedanke, eine einzige Vorstellung darf den Menschen leiten. Nicht umsonst wird beispielsweise im Yoga oder im Zen, in allen geistigen Lehren oder Bewusstseinskontrolltechniken, so viel Wert auf die Schulung von Konzentration und Aufmerksamkeit gelegt.

Besonders wichtig ist zudem, dass keine entgegengesetzten Gedanken auftreten, indem zum Beispiel Bewusstsein und Unterbewusstsein verschiedene Ziele haben – oder dass man sich einerseits etwas wünscht, andererseits aber befürchtet, es nicht zu bekommen. Orison Sweet Marden drückte es so aus: »Wenn man das Streben hat, reich zu werden, und dabei doch fürchtet, arm zu bleiben, wenn man beständig an seiner Fähigkeit zweifelt, das Gewünschte zu verwirklichen, so heißt dies, die Hoffnung hegen, man würde nach Osten gelangen, wenn man nach Westen reist.«

2. Das Gesetz der umgewandelten Anstrengung: Wenn ein Gedanke eine Suggestion ausgelöst hat, führen alle bewussten Anstrengungen des Trägers der Suggestion, gegen diese anzukämpfen, solange dieser Gedanke den Geist beherrscht, nur dazu, sie zu fördern.

Als Beispiele können der Radfahrer dienen, der umso sicherer auf das Hindernis aufprallt, je mehr er sich bemüht, ihm auszuweichen, oder der Fernsehmoderator, dessen Lampenfieber umso schlimmer wird, je mehr er dagegen ankämpft. Oder: Ich finde meine Brille umso wahrscheinlicher nicht, je dringender ich sie brauche und je mehr ich mich anstrenge, sie zu finden. Hier hilft nur: Anstrengung vermeiden, entspannen und umprogrammieren. Aber je mehr ich mich bemühe, Entspannung zu erreichen, desto mehr verkrampfe ich mich unter Umständen – auch eine Konsequenz dieses Gesetzes.

Hier kann die so genannte progressive Muskelrelaxation nach Jacobsen hilfreich sein. Sie besteht darin, dass zuerst die Muskeln angespannt werden, so fest es geht – worauf dann die Entspannung folgt. Man nimmt sich einzelne Muskeln oder Muskelgruppen nacheinander vor, atmet ein, spannt an, lässt im Ausatmen los und spürt dem Gefühl der Entspannung nach. Auch die Gesichtsmuskeln sind wichtig.

3. Das Gesetz der mitwirkenden Erregung: Die meisten Aussichten auf suggestive Verwirklichung eines Gedankens liegen vor, wenn eine Erregung diesen Gedanken begleitet.

Hierin findet sich auch eine Erklärung dafür, warum Freude oder Furcht, Begeisterung oder Abscheu in allen Lebensbereichen eine derart beflügelnde oder lähmende, hemmende oder fördernde Wirkung haben. Furcht vor allem verbindet sich sehr häufig mit unbewussten Suggestionen: »Denn was ich gefürchtet habe, ist über mich gekommen, und was ich sorgte, hat mich getroffen«, rief der von Not und Krankheit geplagte Hiob aus. Und Emil Coué sagte: »Eine Krankheit befürchten, heißt: sie verursachen.«

Ebenso in diesen Zusammenhang gehört die Erfahrung, dass eine feste Überzeugung oder ein unerschütterlicher Glaube helfen, Dinge zu erreichen, die man wünscht – während Unglaube und Zweifel dabei hinderlich sind. »Alles, worum ihr bitten werdet im Gebet – so ihr glaubet, werdet ihr's empfangen«, sagte Jesus von Nazareth. Paracelsus, der große Arzt und Alchemist der Lutherzeit, meinte in Bezug auf magische Operationen: »Jeder Zweifel bricht das Werk.« Und im 4. Gesang der *Bhagavadgita* ist zu lesen: »Wer unwissend und glaubenslos dem Zweifel nachgibt, geht zugrund; nicht diese, noch auch jene Welt, noch Glück ist je des Zweiflers Teil.«

Wer sich entspannt und in freudiger Erwartung auf eine Sache konzentriert und das Gefühl hat, dass sie richtig und nützlich ist und dass sie gelingen wird, der hat, diesen drei Prinzipien entsprechend, die größte Aussicht auf Erfolg. Und umgekehrt: Wer lustlos, verkrampft und unkonzentriert an eine Aufgabe herangeht, deren Richtigkeit und Nützlichkeit er bezweifelt und sich vielleicht auch überfordert fühlt, der hat die größte Aussicht auf einen Misserfolg.

Baudouin zählt noch weitere Gesetze der Suggestion auf, darunter:

Das Gesetz des Beispiels: Die Suggestion wird durch das Beispiel der gleichen, bei einem Dritten verwirklichten Suggestion verstärkt und

Das Gesetz der Übung: Die Suggestion wird durch die Übung erleichtert.

Wer diese Prinzipien beherzigt, sollte eigentlich in der Lage sein, mit Suggestion und Autosuggestion richtig umzugehen, Probleme zu lösen und das Leben zu meistern.

Das häufigste Hindernis im Leben des Menschen ist vermutlich die Angst – vor wem oder was auch immer. Angst verursacht Stress, und Stress macht dumm, blockiert unser Denken und hindert uns zum Beispiel daran, gelerntes Wissen wiederzugeben oder neues Wissen aufzunehmen. Der Lehrer erklärt auf komplizierte und unanschauliche Weise einen Sachverhalt, und der Schüler versteht nur Bahnhof.

Unser Wort »Schule«, bei dessen Nennung es uns gelegentlich auch nach langer Zeit oft noch kalt den Rücken runterläuft, kommt von dem lateinischen Wort »scholae« – das bedeutet soviel wie »Muße«, und Muße bedeutet: Entspannung. Dass man in entspanntem Zustand besser und schneller lernt, bestätigen eine Reihe von wissenschaftlichen Untersuchungen. Ebenso wie die Feststellung, dass Verkrampfung und Stress zu Denk- und Lernblockaden führen. Trotzdem wird in unserem herkömmlichen Schulsystem immer noch eher Stress produziert, als verhindert.

Dass es auch anders geht, zeigt eine Lehrmethode, die der bulgarische Arzt und Psychiater Georgi Lozanov entwickelte: die »Suggestopädie« – Lernen mit Hilfe von Suggestionen, gelegentlich auch als »Superlearning« oder »Lozanov-Learning« bezeichnet. Lozanov beschäftigte sich mit indischen Yogis, die durch spezielle Konzentrations- und Atemübungen eine Art fotografisches Supergedächtnis entwickelt haben; er untersuchte parapsychologische Phänomene wie Telepathie oder Hellsehen; er studierte Hypnosetechniken und die Forschungsarbeiten des kanadischen Neurologen Wilder Penfield, die beweisen, dass das Unterbewusstsein ungeheuer viele Erinnerungen aufbewahrt, die der bewusste Verstand längst vergessen hat.

Das Unterbewusstsein enthält unzählige Reichtümer – dies spiegelt sich auch in vielen Märchenmotiven wider –, wir müssen nur den Zugang zu ihnen finden. Um das zu erreichen, kombinierte Lozanov Elemente aus vielen verschiedenen Gebieten: Yoga, Hypnose, autogenes Training, Psychodrama und andere mehr. »Die Suggestopädie«, so Lozanov, »ist wirklich nichts Neues. Das Neue daran ist die Anwendung.«

Auf suggestopädische Weise können alle möglichen Lerninhalte vermittelt werden: Sprachen, Computerkenntnisse, technisches und kaufmännisches Wissen etc. Entscheidend ist, dass der Unterricht immer auf dem gleichen Schema aufgebaut wird, dem suggestopädischen Kreis. Er beginnt mit der Dekodierung, einer Einstimmung, in der spielerisch Hemmungen abgebaut werden. Dann folgt das so genannte Aktivkonzert, in dem die Teilnehmer mit Musikbegleitung den Lernstoff laut lesen. Im Passivkonzert liest dann der Lehrer noch einmal den gleichen Text, während die Teilnehmer entspannt in Liegestühlen liegen und klassische Musik hören.

Durch das ruhige Liegen und die langsame Musik entsteht ein Zustand leichter Trance, in dem die ungeheuren Speicherkapazitäten des Unterbewusstseins aktiviert werden. Es leuchtet ein, dass bei dieser Methode besonders sorgfältig auf die Lerninhalte geachtet werden muss – denn bei einem ideologisch motivierten Unterricht wäre ein Missbrauch nicht auszuschließen. Allerdings ist bislang kein Fall bekannt, wo dies versucht wurde.

An das Passivkonzert schließt sich die sogenannte Elaborationsphase an, wobei der Lernstoff durch Aktionen und Spiele umgesetzt und vertieft wird. Hier gibt es – auch das ist ein Grundsatz der Suggestopädie – nur Lob, aber keine Kritik. Fehler werden indirekt korrigiert. Absicht dieser Aktionen und Spiele ist es, möglichst alle Sinne der Teilnehmer anzusprechen, denn dadurch werden die Lerninhalte besser aufgenommen und gründlicher memoriert. Gelernt wird nicht nur mit dem Kopf, sondern mit dem ganzen Körper. Man fasst die Dinge an – und was man anfasst, kann man besser begreifen.

Der Erfolg dieser spielerischen und ganzheitlichen Lernmethode hat die Kritiker überrascht, aber auch misstrauisch gemacht. Lozanov hielt jedoch daran fest: »Die Suggestopädie kann eine Revolution für das Unterrichtswesen bedeuten, wenn die Menschen erst einmal die Vorurteile überwunden haben, dass Lernen etwas Unangenehmes sei, dass sie morgen vergessen haben, was sie heute lernen, und dass die Lernfähigkeit mit dem Alter abnimmt. Pädagogik ist das Wichtigste auf der Welt. Das ganze Leben ist Lernen – nicht nur in der Schule.«

Die Suggestopädie ist, vor allem im Bereich der Erwachsenenbildung, auf dem Vormarsch. Große Firmen wie Bosch, Zeiss oder Siemens, Audi, IBM oder COOP haben ihre Mitarbeiter in den Suggestopädieunterricht geschickt. Die Zahl der Teilnehmer hat sich in der Bundesrepublik binnen kurzer Zeit verdoppelt, und die Stiftung Warentest überprüfte die Anbieter von Suggestopädiekursen. Im offiziellen deutschen Schulunterricht hat sich aber trotz aller Erfolge die Suggestopädie noch nicht durchgesetzt. Anders dagegen ist es in Liechtenstein. Das kleine Fürstentum am Rande der Schweiz, sonst eher als Steueroase bekannt, hat hier eine Vorreiterrolle übernommen. Auf Initiative des Rechtsanwalts Dr. Peter Ritter wurde 1985 das »Institut für Suggestopädie« ins Leben gerufen. Im gleichen Jahr begann ein Pilotversuch für das 10. Schuljahr, das sogenannte Werkjahr, an einer Oberschule in Vaduz. Der Versuch, der ursprünglich auf eine Dauer von fünf Wochen angesetzt war, fand so viel Anklang, dass er ausgedehnt und erweitert wurde. Dr. Ritter, der Initiator des Schulversuchs, sagte dazu in einem Rundfunkinterview:

»Der größte Erfolg war, dass wir in dieser Oberschule keine Schulschwänzer hatten, die ganzen fünf Wochen über, und dass die Schüler erstmals begeistert in die Schule gegangen sind. Das hat unsere Behörden einigermaßen interessiert, und wir sind seit eineinhalb Jahren dabei, hier in Liechtenstein einen Schulversuch zu planen, in dem wir die ganz normale Volksschule, die Oberschule und die Realschule auf einen suggestopädisch orientierten Unterricht umstellen wollen.«

Heute laufen in Liechtenstein suggestopädischer und herkömmlicher Unterricht parallel. Unter dem Oberbegriff »Neues Lernen« werden in Geographie, Geschichte und Sprachunterricht (Deutsch, Französisch, Englisch und Spanisch) suggestopädische Prinzipien angewendet. Dabei hat man inzwischen zu eigenen Formen gefunden und beendet gerade einen dreijährigen Modellversuch, an dem sich auch andere europäische Länder beteiligen, bei dem es darum ging, neue Lernmaterialien zu entwickeln. Die Lehrerausbildung wird ebenfalls aktiviert, und man plant, das »Neue Lernen« weiter auszubauen.

Auch an anderen Orten gibt es Ansätze, das herkömmliche Schulsystem durch neue Initiativen zumindest zu ergänzen, und vielleicht werden auch bei uns eines Tages solch rosige Schulzeiten anbrechen. Solange das entspannte Lernen aber noch nicht in unseren offiziellen Lehrplänen verankert ist, müssen wir uns selbst gegen den Schulstress wappnen – zum Beispiel durch Entspannungsübungen, positive Autosuggestionen, mentales Training und Bewusstseinskontrolle: Mind-Control.

Kapitel 6

Denk dich gesund

Mentales Training als Mittel gegen Krankheit, Kummer und Leid

Die Zeiten, als Hochleistungssportler nur ihre Muskeln trainierten, sind vorbei. Heute wird das mentale Training ebenso ernst genommen. Der Ausdruck »mental« kommt vom lateinischen »mens«, einem Wort mit vielen Bedeutungen: Geist, Wille, Verstand, Erinnerung, Vorstellung, Absicht, Überlegung. Das englische Wort »mind« entspricht dem recht gut – im Deutschen gibt es kein einzelnes passendes Wort dafür. »Bewusstsein« kommt der lateinischen Bedeutung allenfalls nahe, notfalls hilft die Aufzählung weiter.

Es werden inzwischen etliche verschiedene Methoden des mentalen Trainings praktiziert, und reichlich Bücher darüber existieren auf dem Markt. Die meisten dieser Methoden, die sich im Wesentlichen oft nur durch ihren Namen unterscheiden, basieren auf autogenem Training sowie der »Silva-Mind-Control-Technik«, einer Technik zur Entspannung und positiven Selbstkontrolle, die von José Silva, einem Amerikaner aus Laredo/Texas, entwickelt wurde. Vor einigen Jahren unternahm Silva eine Deutschlandreise, und ich hatte in Berlin die Gelegenheit, ihn zu fragen, wie er auf die Mind-Control-Methode gekommen ist.

»Es begann damit«, erzählte José Silva, »dass ich eines Tages ein Gespräch mit einem Psychiater führte, weil ich wissen wollte, wofür solche Leute gebraucht werden. Ich hatte ihn bei der Arbeit beobachtet und fand, dass er viele törichte Fragen stellte. Nun, er sagte mir, dass er herausfinden wolle, ob sein Gesprächspartner vernünftige Antworten geben könne und geistig voll da sei. Ich wollte wissen, wie der Psychiater dazu kam, sich für dieses Gebiet zu interessieren, und um das Ganze abzukürzen, nannte er mir den Titel eines Buches über die Geschichte der Psychiatrie und meinte, ich solle das lesen. Das tat ich auch, und dabei erwachte in mir der Wunsch, Psychologie zu studieren. Ich war damals dreißig Jahre alt.

Mein eigentliches Arbeitsgebiet ist Elektronik, ich beschäftige mich damit seit meinem vierzehnten Lebensjahr. Ich begann also, sozusagen als Hobby, nebenbei Psychologie zu studieren. Eines Tages stieß ich auf die Hypnose – das interessierte mich und ich machte mich damit vertraut. Ich führte Hypnoanalysen und Altersregressionen durch und kam bis zu einem Punkt, wo ich eine Person durch Hypnose dazu bringen konnte, sich ohne Narkose einer Operation zu unterziehen.«

Ähnlich wie der deutsche Arzt Johann Heinrich Schultz, der aufgrund seiner Hypnoseerfahrungen das autogene Training entwickelte, wurde auch José Silva durch seine Arbeit mit der Hypnose zur Entwicklung der Mind-Control-Technik angeregt.

Über fünf Millionen Menschen in aller Welt praktizieren heute die Silva-Mind-Control-Technik. Die meisten von ihnen haben es in Kursen gelernt, die von einer Reihe von Ausbildenden, unter anderem auch in Deutschland, Österreich und der Schweiz, regelmäßig abgehalten werden. Der Grundkurs dauert vier Tage, und wer dabei den Eindruck bekommt, dies sei für ihn – oder sie – nicht das Richtige, kann abbrechen und bekommt seine Kursgebühr rückerstattet. Die Psychologin Maria Sorel, die solche Kurse leitet, meinte dazu: »Also das ist schon vorgekommen, denn ich glaube, wir sind mit der einzige Kurs auf der Welt, der die Möglichkeit gibt, wenn sich jemand unbefriedigt fühlt, auch am vierten Tage noch sein Geld zurückzuverlangen. Aber ich habe jetzt über 200 Kurse geleitet – und in dieser ganzen Zeit ist es nur dreimal vorgekommen.«

Wer den Grundkurs einmal mitgemacht hat, kann ihn kostenlos wiederholen, wie oft und wo auch immer. Und das ist nach Meinung vieler Teilnehmer sinnvoll: »Wenn man das, was der Kurs vermittelt, wirklich nutzen will, muss man ihn wiederholen«, sagte mir ein junger Mann. »Ich selbst habe zwei, drei Grundkurse gebraucht, um das richtig umzusetzen. Die Erfolge steigern sich, wenn man's konsequent macht.«

Die Mind-Control-Technik kann dem Menschen helfen, mit sich selbst und seinen Problemen besser fertig zu werden und die erstaunlichen Möglichkeiten und Fähigkeiten seines Bewusstseins nicht nur zu entdecken, sondern auch besser zu nutzen. Voraussetzung ist jedoch viel Übung, Geduld und genug Ausdauer. Ohne Übung lernen wir das Instrument unseres Geistes ebenso wenig beherrschen, wie eine Geige oder ein Klavier.

Neben dem Grundkurs gibt es noch verschiedene Oberstufenkurse, in denen die Mind-Control-Techniken erweitert und vertieft werden. Sie werden meist von Lehrenden aus den USA geleitet. Vor einiger Zeit hatte ich Gelegenheit, mit einem von ihnen, Gerald Seavy aus Boston, zu sprechen, als er in Baden-Baden einen Kurs abhielt. Er erzählte mir, dass er heroinabhängig gewesen sei und dass er es mit Hilfe der Silva-Mind-Control-Technik geschafft habe, von der Droge wegzukommen.

»Nachdem ich mit Silva-Mind-Control vom Heroin losgekommen war«, erzählte Gerald Seavy, »habe ich einigen Krankenhäusern angeboten, den Patienten dort kostenlos diese Technik beizubringen. Einige Ärzte gaben mir – sozusagen inoffiziell – zu verstehen, dass die Regierung große Beträge für ihre Methadon-Programme bereitstellen würde, dieser Geldfluss jedoch sofort gestoppt würde, wenn ich dort Silva-Mind-Control-Kurse gäbe. Und dies, neben anderen Gründen, veranlasste sie, bei ihren herkömmlichen Programmen zu bleiben. Ich hatte also bis jetzt in den Kliniken keinen Erfolg – aber es waren zahlreiche Drogenabhängige in meinen Mind-Control-Kursen. Sie brauchten dafür keine Gebühr zu bezahlen, und viele haben es geschafft, von den Drogen wegzukommen – und auch wegzubleiben.«

Wesentlicher Bestandteil der Silva-Mind-Control sind körperliche Entspannung und bestimmte Zähltechniken, bei denen man mit geschlossenen Augen rückwärts zählt, ähnlich wie es der an Phantomschmerz leidende Taxifahrer Harold Librach tat, über den wir im zweiten Kapitel berichtet haben. Man kann sich außerdem dabei vorstellen, dass man auf einer Rolltreppe oder in einem Fahrstuhl abwärts fährt und die Zahlen auf der Anzeigetafel immer niedriger werden. Diese Techniken sollen dazu dienen, eine »tiefere und gesündere Bewusstseinsstufe« zu erreichen.

Um aus diesem Zustand wieder zurückzukommen, benutzt man die Formel: »In einem Augenblick werde ich langsam bis fünf zählen; dann öffne ich die Augen, werde hellwach und fühle mich besser als zuvor. Eins – zwei – drei – ich bereite mich auf die Augenöffnung vor – vier – fünf – Augen offen – ich bin hellwach und fühle mich besser als zuvor.« Diese »tiefere und gesündere« Bewusstseinsstufe wird auch als »Grundstufe« bezeichnet – oder als »Alpha-Zustand«, weil das Gehirn dabei vorwiegend Alpha-Wellen, Wellen mit einer Frequenz von 7 bis 14 Hertz (Schwingungen pro Sekunde) aussendet.

Dass unser Gehirn ständig elektromagnetische Wellen produziert, entdeckte der deutsche Psychiater Hans Berger Ende der 1920er Jahre. Diese Wellen, die er mit Hilfe eines so genannten »Elektroenzephalographen« aufzeichnete, bewegen sich während eines 24-Stunden-Zyklus zwischen etwa 2 und 30 Hertz. Man unterscheidet dabei gewöhnlich vier Frequenzbereiche:

Delta-Wellen (0 bis 4 Hertz) kennzeichnen Tiefschlaf oder Bewusstlosigkeit; Theta-Wellen (4 bis 7 Hertz) erscheinen im Schlaf, in tiefer Trance und gelegentlich auch in tiefer Meditation. Alpha-Wellen (7 bis 14 Hertz) treten im Traumschlaf auf, im Zustand körperlicher Entspannung, bei leichter Trance, Tagträumen oder in der Meditation. Voraussetzung dabei ist, dass die Augen geschlossen sind. Dadurch wird die äußere Wahrnehmung herabgesetzt und die innere Aufmerksamkeit gesteigert. Sobald man die Augen öffnet, überwiegen wieder die Beta-Wellen (über 14 Hertz), die für den Wachbewusstseinszustand, mit nach außen gerichteter Aktivität und Aufmerksamkeit, charakteristisch sind. Bei Aufregung und Stress ist ein Ansteigen der Beta-Frequenz zu beobachten.

Es gibt eine Reihe von Möglichkeiten, den Alpha-Zustand zu erreichen. Durch Rückkoppelung des eigenen Verhaltens mit einem Messgerät beispielsweise, wie im Bio-Feedback, durch Suggestion von Schwere und Wärme, wie beim autogenen Training, durch entspanntes Sitzen und Konzentration auf den eigenen Atem, wie es in verschiedenen Meditationstechniken gelehrt wird, oder durch körperliche Entspannung und Abwärtszählen, wie bei der Silva-Mind-Control-Technik.

Im Gegensatz zur Meditation, die ja eigentlich – im östlichen ebenso wie im westlichen Kulturkreis – als ein Weg zur Gotteserkenntnis und Erleuchtung angesehen wird, wird bei Mind-Control im Alpha-Zustand an der Bewältigung alltäglicher und irdischer Probleme gearbeitet. Im Gegensatz zum autogenen Training benutzt man dabei nicht formelhafte Vorsätze, sondern Visualisierungen – nicht Worte, sondern bildhafte Vorstellungen, die man auf einen »geistigen Bildschirm« projiziert. Wenn man abnehmen will, sieht man sich beispielsweise in Gedanken so schlank, wie man gerne sein möchte, erlebt, wie die alten Kleider wieder passen und wie man von Freunden und Bekannten bewundert wird.

Mit Hilfe solcher Visualisierungen können aber auch, durch Aktivierung des körpereigenen Abwehrsystems, Krankheiten bekämpft oder ihre Entstehung verhindert werden. Viele Teilnehmerinnen und Teilnehmer an Mind-Control-Kursen haben dies bestätigt. José Silva allerdings sieht diese gesundheitlichen Vorteile in einem größeren Zusammenhang.

»Wir müssen uns darüber klar werden«, so meint er, »dass wir diese besonderen Vorteile dadurch bekommen, dass wir uns in der Weise richtig verhalten, wie wir es als menschliche Wesen auf diesem Planeten tun sollten. Wenn man es von einer höheren Warte aus betrachtet, kommt man auf den Gedanken, dass wir auf die Erde geschickt wurden, um dem Schöpfer zu helfen, Probleme zu lösen – nicht aber, um Probleme zu schaffen. Dass wir versuchen sollten, diesen Planeten in ein Paradies zu verwandeln, und nicht in eine Hölle, indem wir ihn zerstören. Wir sind hier nur für eine kurze Zeit, deshalb sollten wir diese Zeit nicht verschwenden. Die Jahre zählen wenig, und bevor man sich versieht, ist es Zeit zu gehen. Nun – was hast du getan? Hast du dazu beigetragen, die Lebensbedingungen hier zu verbessern, oder hast du dich darauf verlassen, dass es ein anderer tut? Oder hast du vielleicht sogar zerstört, anstatt aufzubauen?

Wenn man sich solche Fragen stellt, dann beginnen sich die Gedanken in einer ganz bestimmten Weise zu ordnen. Dieser Planet erscheint dann wie ein riesiger Flughafen im Weltraum. Tausende kommen in jeder Stunde an, und Tausende reisen auch wieder ab, und so vollzieht sich ein vollständiger Wechsel in weniger als hundert Jahren. Und dann fragt man sich, wofür die Menschen kämpfen, warum sie von allem immer mehr wollen – obwohl sie doch hundert Jahre später gar nicht mehr da sind. Manche sagen: Es ist für unsere Kinder. Nun, die sind nach weiteren hundert Jahren auch nicht mehr da, sind durch andere Menschen ersetzt, ob sie es wollen oder nicht. Wir sollten begreifen, dass wir nur für eine kurze Zeit hier sind und dass es vielleicht später ist, als wir denken. Vielleicht sind wir morgen schon nicht mehr da. Es braucht ja nur den Bruchteil einer Sekunde, um von dieser Dimension in eine andere hinüberzuwechseln.«

Man mag José Silvas Philosophie zustimmen oder auch nicht. Unbestreitbar ist, dass seine Methode in der Praxis Erfolg hat. Dies haben inzwischen viele Ärzte bestätigt, unter anderem auch Dr. Dietrich Weller, der die Mind-Control-Technik für sich und seine Patienten entdeckt hat: »Ich sehe die Silva-Mind-Methode als eine fabelhafte und sehr natürliche Methode, wie Menschen mit sich umgehen, mehr über sich erfahren, mehr Kontakt mit ihrem Unterbewusstsein erhalten können, so dass sie sehr viel mehr Möglichkeiten haben, ihre Intuitionen wirklich bewusst zu spüren, mit ihnen umzugehen und sie dann tatsächlich auch im Alltag umzusetzen.«

Auch in den USA werden Visualisierungstechniken wie Silva-Mind-Control seit längerer Zeit bei der Behandlung von Krankheiten unterstützend angewendet – unter anderem sogar bei Krebs. Eine Patientin, die zum Beispiel eine Chemotherapie gegen Leberkrebs bekommt, macht gleichzeitig unter Anleitung einer Ärztin Entspannungs- und Visualisierungsübungen. Sie soll sich in Gedanken in ihren Körper hineinversetzen und sich bildhaft vorstellen, wie die Chemikalie gegen den Krebs vorgeht. Außerdem soll sie sich vorstellen, wie die weißen Blutkörperchen die kranken Zellen angreifen und der Krebs immer kleiner wird und schließlich verschwindet.

Dr. Kenneth R. Pelletier, Psychiatrieprofessor in San Francisco und Fachmann für psychosomatische Medizin, meinte dazu bereits Anfang der 1980er Jahre: »Wenn der Patient seine Aufmerksamkeit auf einen Tumor richtet, dann kann er dadurch das körpereigene Abwehrsystem dorthin lenken und so die Ausbreitung des Krebses verringern. Wir wissen noch nicht genau, wie dies vor sich geht, aber wir wissen, dass dabei die bildliche Vorstellung eine Rolle spielt, so wie die Fähigkeit des Geistes, biologische Abläufe im Körper zu beeinflussen.«

Dass man Krebs mit Hilfe der Vorstellungskraft zum Verschwinden bringen kann, erscheint unglaublich, aber es entspricht einigen neueren Theorien über die Entstehung von Krebs. Wenn sich eine Krebszelle in unserem Körper bildet, wird sie normalerweise vom Abwehrsystem erkannt und von den Abwehrzellen vernichtet. Nur wenn das Abwehrsystem nicht richtig funktioniert, kann sich ein Krebs ausbreiten. Es ist mittlerweile unbestritten, dass die Vorstellungskraft physiologische Abläufe in unserem Körper beeinflussen kann – und damit auch das Abwehrsystem. Ganz einfach gesagt: Negative Vorstellungen schwächen das Abwehrsystem, positive Vorstellungen stärken es.

Als ich Mitte der 1980er Jahre meine Recherchen über die erstaunlichen Fähigkeiten unseres Geistes begann, klangen solche Äußerungen noch sehr nach Science-Fiction. Inzwischen sind sie durch wissenschaftliche Untersuchungen bestätigt worden. Und die Schlagzeilen in der Presse lauten beispielsweise: »Heilen mit der Kraft der Seele« oder »Jetzt bewiesen: Auch mit Gefühlen kann man Viren töten« oder »Freude und Lust stärken, Furcht und Stress schwächen die Immunabwehr«, oder »Krankheit: eine a-soziale Reaktion«.

Es gibt schon seit längerer Zeit Untersuchungen, aus denen klar hervorgeht, dass durch Stress das körpereigene Abwehrsystem lahmgelegt und dadurch die Entstehung von Krankheiten begünstigt wird. Dies hat einen guten Grund: Die Stressreaktion ist die Antwort des Körpers auf eine Bedrohung von außen. Alle Leistungsreserven werden für Kampf oder Flucht mobilisiert, und es ist verständlich, dass die innere Abwehr dann zu Gunsten der äußeren Abwehr reduziert wird.

Wenn es ums Überleben geht, hat der Körper Wichtigeres zu tun, als sich um die Bekämpfung von ein paar Schnupfen- oder Herpesviren zu kümmern. Dies ist eine vernünftige und normalerweise auch unproblematische Reaktion, denn sobald die Gefahr überstanden ist, werden die Systeme wieder von äußerer auf innere Abwehr umgestellt, und die körpereigene Gesundheitspolizei verfolgt nun die Virenkriminalität – beziehungsweise die asozialen

Chaotenzellen, die glauben, sich ohne Rücksicht auf das Gesamtsystem hemmungslos vermehren zu können.

Problematisch wird dieser Vorgang erst, wenn sich zum Beispiel durch bestimmte Umstände ein Dauerstress einstellt, der das Immunsystem für längere Zeit blockiert. Dies kann durch soziale und emotionale Belastungen wie Verlust des Partners oder der beruflichen Stellung ausgelöst werden. Allerdings reagieren hier nicht alle Menschen gleich, und wer gelernt hat, Stress abzubauen und mit schwierigen Situationen umzugehen, ist weniger gefährdet.

Leider reagiert der Körper nicht nur auf echte, sondern auch auf eingebildete Gefahren mit Stress. Er sieht keinen Unterschied darin, ob er tatsächlich von einem wilden Untier angegriffen wird oder ob er sich nur mit einem Leinwandhelden identifiziert, dem dieses Unglück in einem Filmabenteuer widerfährt. Auf der anderen Seite ist inzwischen auch erwiesen, dass positive Filme die Funktion des Immunsystems verbessern können. Der amerikanische Psychologe David McClelland hat zum Beispiel Studenten einen Film über Mutter Teresa gezeigt, die arme und kranke Menschen in Kalkutta betreut. Anschließend konnte er durch Messungen feststellen, dass sich das Immunsystem der Studenten in einem besseren Zustand befand als vorher.

Wenn schon die bloße Beobachtung einer selbstlosen Handlung eine gesundheitsfördernde Wirkung hat, dann sollte doch dies für die Handlung selbst in noch stärkerem Maße gelten. Außerdem fördert, wie bereits im zweiten Kapitel erwähnt wurde, der Dienst am Nächsten die Endorphinproduktion und damit das Wohlbefinden. Wir haben also allen Grund – und sei es aus purem Eigennutz – anderen etwas Gutes zu tun.

Untersuchungen des Psychologen Howard Hall haben ferner ergeben, dass auch Visualisierungsübungen die Funktion des körpereigenen Abwehrsystems verbessern, und die Psychologin Janice Kiecolt-Glaser erreichte das gleiche Ergebnis mit Entspannungsübungen.

Wie diese Wirkungen zustande kommen, war bis vor kurzem noch umstritten. Inzwischen aber hat eine neue Forschungsrichtung, Psycho-Neuro-Immunologie genannt, weitgehend klären können, wie diese Vorgänge auf biochemischer Ebene ablaufen. Man fand heraus, dass das Immunsystem, wie eine moderne Armee mit verschiedenen Waffengattungen, aus einer ganzen Armada spezialisierter Kampfzellen und ihrer Logistik besteht. Der Oberbefehlshaber dieser Armee sitzt im Gehirn, im Limbischen System, dem Gefühlszentrum unseres Körpers. Es ist vermutlich der Hypothalamus, der, wie bereits im vierten Kapitel erwähnt, mit Hilfe der Hypophyse durch chemische Botenstoffe das Immunsystem steuert. Und hier bestätigt sich heute, was die alten Weisen, die großen Religionsstifter, Mystikerinnen und Mystiker, was erleuchtete Menschen aller Kulturkreise schon seit Jahrtausenden immer wieder verkündet haben: Der Geist beherrscht die Materie – zumindest, soweit es den eigenen Körper betrifft.

Mit unseren Gedanken beeinflussen wir unseren gesamten Organismus – im positiven wie im negativen Sinne. Schon Paracelsus, der große Arzt und Alchemist des 16. Jahrhunderts, sprach von Krankheiten, die aus der Imagination, aus der Einbildungs- oder Vorstellungskraft entstehen. Und so, wie wir uns Krankheiten einbilden können, können wir sie uns auch »ausbilden«.

Dass allein der Glaube bereits eine Heilwirkung hat, weiß auch die Schulmedizin – aus Erfahrungen mit dem so genannten »Placebo-Effekt«. Der Patient bekommt dabei ein Scheinpräparat mit der Versicherung, es handle sich um ein hochwirksames Medikament, und die versprochene Besserung stellt sich ein – obwohl das Präparat keinerlei Wirkstoffe enthält.

Untersuchungen haben gezeigt, dass durch Placebos in etwa vierzig Prozent der Fälle eine ebenso gute Schmerzlinderung erzielt wurde, wie bei der Behandlung mit Morphium. Bei einem Experiment mit Medizinstudenten in einem Londoner Krankenhaus bekam die eine Hälfte der Gruppe blau gefärbte Placebopillen, die andere rot gefärbte. Obwohl die Studenten vorher ausführlich über den Placebo-Effekt informiert worden waren, gaben viele von ihnen an, dass die roten Pillen stimulierend auf sie wirkten, und die blauen beruhigend.

In seinem Buch *Geheimes Wissen* berichtet der Biologe Lyall Watson von einem Experiment, das vor Jahren in Japan mit Menschen durchgeführt wurde, die auf die Berührung mit einer bestimmten Pflanze allergisch reagierten. Nachdem man ihnen die Augen verbunden hatte, legte man ihnen auf den linken Arm harmlose Kastanienblätter und sagte ihnen, es seien Blätter jener allergieauslösenden Pflanze. Alle bekamen daraufhin die üblichen allergischen Symptome. Als man ihnen dann auf den rechten Arm die echten Blätter der allergieauslösenden Pflanze legte, dabei aber versicherte, sie seien harmlos, zeigte sich keine Reaktion.

Dass der Placebo-Effekt sogar bei Tieren nachzuweisen ist, zeigte 1985 der amerikanische Mikrobiologe Herbert Spector. Er ließ Versuchsmäuse Kampfer riechen und spritze ihnen anschließend eine Chemikalie, von der bekannt ist, dass sie die Aktivität bestimmter körpereigener Abwehrstoffe steigert. Beim zehnten Versuch verzichtete man auf die Spritze und ließ die Mäuse nur noch Kampfer riechen: Auf das bloße Duftsignal hin steigerte sich die Aktivität des Immunsystems der Mäuse, auch ohne direkte chemische Anregung. Das Nachrichtenmagazin *Der Spiegel* berichtete über dieses Experiment und kommentierte:

»Die jüngsten Vorstöße auf dem Gebiet der Neuroimmun-Modulation bestärken die Wissenschaftler in der Einschätzung, das Gehirn besitze Kommandogewalt, nicht nur über Muskeln, Sinne und Verhalten, sondern über nahezu alle Körperfunktionen und deren Chemie. Von Mäusen und Menschen, die lernen können, Krankheit und deren Abwehr vom Kopf her zu steuern, hat sich die westliche Schulmedizin bisher nur wenig träumen lassen.

Dass ein Medizinmann ein Opfer allein dadurch zu Tode bringen kann, dass er es von seinem bevorstehenden Ende überzeugt – Fälle dieser Art sind reichlich dokumentiert. Die US-Ärztezeitschrift *Jama* publizierte vor einigen Jahren die Krankengeschichte einer 28-jährigen Frau, die jahrelang an systematischem »Lupus erythematodes«, einer Autoimmunkrankheit mit schwerem Hautausschlag, litt. Kein Medikament half. Erst als die Frau in ihr Heimatdorf auf den Philippinen zurückkehrte, wurde sie gesund: Der Medizinmann im Dorf vertrieb die ›bösen Geister‹ und nahm den ›Fluch‹ von ihr.«

Ob es böse Geister gibt, darüber lässt sich streiten. Sicher ist, dass Gedanken wirkende Kräfte sind. Und aus der Wirkung dieser Kräfte lassen sich auch all die Dinge zwischen Himmel und Erde erklären, die von manchen Menschen den sogenannten bösen Geistern zugeschrieben werden. Die in den vorangegangenen Kapiteln geschilderten Fälle mögen als Beweis dafür dienen.

Es sind Menschen von Krankheiten geheilt worden, die

als unheilbar galten, und es sind Menschen an ganz harmlosen Krankheiten gestorben, weil sie davon überzeugt waren, sterben zu müssen.

Napoleon Bonaparte sagte: »Die Vorstellung regiert die Welt«, und berührte im Spital zu Jaffa die Pestbeulen seiner Soldaten, ohne sich anzustecken. Jahrzehnte später starb er, verbittert und vom Krebs zerfressen, in der Verbannung. Lag es daran, dass er seine Vorstellungskraft gegen sich selbst wendete? Oder macht Kriegführen einfach krank? Wenn das Immunsystem durch die gute Tat gestärkt wird, wird es dann durch die schlechte Tat geschwächt? Es spricht einiges dafür – auch das Schicksal anderer berühmter Kriegsherren, wie zum Beispiel Friedrichs des Großen oder Adolf Hitlers.

Es ist jedenfalls erwiesen, das haben die zitierten und weitere hier nicht zitierte Untersuchungen ergeben, dass die Einstellung eines Menschen bei der Entstehung von Krankheiten eine wesentliche Rolle spielt. Der amerikanische Arzt Dr. Carl Simonton sagte in einem Interview:

»Ich glaube, dass Krankheit ein Feedback-System unseres Körpers ist. Sie signalisiert uns, dass wir uns verändern sollen. Ich glaube, dass wir, bevor wir krank werden, emotionalen Kummer erfahren. Aber die meisten von uns sind sich dessen nicht bewusst, und wir beachten ihn nicht. Wenn wir also die ungesunden Dinge weiter tun, auf ungesunde Weise leben, dann ist das, was dem Kummer folgt, die körperliche Krankheit. Sie stoppt uns, und sie drängt uns dazu, uns zu verändern. Also sehe ich Krankheit als Feedback-System, das in unsere menschliche Existenz eingebaut ist; das uns hilft, mit den Dingen aufzuhören, die nicht gut für uns sind.«

Dr. Simonton war während seiner klinischen Ausbildung

aufgefallen, dass einige Patienten wesentlich länger lebten, als die Ärzte auf Grund ihres Krankheitsbildes prognostiziert hatten. »Die Kerle brachten mir die Statistik durcheinander«, bemerkte Simonton. Aber sein Interesse war geweckt, und er begann den Sachverhalt zu untersuchen. In Gesprächen mit den Patienten stellte er fest, dass die meisten der Meinung waren, sie hätten noch zuviel zu erledigen und könnten deshalb noch nicht sterben. Tatsächlich erreichten viele ihre angestrebten Ziele – und dann erst starben sie. Simonton befragte auch Patienten, die behaupteten, gesund werden zu wollen, sich aber nicht dementsprechend verhielten, die zum Beispiel weiterrauchten, obwohl sie an Lungenkrebs erkrankt waren. Bei ihnen fand er deutlich negative Einstellungen wie zum Beispiel »Das Leben macht mir ohnehin keinen Spaß mehr« oder »Die Krankheit ist eine Strafe für meine Sünden«.

Nach einiger Zeit stand für Dr. Simonton eindeutig fest, dass bei gleicher Erkrankung und trotz gleicher Behandlung von Krebspatienten die Ergebnisse sehr unterschiedlich waren – je nach Einstellung des Patienten zum Leben und zu sich selbst. Simonton, der die Mind-Control-Technik kannte, entwickelte daraufhin eine Methode, die unter anderem auch mit Entspannung und Visualisierung arbeitet und die den Patienten zu einer positiven Lebenseinstellung verhelfen sollte. In seinem Buch *Getting well again* – in deutscher Übersetzung: *Wieder gesund werden* – beschreibt er diese Methode.

Entspannung und Visualisierung sind die Hauptfaktoren. Dreimal am Tag, morgens nach dem Aufstehen, mittags und abends, wird dem Patienten aufgetragen, jeweils etwa eine Viertelstunde lang zu meditieren. Zuerst entspannt er sich und stellt sich eine schöne, friedvolle Naturszene vor. »Dann«, so Simonton, »muss er sich auch sein Immunsystem vorstellen – so wie wir Mediziner glauben, dass es funktioniert: Fresszellen stürzen sich auf Krebszellen, zerstören sie, scheiden sie aus dem Körper aus. Sie haben sich auch die hochenergetischen Teilchen aus der Kobaltkanone oder dem Betatron vorzustellen, wie sie die Krebszellen zerstören, und weiße Blutkörperchen und andere Teilchen des Immunsystems mit den Resten aufräumen.« Am Ende der Meditation sieht der Patient sich selbst, wie er wieder gesund und kräftig ist.

1994 wird die Rechtsanwältin Eva Maria Sanders mit der Diagnose »Brustkrebs im Endstadium« konfrontiert. Eine Chemotherapie wird begonnen, Knochenmetastasen operativ entfernt oder bestrahlt, aber die Aussichten sind hoffnungslos. Sechs, maximal zwölf Wochen habe sie noch zu leben, sagen die Ärzte. Nachdem sie den ersten Schock überwunden hat, beschließt Eva Maria Sanders, diese Prognose nicht zu akzeptieren. Sie sagt sich: »Ich will hierbleiben.« Und sie erkennt: »Wenn mir jemand aus meinem derzeitigen Dilemma heraushelfen kann, dann nur und ausschließlich ich selbst.« Sie beginnt, mit Entspannung und Visualisierung nach dem Simonton-Programm. Dann macht eine Freundin sie auf die Therapeutin Ilse Dorandt aufmerksam. Diese empfiehlt der Rechtsanwältin, ihre Krankheit anzunehmen, als einen Lernprozess zu begreifen und den »Krieg« gegen die Krebszellen aufzugeben. Eva Maria Sanders beginnt nun, ihren Krebszellen in Gedanken drei Sätze zu übermitteln: »Der Krieg ist vorbei. Der Feind ist besiegt. Legt die Waffen nieder und geht nach Hause.« Außerdem arbeitet sie ihre Vergangenheit auf und führt unter Ilse Dorandts Anleitung eine Zellkernklärung durch. Dabei richtet sie ihre Aufmerksamkeit auf verschiedene Körperregionen, projiziert, verbunden mit dem Atem, eine Farbe dorthin, die ihr gerade spontan einfällt und stellt sich vor, dass die einzelnen Zellen dadurch gereinigt werden und »Lebendigkeit geatmet bekommen, bis sie gesättigt sind«. Mit einem NLP-Therapeuten bearbeitet sie schließlich noch negative Bilder und Programme und wandelt sie in positive Glaubenssätze um.

Ein Jahr später – neun Monate, nachdem sie bereits hätte tot sein sollen – stellen die Ärzte fest, dass der Primärtumor nicht mehr zu ertasten ist und die Knochenmetastasen sich in knochenbildende Zellen verwandelt haben. »Es handelt sich um einen dieser äußerst seltenen Fälle von Spontanheilung bei ausgeprägter Metastasierung«, sagt eine der behandelnden Ärztinnen. »Der Tumor hat sich völlig zurückgebildet, die Knochenmetastasen im gesamten Skelett haben sich sklerotisiert, und zwar auch die Metastasen, die nicht bestrahlt worden sind. Mit der angewandten ärztlichen Therapie lässt sich diese Remission nicht erklären.«

Statt von Spontanheilung sollte man, denke ich, hier besser vom Sieg des Geistes über die Materie sprechen.

Es gibt inzwischen auch in Deutschland eine ganze Reihe von Gruppen, die mit dem Simonton-Programm arbeiten, unter anderem in Berlin. Vor einiger Zeit traf ich bei den Bremer Gesundheitstagen ein Mitglied dieser Gruppe, den Sozialarbeiter Heinrich Schmidt, und befragte ihn über seine Erfahrungen.

»Meine Tätigkeit«, so erzählte er, »betrifft neben der üblichen Arbeit mit Betroffenen insbesondere die Arbeit in kleinen Gruppen mit krebskranken Frauen und Männern. Wir haben ein Konzept entwickelt, das wir sehr stark an das Simonton-Programm angelehnt haben und in einer Zeitspanne von etwa sechs Monaten mit den Betroffenen durchlaufen. Die wesentlichen Punkte, die wir zum Teil auch schon in früheren Programmen hatten, sind zum einen die Entspannungs- und Visualisierungsübungen; das Bewegungstraining, das sehr wichtig ist und für uns eigentlich auch neu war; das Gespräch, das natürlich immer Vorrang hat in der Gruppe; und inhaltliche Themen, die wir einfließen lassen. Zum Beispiel die Frage nach dem Krankheitsgewinn, die Frage nach dem inneren Ratgeber beziehungsweise der inneren Stimme oder die Frage nach dem Lebensziel, nach dem Sinn des Lebens. Das sind also inhaltliche Fragen, die wir mit den Betroffenen durcharbeiten im Laufe dieses Programms.«

Dr. Simonton hatte einen Zusammenhang zwischen dem Leben eines Menschen, seinem Verhalten sich selbst und anderen gegenüber und seiner Krankheit festgestellt. Ob er das aus seinen Erfahrungen bestätigen könne, fragte ich Heinrich Schmidt.

»Das ist für uns eine ganz wichtige Erfahrung gewesen, und sie ist es immer noch: dass jeder eigentlich weiß von dem Zusammenhang zwischen seinem Körper und seiner Krankheit und seiner Lebensgeschichte, dass jeder genau beschreiben kann, was ihn zu dieser Krankheit geführt hat – welche Ereignisse im Leben. Und das ist schon eine Erfahrung für uns, die neu ist. Wir haben mit diesem Wissen eigentlich nicht gerechnet. Und wir erfahren immer mehr, dass der Betroffene ein sehr umfangreiches und tiefes Wissen hat über Dinge, die in ihm vorgehen.«

Der amerikanische Psychiater David Spiegel hat in einer über eine Dauer von zehn Jahren angelegten Untersuchung festgestellt, dass krebskranke Frauen, die an solchen Gruppentherapien teilnahmen, doppelt so lange lebten, wie andere, die nicht gruppentherapeutisch betreut wurden.

Gegenseitige Hilfe und Anteilnahme, so Spiegels Schlussfolgerung, »können offensichtlich psychischen Stress verringern und das Immunsystem stärken«. Das konservative Wissenschaftsjournal *Science* bezeichnete Spiegels Studie als »ersten wissenschaftlich überzeugenden Nachweis einer Verlängerung in der Überlebenszeit durch Psychotherapie«.

Zwei Begriffe, die Heinrich Schmidt benutzte, bedürfen wohl einer zusätzlichen Erklärung. Der eine ist »Krankheitsgewinn«. Gemeint ist damit, dass die Krankheit einem Patienten mehr einbringt als die Gesundheit. Zuwendung zum Beispiel oder zusätzliche Aufmerksamkeit, den Vorteil, nicht arbeiten oder schwierige Entscheidungen nicht treffen zu müssen, den Partner fester an sich zu binden oder auf Distanz zu halten. Dies alles liefert unbewusste Motive, an der Krankheit festzuhalten. Um sie loszuwerden, müssen diese Motive erst beseitigt werden.

Der andere Begriff ist der des »inneren Ratgebers« oder »inneren Helfers«. Bei Übungen mit dem autogenen Training in der Oberstufe, bei Silva-Mind-Control oder in tiefer Meditation kann man im Geiste Gestalten begegnen, die in einer Art Ratgeberfunktion auftreten und meist als innere Helfer bezeichnet werden. Die Gestalt des inneren Helfers ist der Menschheit seit Urzeiten bekannt und unter verschiedenen Namen in vielen Kulturen beschrieben worden. Die alten Germanen kannten ihn als »Fylgjur«, den unsichtbaren Freund und Gefährten. Der griechische Philosoph Sokrates hörte auf seinen »Daimonion«, eine innere Stimme, von der er seinen Freunden erzählte: »Ihr habt mich oft und bei manchen Gelegenheiten sagen hören, etwas Göttliches lasse sich in mir vernehmen. Das begann bei mir schon in meinen Knabenjahren; und wenn diese Stimme sich vernehmen lässt, dann warnt sie mich stets vor dem, was zu tun ich im Begriffe bin.«

Der irische Literaturnobelpreisträger William Butler Yeats hat nach eigenen Aussagen seine späte Lyrik mit Hilfe zweier Geistwesen verfasst, die er »instructors« nannte – Lehrer. Sie tauchten zum ersten Mal im Oktober 1917 auf und verkündeten ihm: »We have come to give you metaphors for poetry« – Wir sind gekommen, um dir bildhafte Ausdrücke für deine Poesie zu liefern.

Mit zwei inneren Helfern arbeitet auch die »Nathal-Methode«, eine Form des mentalen Trainings, die von der Psychologin Dr. Gertje Lathan entwickelt wurde. Sie hatte nach Studium und Promotion (über ein Thema der Gerontologie) erst als klinische Psychologin gearbeitet und sich später mit einer eigenen Praxis selbstständig gemacht. Während ihrer Arbeit mit drogenabhängigen oder verhaltensgestörten Menschen hatten sich im Laufe der Zeit zwei Dinge herausgestellt: Zum einen war sie in der Lage, Energie auf ihre Patienten zu übertragen, zum anderen berichteten diese, dass sie in Dr. Lathans Anwesenheit zwei Gestalten vor ihrem geistigen Auge auftauchen sahen, die ihnen helfen wollten.

Nach einer Weile begann Dr. Lathan selbst mit diesen Helfern – die sie heute als »Energieentitäten« oder Lichtwesen bezeichnet – in einen inneren Dialog zu treten, um sie in bestimmten Situationen um Rat oder Hilfe zu bitten. Sie hatte schon vorher regelmäßig meditiert, und eines Tages hatte sie während der Meditation eine jener Lichterfahrungen, wie sie in den sogenannten Nahtoderlebnissen immer wieder vorkommen. In diesem »wissenden Licht« wurden ihr der Ablauf und die einzelnen Details der Nathal-Methode gezeigt, die sie jetzt in ihren Seminaren vermittelt.

Ihr Mann Dr. Philippe Evrard, von Beruf Unternehmensberater, war der Erste, der die Methode ausprobieren durfte, und bei ihm zeigten sich nach einiger Zeit erstaunliche Erfolge der Übungen: Er entwickelte die Fähigkeit, Pflanzen und Bakterien aus der Ferne mental zu beeinflussen, ihr Wachstum zu fördern oder zu hemmen, er schrieb Tausende von Seiten mit kryptischen Zeichen, die er später in normales Deutsch übersetzte, wodurch zahlreiche Texte mit fantastischen Zukunftsvisionen entstanden.

Dr. Lathan begann nun auch mit anderen Menschen zu arbeiten, erst in Einzel- dann in Gruppensitzungen. Als sich immer mehr Interessenten meldeten, wurde das Nathal-Institut gegründet, wo sich inzwischen über tausend Menschen die Nathal-Methode angeeignet haben.

Ich hatte 1993 die Gelegenheit, das Nathal-Training kennen zu lernen, als ich für das ZDF einen Dokumentarfilm über Philippe Evrard und seine außergewöhnlichen Fähigkeiten drehte. Der Grundkurs – der später durch verschiedene Folgeseminare ergänzt werden kann – dauert fünf Tage, an denen man jeweils vormittags und nachmittags eine Art Meditation mit innerer Bilderreise macht und an deren Anschluss in einem Gruppengespräch Erfahrungen ausgetauscht werden.

Der Ablauf der »Reise«, den Frau Dr. Lathan vorgibt, beginnt damit, dass die Teilnehmenden – entspannt und mit geschlossenen Augen auf einer Liege liegend – sich zur Einstimmung innerlich den Satz vorsagen: »Ich will mich geistig entwickeln, ich suche das Licht, ich bitte um Hilfe und Führung.« Dann stellen sie sich vor, dass sie auf einer Parkbank sitzen und dort von zwei Wesen (den bereits erwähnten Helfern) abgeholt und zu einem Wasserbecken geführt werden, in dem sie baden und sich entspannen.

Dann geht es weiter zu einer Liege, wo die Teilnehmenden von den Helfern behandelt werden, und schließlich zu einem Tempel, in dem sich ein weißes Zimmer befindet. Hier setzt sich die Behandlung fort und man wartet darauf, dass ein Lichtkanal erscheint, durch den man zur »ersten Lichtebene« aufsteigt. Im so genannten »Haus der Lichtklarheit« können die Teilnehmenden Informationen bekommen, mit außerirdischen Intelligenzen kommunizieren oder zum Flug in höhere geistige Ebenen aufbrechen.

Die ersten Stationen dienen nicht nur der Entspannung und Einstimmung, sondern auch zur Reinigung der körpereigenen Energiezentren. Während dieser Reinigungsprozedur sind intensive Energieerfahrungen möglich, das Empfinden von Wärme und Vibration, das Gefühl zu schweben, farbige Lichterscheinungen und Ähnliches. Auch die Besserung körperlicher Beschwerden ist während dieser Phase nicht selten zu beobachten.

Wie die einzelnen Stationen erlebt werden, und wie lange man sich dort aufhält, ist zum Teil sehr unterschiedlich. Es ist sinnvoll, sich hier ganz den Helfern anzuvertrauen, ihnen den Ablauf zu überlassen und nach Möglichkeit ihn nicht selbst zu lenken versuchen. Das hat den Vorteil, dass die Teilnehmenden nicht in Räume oder Erlebnisse hineingeraten, denen sie unter Umständen noch nicht gewachsen wären. Wenn jemand beispielsweise Angst hat, wird der Prozess durch die Helfer gestoppt, und die Angst wird so lange bearbeitet, bis sie verschwunden ist – erst dann wird die Reise fortgesetzt.

Andererseits bestimmen die Helfer dann auch, wie weit die Reise geht, so dass einige Teilnehmende im ersten Seminar die Lichtebene noch nicht erreichen können. Ein Arzt kam beispielsweise in den fünf Tagen immer nur bis zur Liege, wo er verschiedenen Behandlungen unterzogen wurde. Er war trotzdem nicht enttäuscht, denn es war ihm bewusst geworden, was in seinem Leben alles falsch lief, und er ging aus dem Seminar mit einer klaren Vorstellung, was er alles zu ändern hatte. Bei einigen Teilnehmenden spielte sich sehr viel ab, bei anderen weniger, und ich hatte im Nachhinein den Eindruck, dass jeder das bekam, was er gerade brauchte – nicht was er wollte oder erhoffte.

Als ich den Nathal-Kurs besuchte, hatte ich glücklicherweise vorher schon das autogene Training und Silva-Mind-Control absolviert, und war im Visualisieren geübt. Daher kam ich relativ leicht auf jene höhere Ebene.

Ich war dort zum Beispiel in einer riesigen Bibliothek, die wie eine Kathedrale gebaut war, und ein alter buckliger Bibliothekar zeigte mir das wichtigste Buch von allen: Es trug den Titel *Die Sprache des Herzens* und war mit leeren Seiten gefüllt. »Alles ist ein Buch«, sagte er mir, »jedes Wesen, jedes Ding, und es kann gelesen werden – wenn man sich gefühlsmäßig darauf einstellt.«

Ich schwamm als Qualle durch eine Wasserwelt und lernte Rhythmus und Gelassenheit, ich traf menschenähnliche Wesen, die hauptsächlich unter Wasser lebten und Gegenstände erzeugten, indem sie Mikroorganismen, die eine chitinartige Substanz absonderten, in ihrem Wachstum durch Gedankenkraft beeinflussten.

Das Eindrucksvollste aber war eine Art Reise durch die Elemente, die damit endete, dass ich wie eine Supernova explodierte. Immer heller brennend wurde ich zu Licht und stieg als Lichtwesen auf, mit einem Gefühl von Unzerstörbarkeit und Unsterblichkeit, wie ich es vorher noch nie und auch seither nicht wieder erlebt habe.

Ich sah mich (bei einem Seminar im Jahr 1995) in einem

Saal in New York einen darwinkritischen Vortrag über bestimmte Aspekte der Evolution halten, und auf die Frage, wann das sei, bekam ich die Antwort: 1998. Ich war 1998 nicht in New York – aber ich habe in diesem Jahr mein Buch *Das Darwin-Komplott* geschrieben, wo es um genau diese Thematik ging.

Man sieht an diesem und anderen ähnlichen Beispielen, dass die spätere Realisierung sich im Detail doch um einiges von der ursprünglichen Vision unterscheiden kann. Natürlich habe ich mir auch die Lottozahlen geben lassen – und keinen Pfennig gewonnen. So einfach funktioniert die Sache nicht. Aber man bekommt immer wieder Anregungen und Hinweise, die sehr nützlich sind. Lösungen zum Beispiel für private Probleme, mit denen man sich gerade herumschlägt.

Es geht hier – darauf hat Gertje Lathan immer wieder hingewiesen – nicht um so etwas wie einen spirituellen Abenteuerurlaub, sondern um eine Weiterentwicklung des Charakters und der eigenen Fähigkeiten. Es sind individuelle Lernprozesse, die hier ablaufen, beispielsweise Demut zu lernen, Frust auszuhalten, einmal nicht den eigenen Willen durchzusetzen und sich stattdessen einem höheren Willen anzuvertrauen. »Es ist vor allem wichtig«, sagt Gertje Lathan, »eines zu erkennen: Ich kann nichts erzwingen, wenn ich mich nicht ändere.«

Was die Nathal-Methode von anderen Formen des mentalen Trainings unterscheidet, ist zum einen die Priorität des Gefühls: Der Zugang zu den höheren geistigen Ebenen wird nicht über den Verstand gewonnen, sondern über das Gefühl. »Gefühl ist die Grundlage des Erkennens und die Basis für Änderungen«, schrieb Gertje Lathan in einem Aufsatz über die Nathal-Methode. »Realität stellt das Abbild des Gefühls dar: Alles, was gefühlt wird, wird erkannt. Damit bildet Gefühl eine der universalen Kräfte«; der andere besondere Aspekt liegt in der Gestalt der beiden Helfer, die man während des Nathal-Trainings visualisiert und die einem während des gesamten Ablaufs mit Rat und Tat zur Seite stehen. Sie haben wie gesagt eine lange Tradition. Der germanische Gott Odin wurde zum Beispiel von zwei weisen Raben begleitet, Hugin und Munin, die auf seinen Schultern saßen und ihn mit Informationen und guten Ratschlägen versorgten. Die Zahl der Helfer variiert – manchmal sind es mehrere, häufig zwei oder nur einer.

Der Arzt und Alchemist Paracelsus nannte den inneren Helfer einen »unfassbar kundigen und unbegrenzt starken inneren Heilmeister«. Andere sprachen vom »geistigen Führer«, vom »Schutzengel«, vom »Gottesfunken« oder vom »höheren Selbst«. Der chinesische Philosoph Lao-Tse nannte diese Instanz »Gott im Menschen«, und der Psychotherapeut C. G. Jung sprach vom »inneren Gott«.

Dr. Eugen Jussek, ein deutscher Arzt, der seit Jahren in Kalifornien lebt, ist während einer Hypnosetherapie im Unterbewusstsein seines Patienten auf einen solchen inneren Helfer gestoßen. Er hat mit ihm ausführliche Gespräche geführt – von denen der Patient später nichts wusste – und darüber ein Buch mit dem Titel *Begegnung mit dem Weisen in uns* geschrieben.

Ob diese Helferinstanz ein Teil unserer Persönlichkeit ist oder ein selbstständiges Wesen, das von außen kommt, darüber gehen die Meinungen auseinander. Der innere Helfer, mit dem Dr. Jussek seine Gespräche führte, bezeichnete sich als eine unverkörperte Seele und eine Art geistigen Lehrer des Patienten. Sein letztes Erdendasein, so erzählte er, habe im 13. Jahrhundert in China stattgefunden.

Die Amerikanerin Chris Griscom, die in Neumexiko ein spirituelles Zentrum leitet, bezeichnete diese Instanz als »higher self«, als höheres Selbst, und meinte: »Das höhere Selbst ist der Teil des Bewusstseins, der als eine Brücke dienen kann zwischen unserer menschlichen Realität und jener göttlichen, unserem menschlichen Verstand unbegreiflichen Realität. Damit können wir hinausreichen über unser alltägliches Leben, um zu verstehen und zu erfahren, dass wir Teil eines großen göttlichen Plans sind und dass unser Leben eine Bedeutung hat. Das höhere Selbst ist nicht eine Art Führer oder eine Person, sondern eine Energie. Es ist die nicht an eine Form gebundene Seele, die sich auf unsere menschliche Verstandesebene herunterbegibt, um uns zu helfen, unsere Lebensaufgabe zu erfüllen, die wir uns durch unsere Geburt ausgesucht haben.«

Chris Griscom leitet ein spirituelles Zentrum, das »Light Institute«in der Nähe von Santa Fé im US-Bundesstaat Neu-Mexiko. Die medial begabte Amerikanerin praktiziert eine spezielle Form der Akupunktur, die ihr von einem Geistwesen vermittelt wurde, das sich Ling Tsu nannte. Indem sie bestimmte esoterische Akupunkturpunkte nadelt, bringt sie Menschen in frühere Inkarnationen zurück. Berühmt wurde Chris Griscom vor allem dadurch, dass die Schauspielerin Shirley MacLaine bei ihr solche »past life sessions« machte und darüber in ihrem Buch *Tanz im Licht* berichtete.

Chris Griscom ist der Ansicht, dass jeder Mensch sich bemühen sollte, Zugang zu jener Bewusstseinsebene des höheren oder – wie sie gelegentlich auch sagt – »göttlichen Selbst« zu finden. Sie sieht darin unter anderem den Schlüssel zu einem glücklichen und erfüllten Leben: »Der Schlüssel liegt darin, das niedere Selbst, das Ego zu vergessen, so dass wir mit dem göttlichen Selbst verschmelzen können. Denn die spirituelle Seite unseres Wesens ist lange Zeit zu kurz gekommen. Aber das ist ein ursprünglicher Bestandteil von allem, was lebt. Alle Lebewesen sind spirituell. Alle Lebewesen können die leise Stimme ihrer Seele vernehmen. Alle Lebewesen haben einen Zweck.«

Aber was könnte das, beim Menschen zum Beispiel, für ein Zweck sein? Sicherlich sind wir, wie alle anderen Lebewesen auch, darauf angelegt, zu wachsen und uns zu unserem wahren Wesen zu entfalten. Und es ist ein einmaliges und individuelles Wesen, das wir auf dieser Ebene der Existenz durch Denken, Fühlen und Handeln zu verwirklichen haben – in seinen körperlichen, seinen seelisch-emotionalen und seinen geistigen Aspekten. Im Verlauf der Evolution vom Urschleim bis zum Menschen haben vor allem zwei Dinge deutlich erkennbar zugenommen: Bewusstsein und Emotionalität. Und in dieser Richtung bewegt sich auch die menschliche Evolution, individuell und kollektiv: hin zu mehr Liebesfähigkeit und Intelligenz.

Selbstverwirklichung heißt nicht, in einem Wochenendworkshop Mandalas zu malen oder Mantras zu trällern, in einer Höhle zu fasten oder durch die Wildnis zu trecken auf der Suche nach sich selbst – es heißt schlicht und einfach (oder schwierig): dem eigenen Wesen gemäß leben, und das 24 Stunden am Tag, 365 Tage im Jahr. Andere Menschen können uns dabei mit Rat und Tat zur Seite stehen, aber niemand kann uns diese Aufgabe abnehmen oder sie stellvertretend für uns erledigen. Kein Priester, kein Guru, nicht einmal ein gekreuzigter Gott.

Viele Wege, so heißt es, führen nach Rom. Aber für mich führt nur der Weg nach Rom, den ich gehe. Ich komme weder dorthin, indem ich die Landkarte studiere noch indem ich mir einrede oder einreden lasse, es wäre damit getan, dass ein anderer vorzeiten für mich diesen Weg gegangen ist. Niemand kann meinen Weg für mich gehen, niemand kann mein Leben für mich leben, außer mir selbst. Selbstentfaltung lässt sich nicht konsumieren, sie lässt sich nur realisieren.

Daher ist es auch nicht so entscheidend, auf welcher Ebene wir die Instanz des inneren Helfers einordnen – da sie sich in unserem Inneren äußert, gehört sie so oder so zu uns. Welchen Namen oder welche Zuordnung wir auch immer dafür wählen, soviel lässt sich immerhin sagen: Wenn man einmal absieht von all den negativen Verhaltensprogrammen, die von Erziehungsberechtigten und anderen Institutionen in uns hineingebleut wurden, wenn man diesen ganzen Ballast, der unsere Bewegungsfähigkeit hemmt, einmal beiseite räumt – dann findet man darunter ein inneres Wesen, das viel mehr wir selbst sind, als all die gesellschaftlichen Masken, die darüberliegen. Und im Innern dieses inneren Wesens gibt es eine innere Instanz, die besser als alle anderen weiß, was für uns gut ist. Besser als die Eltern, besser als die Gesellschaft, besser auch als unser von Einflüsterungen unterschiedlichster Qualität verseuchter Oberflächenverstand, besser auch als irgendwelche so genannten Gurus der Wissenschaft oder Religion.

Viele unserer Märchen erzählen von Reisen in die innere Welt und von Begegnungen mit dieser Instanz, die sich dann oft als Tier oder Engel, als Zauberer oder gute Fee verkleidet. Und diese innere Instanz kann uns sagen, wo es langgeht – wenn wir den Umweltlärm und den Gedankenlärm einmal abschalten und ihr unser Gehör zuwenden. Nur dies ist sicher, was außerdem noch darüber gesagt wird, sind Denkmodelle, Konzepte oder Erklärungsversuche, deren Richtigkeit sich nicht beweisen lässt.

Eine Reihe von Psychologen vertritt heute die Ansicht, dass unser Bewusstsein und Unterbewusstsein aus Schichten verschiedener Persönlichkeitsstrukturen aufgebaut sind. Dabei gibt es Schichten mit kindlichen, jugendlichen, erwachsenen oder auch »übererwachsenen« Persönlichkeitsmerkmalen. Die menschliche Seele ist offenbar kein homogenes, monolithisches Gebilde, sondern eher so etwas wie eine kleine Familie, eine Sammlung von mehr oder weniger eigenständigen Persönlichkeitsanteilen – darunter ebenso innere Freunde wie auch Feinde.

Der amerikanische Psychologe Dr. Hal Stone hat zusammen mit seiner Frau Sidra eine Methode entwickelt, mit den verschiedenen Persönlichkeitsanteilen in Kontakt zu treten – den so genannten »Voice-Dialog«. Dabei werden die einzelnen Teilpersönlichkeiten bzw. jedes einzelne Selbst getrennt angesprochen, und der Patient wechselt jeweils den Platz, wenn ein anderes Selbst angesprochen wird.

Zu den wichtigsten Teilpersönlichkeiten, die (in unserem Kulturkreis) zum Vorschein kommen, gehören beispielsweise der Beschützer/Bewacher (der dafür sorgt, dass der betreffende Mensch möglichst konfliktlos mit seiner Umwelt zurechtkommt), der Antreiber (der zu immer größeren Leistungen ansporn), der Perfektionist (der kaum jemals mit etwas zufrieden ist), der Kritiker (der immer etwas auszusetzen hat). In unserer Gesellschaft identifiziert sich das bewusste Ich, das Ego, sehr häufig mit diesen Teilpersönlichkeiten, während andere oft verdrängt werden: das innere Kind (die Ebene unserer kindlichen Gefühle, Erlebnisse und Erfahrungen) beispielsweise oder der Faulpelz (die Gegeninstanz zum Perfektionisten), die wilde Frau (Personifizierung der weiblichen Urinstinkte) oder der wilde Mann (Personifizierung der männlichen Urinstinkte).

Der Chemiker und Esoterikforscher Ludwig Staudenmaier hatte schon in den 1920er Jahren bei sich solche verschiedenen Teilpersönlichkeiten, die er »Arbeiter«, »Hoheit«, »Kind« und »Bockfuß« nannte, festgestellt.

Normalerweise sind all diese Strukturen in der Gesamtpersönlichkeit integriert – aber gelegentlich fallen sie auseinander, und die einzelnen Schichten treten als selbstständige Einzelpersönlichkeiten in Erscheinung, die den Körper jeweils für sich allein beanspruchen. Man spricht in solchen Fällen von Persönlichkeitsspaltung oder »multiple personality disorder« (MPD).

Das *Diagnostische und statistische Handbuch der Geisteskrankheiten*, herausgegeben von der amerikanischen Gesellschaft für Psychiatrie definiert unter dem Stichwort »Multiple oder Mehrfachpersönlichkeit«: »Das wesentliche Merkmal ist die Existenz zweier oder mehrerer unterscheidbarer Persönlichkeiten innerhalb des Individuums. Jede Persönlichkeit ist eine voll ausgebildete und komplexe Einheit mit eigenen Erinnerungen, Verhaltensmustern und sozialen Bezügen, die die Handlungen des Individuums bestimmen, wenn diese Persönlichkeit dominiert. Der Übergang von einer Persönlichkeit zur anderen geschieht plötzlich, oft verbunden mit psychosozialem Stress. (...) Normalerweise hat die originäre Persönlichkeit weder Kenntnis noch ein Bewusstsein davon, dass die anderen Persönlichkeiten (Sub-Persönlichkeiten) existieren.«

Fälle von Persönlichkeitsspaltung kennt man schon seit langem. Bereits 1789 berichtete der deutsche Arzt Johannes Gmelin von einer jungen Frau, die sich zeitweise in eine Französin verwandelte und zwischen beiden Persönlichkeiten hin und her pendelte. Wenn sie die Französin war, dann sprach sie Französisch fließend, Deutsch dagegen mit Akzent, und sie konnte sich bis ins Einzelne an alles erinnern, was sie in Frankreich erlebt hatte. In ihrer deutschen Persönlichkeit wusste sie davon nichts.

Anfang des 19. Jahrhunderts wurde in England der Fall einer Frau namens Mary Reynolds dokumentiert, die von 1815 an bis zu ihrem Tod im Jahr 1854 zwischen zwei Persönlichkeiten hin und her pendelte. Aus Frankreich wurde 1836 von einem ähnlichen Fall berichtet, und seither ist eine Fülle solcher Fälle gesammelt worden.

»Im Oktober 1978 ist ein 28-jähriger Mann namens William Stanley Milligan in Columbus, Ohio, nach Meldung der dortigen Lokalzeitung wegen Vergewaltigung, Entführung und Raub unter Anklage gestellt worden. Er hatte seit März in einer Klinik unter Beobachtung gestanden, weil er zehn eindeutig voneinander getrennte Persönlichkeiten hatte, jede mit eigenem Namen, eigenen Vorlieben und Abneigungen und einem eigenen Intelligenzquotienten. Sie waren zwischen drei und dreiundzwanzig Jahre alt, und er sprach von ihnen als seine Familie.«

So zu lesen im *Guardian* vom 2. Oktober 1978.

In den USA hat es eine Reihe von spektakulären Multiple-personality-Fällen gegeben, die zum Teil auch von den Medien weidlich ausgeschlachtet wurden, zum Beispiel der Fall von Truddi Chase, bei der mehr als neunzig verschiedene Personen, Kinder und Erwachsene, männliche und weibliche, und einige anderer ethnischer Herkunft, sich den Körper einer einzigen Frau teilten.

Unter diesen abgespaltenen Persönlichkeitsstrukturen findet man gelegentlich auch eine Art inneren Helfer, ein »Protector-Self« oder Beschützer-Selbst.

»An diesen ›multiple personalities‹ können Sie sehr gut verschiedene Bewusstseinsstufen studieren«, erklärte Dr.

Jussek in einem Gespräch, das wir vor einiger Zeit miteinander führten. »Professor Hilgard hat 1977 zum ersten Mal an ›multiple personalities‹ einen inneren Helfer beschrieben. Das war zur selben Zeit, als ich an einer Normalperson meine Untersuchungen machte mit diesem inneren Helfer beziehungsweise ›Überselbst‹, das ich persönlich als ›Protector-Self‹ bezeichnet habe. Man nimmt an, dass sich bei diesen ›multiple personalities‹ Teile des Hauptbewusstseins abspalten und dann eine eigene Existenz führen können. So gibt es multiple Persönlichkeiten, die normalerweise fünf bis zehn verschiedene Personen in sich wachrufen können, es gibt aber auch multiple Persönlichkeiten mit über hundert verschiedenen Fragmenten. Für uns, für die Medizin, für die Zukunftsforschung ist das enorm wichtig. Nicht einmal so sehr für den Psychiater oder Nervenarzt als vielmehr für den Internisten. Denn man hat zum Beispiel festgestellt, und diese Untersuchungen wurden an Universitäten in Amerika gemacht, dass bei einem Zuckerkranken, der auf Insulin steht, diese andere Persönlichkeit, die ja im selben Körper existiert, nicht mehr zuckerkrank ist. Das bezieht sich auch auf viele andere Erkrankungen. Man findet es besonders bei Allergien, man findet es auch bei Schmerzzuständen, dass ein Schmerzzustand beispielsweise völlig verschwindet, wenn die andere Persönlichkeit übernimmt.«

Der innere Helfer ist übrigens auch bei multiplen Persönlichkeiten eine hilfreiche Instanz. Die Behandlung von Persönlichkeitsspaltung ist derzeit äußerst schwierig – Chemotherapie zum Beispiel hilft nicht – und Heilerfolge sind selten. Allerdings sind auch solche Fälle von Persönlichkeitsspaltung äußerst selten. Früher sprach man hierbei von Besessenheit durch Geister oder Dämonen. Diese Deutung wird heute von den meisten Psychologen abgelehnt – aber eine Erklärung für das, was bei der Persönlichkeitsspaltung passiert, haben sie zur Zeit leider auch nicht anzubieten. Tatsächlich ist die einfachste Erklärung – vorausgesetzt, man glaubt an die Unsterblichkeit der Seele – die, dass sich hier mehrere Seelen einen Körper teilen. In der jüdischen Geheimlehre der Kabbala wurde dieser Vorgang schon vor vielen Jahrhunderten unter dem Namen »ibbur« beschrieben.

Aus verschiedenen wissenschaftlichen Untersuchungen geht hervor, dass sich mit den verschiedenen Persönlichkeitsstrukturen auch die Muster der Gehirnströme drastisch ändern, ebenso der sprachliche Wortschatz, die Grammatik, und zum Teil sogar der Dialekt. Bei einer Frau mit MPD wechselte mit der jeweiligen Persönlichkeit auch die Augenfarbe. Krankheitssymptome oder allergische Reaktionen verschwinden bei einer Teilpersönlichkeit und tauchen bei einer anderen wieder auf – und das alles, obwohl es sich immer um den gleichen Körper handelt.

Gewisse Krankheiten – und dabei sogar Diabetes – erscheinen hier also nicht als eine Eigenschaft des Körpers, sondern des Geistes, der Persönlichkeit. Warum das so ist, kann die Wissenschaft derzeit nicht beantworten. Aber man darf wohl die Prognose wagen, dass eine Erklärung dieser Erscheinungen die heutigen medizinischen Denkmodelle erheblich wandeln, um nicht zu sagen: auf den Kopf stellen wird. Oder auf die Füße, wenn man so will.

»Mind over matter«, sagt man in England: Der Geist beherrscht die Materie. Dass dies zumindest in Bezug auf den eigenen Körper richtig ist, haben die bislang aufgeführten Beispiele wohl deutlich gemacht. Wie aber steht es mit den Möglichkeiten des Geistes, auch außerhalb des eigenen

Körpers auf die Materie einzuwirken? Um eine Antwort auf diese Frage bemüht sich ein Zweig der Wissenschaft, den wir Parapsychologie nennen. Ihr sind die folgenden vier Kapitel gewidmet.

Kapitel 7

Wenn der Geist auf Reisen geht

Parapsychologie – die PSI-Phänomene auf dem Prüfstand

Der Begriff Parapsychologie wurde Ende des 19. Jahrhunderts von dem deutschen Arzt und Psychologen Dr. Max Dessoir als Bezeichnung für einen Zweig der Psychologie eingeführt, der Erscheinungen untersucht, die »über den normalen Verlauf des Seelenlebens hinaustreten. Dieses Wort ist nicht schön, aber es hat den Vorzug, ein bisher noch unbekanntes Grenzgebiet zwischen dem Durchschnitt und den pathologischen Zuständen kurz zu kennzeichnen.«

Die Parapsychologie beschäftigt sich also mit jenen Phänomenen, die der schulwissenschaftlichen Psychologie zu obskur, zu unseriös oder zu abgehoben erscheinen: mit Geistern und Gespenstern, mit Erinnerungen an frühere Leben in anderen Zeiten und anderen Körpern, vor allem aber mit den sogenannten PSI-Phänomenen.

PSI ist der 23. Buchstabe des griechischen Alphabets, und der erste des Wortes Psyche – griechisch: Seele. Die Parapsychologen verwenden ihn zur Bezeichnung von verschiedenen Formen der »Außersinnlichen Wahrnehmung« (ASW), nämlich:

Telepathie – das heißt: Gedankenübertragung, Empfang von Informationen durch oder über entfernte Personen; Hellsehen – das heißt: Empfang von Informationen über Dinge und Ereignisse; Präkognition – das heißt: Empfang von Informationen über zukünftige Ereignisse. Und das alles ohne Zuhilfenahme der gewöhnlichen fünf Sinne oder technischer Hilfsmittel. Außerdem zählt man zu den PSI-Phänomenen noch die Psychometrie oder Psychoskopie – das heißt: das Lesen von Informationen aus Gegenständen sowie die Psychokinese (PK) – das heißt: die Bewegung, Beeinflussung oder Veränderung von Materie durch geistige Kräfte. Ein bekanntes Beispiel hierfür ist das Löffelbiegen des Uri Geller.

Der englische Philosoph und Politiker Francis Bacon (1561–1626) hat bereits im 16. Jahrhundert die Erforschung solcher Phänomene angeregt und Experimente entworfen, welche die Wirkung der Imagination, der Vorstellungskraft, auf belebte und unbelebte Objekte untersuchen. Er empfahl dabei unter anderem die Beeinflussung von Zufallsprozessen wie etwa das Werfen von Würfeln – eine Anregung, die in den 1930er Jahren von Joseph Banks Rhine aufgenommen wurde. Rhine gilt neben dem Holländer Wilhelm Heinrich Tenhaeff und dem Freiburger Psychologieprofessor Hans Bender als einer der großen Pioniere der Parapsychologie.

Nach unzähligen wissenschaftlichen Experimenten, die inzwischen in vielen Ländern der Welt durchgeführt wurden, kann heute die Existenz von PSI-Phänomenen, die ohne Betrug, Manipulation oder Selbsttäuschung zu Stande kamen, in Einzelfällen noch in Frage gestellt, aber insgesamt nicht mehr völlig abgelehnt werden. Über eine schlüssige Erklärung dafür, wie diese Phänomene zu Stande kommen, zerbrechen sich die Experten allerdings immer noch die Köpfe.

Ernsthafte Naturwissenschaftler haben bereits Ende des 19. Jahrhunderts die systematische Erforschung paranormaler Phänomene in Angriff genommen. 1882 gründete eine Gruppe von angesehenen englischen Akademikern die Society for Psychical Research, wobei »psychical« soviel wie übersinnlich bedeutet. Im Programm der Gesellschaft formulierte man ihre Ziele unter anderem so:

»Es scheint aus den Zeugnissen vieler kompetenter Beobachter der Gegenwart und Vergangenheit, einschließlich der in neuerer Zeit gemachten Beobachtungen hervorragender Gelehrter, hervorzugehen, dass neben viel Täuschung und Betrug ein wichtiger Kern merkwürdiger Erscheinungen vorhanden ist, die auf den ersten Blick unerklärlich scheinen durch irgendeine allgemein anerkannte Hypothese, und doch, wären sie einwandfrei festgestellt, von höchster Bedeutung sein müssten. (...) Unser Ziel wird sein, die verschiedenen Probleme ohne Vorurteil und im gleichen Geist exakter und leidenschaftsloser Forschung in Angriff zu nehmen, der die Wissenschaft in den Stand gesetzt hat, so viele Probleme zu lösen, die einst nicht weniger dunkel und heiß umstritten waren.«

Namhafte Naturforscher gehörten zu den Mitgliedern dieser Gesellschaft, darunter der Physiker und Chemiker Sir William Crookes sowie Alfred Russell Wallace, der gleichzeitig mit Darwin die Idee einer Evolution durch natürliche Auslese entwickelt und gemeinsam mit diesem veröffentlicht hat.

Obwohl er durch die Art der Veröffentlichung in die zweite Reihe gestellt wurde, war Wallace nicht gekränkt. Er war im Gegenteil immer bescheiden genug, Darwin den Vortritt zu lassen, und noch neun Jahre nach Darwins Tod veröffentlichte er eine umfassende Darstellung der darwinistischen Entwicklungslehre mit dem Titel: *Der Darwinismus*. Seither ist dieser Ausdruck geläufig.

Allerdings hatte Wallace inzwischen seine ursprünglich materialistische Auffassung geändert. Der Darwinismus zeige zwar, so meinte er, »wie der menschliche Körper sich aus niederen Formen nach dem Gesetz der natürlichen Zuchtwahl entwickelt haben kann; aber er lehrt uns auch, dass wir intellektuelle und moralische Anlagen besitzen, welche auf solchem Wege sich nicht hätten entwickeln können, sondern einen anderen Ursprung gehabt haben müssen – und für diesen Ursprung können wir eine Ursache nur in der unsichtbaren geistigen Welt finden.« Er schrieb Bücher über *Die wissenschaftliche Ansicht des Übernatürlichen* sowie *Eine Verteidigung des modernen Spiritualismus, seiner Tatsachen und seiner Lehren* und bekannte sich »erstens zu dem Glauben an die Existenz einer unendlichen Anzahl von geistigen Wesen verschiedener Grade im Universum und zweitens zu der Ansicht, dass einige von diesen Intelligenzen, obgleich sie für uns unsichtbar und unberührbar sind, dennoch auf die Materie einwirken und unseren Geist beeinflussen können und dies auch wirklich tun«.

Dass Wallace in den meisten Biologiebüchern allenfalls noch am Rande, wenn überhaupt, erwähnt wird, hat er wohl seinem Engagement für das Über- und Außersinnliche zu verdanken. Sein wissenschaftlicher Kollege Ernst Haeckel befand jedenfalls: »Leider ist dieser talentvolle Naturforscher später geisteskrank geworden und spielt jetzt nur noch als Gespensterseher und Geisterbeschwörer eine Rolle in den spiritistischen Schwindel-Gesellschaften von London.« Haeckel drückte damit eine Meinung aus, die von den meisten Naturwissenschaftlern geteilt wurde – und nach wie vor geteilt wird.

Wallace und Crookes untersuchten seinerzeit beispielsweise die außerordentlichen Fähigkeiten des Schotten Daniel Douglas Home, von dem die unglaublichsten Dinge berichtet werden: Er hielt glühende Holzstücke in der Hand, ohne sich zu verbrennen, spielte Musikinstrumente, ohne sie anzufassen, erhob sich in Gesellschaft mehrerer Personen an die Zimmerdecke und brachte auch verschiedene Gegenstände zum Fliegen. In einer Sitzung beim französischen Kaiser Louis Napoleon soll er einen Leuchter waagerecht in der Luft zum Schweben gebracht haben, wobei angeblich auch die Kerzenflammen waagerecht weiterbrannten.

Man hat Daniel Douglas Home die Anwendung von Tricks und Manipulationen unterstellt, aber nicht nachweisen können. Er ist nie als Betrüger entlarvt worden. Um seine erstaunlichen Demonstrationen zu erklären, hat man auch von Massensuggestion und Halluzinationen gesprochen, die er hervorgerufen habe – aber das hieße ja nur, eine rätselhafte Fähigkeit durch eine andere, ebenso rätselhafte zu ersetzen.

Auch die deutschen Physiker Gustav Theodor Fechner und Friedrich Zöllner stellten damals viele Experimente und Untersuchungen an. Vor allem mit dem amerikanischen Medium Henry Slade, dem es beispielsweise gelang, in verschiedene, an beiden Enden versiegelte Garn- oder Lederschlaufen eine Reihe von Knoten hineinzupraktizieren. Professor Zöllner schloss aus diesen Experimenten auf die Existenz einer vierten Dimension, aber seine Physikerkollegen sprachen stattdessen lieber von Täuschung und Betrug und bezweifelten die Wissenschaftlichkeit der Versuchsanordnungen. Der erfahrene Berufszauberkünstler Bellachini jedoch, der bei Slades Darbietungen zugegen war, bestätigte später, dass er »die phänomenalen Leistungen des Herrn Slade mit allerschärfster Beobachtung und

Untersuchung seiner Umgebung sowie den Tisch geprüft habe und nicht im Geringsten gefunden habe, dass irgendwelche auf prestidigativen (das heißt auf Taschenspielerei beruhenden) oder physikalischen Apparaten beruhende Manipulation hierbei im Spiele war (...)«.

Betrugsvorwürfe wurden von Kritikern bei solchen Experimenten immer wieder erhoben, und daher versuchte in den 1930er Jahren der amerikanische Botaniker Joseph Banks Rhine an der Duke University in Durham, North Carolina, die Parapsychologie durch Versuche aufzuwerten, die strengen wissenschaftlichen Anforderungen standhielten.

Angeregt dazu wurde er durch die Experimente des Schriftstellers Upton Sinclair, der sich mit seinen sozialkritischen Romanen einen Namen gemacht hatte. Ende der 1920er Jahre unternahm Sinclair mit seiner Frau Mary Craig eine Reihe von Telepathieexperimenten, bei denen versucht wurde, Zeichnungen von einfachen Gegenständen über größere Entfernungen durch Gedanken zu übertragen. Da zahlreiche dieser Versuche erfolgreich waren, erregten sie entsprechendes Aufsehen, und Sinclair veröffentlichte 1930 darüber ein Buch mit dem Titel *Mental Radio* – Gedankenradio.

Joseph B. Rhine beschäftigte sich in Durham vor allem mit den drei Formen der Außersinnlichen Wahrnehmung (ASW) – Telepathie, Hellsehen und Präkognition – und mit Psychokinese. Letztere versuchte er durch Experimente nachzuweisen, in denen seine Versuchspersonen den Fall von Würfeln willentlich beeinflussen sollten. Um das Vorhandensein von ASW nachzuweisen, entwickelte Rhine-Mitarbeiter Zener ein spezielles Kartenspiel mit 25 Karten, die mit fünf einfachen Symbolen bedruckt waren: Kreis, Kreuz, Welle, Quadrat und Stern.

Ein typisches Experiment bestand zum Beispiel darin, dass die Versuchsperson die Symbole der Zener-Karten, die vom Versuchsleiter mit der Rückseite nach oben aufgelegt wurden, bestimmen sollte. Die fünf verschiedenen Symbole sind im Kartenspiel jeweils fünfmal enthalten, und über einen längeren Versuchszeitraum müssten, nach dem Gesetz des Zufalls, durchschnittlich fünf Karten richtig erraten werden. Wenn mehr als fünf Karten richtig zugeordnet waren, was häufig genug vorkam, sah Rhine darin einen Beweis für ASW. Nach Tausenden von Versuchen mit Hunderten von Menschen, kam Rhine zu der Schlussfolgerung, dass die PSI-Phänomene tatsächlich existieren.

»Ich bin der Meinung«, so sagte er in einem Interview, »dass Hellsehen, Präkognition und Psychokinese nachgewiesen sind. Es sieht so aus, als ob die PSI-Fähigkeiten zu den natürlichen Eigenschaften, den natürlichen Fähigkeiten des Menschen gehören.«

Seine Gegner waren anderer Meinung. Mark Hansel beispielsweise, seinerzeit Psychologieprofessor an der Universität in Swansea, behauptete, dass Rhines Versuche mangelhaft durchgeführt wurden, dass sein Beweismaterial dürftig wäre und dass seine Ergebnisse auf alle Fälle dem gesunden Menschenverstand widersprächen.

»Es gibt«, so Hansel, »viele Fälle von alltäglichen Aktivitäten, in denen es sehr deutlich werden würde, wenn Telepathie oder Präkognition oder Psychokinese tatsächlich möglich wären. Wenn irgendjemand telepathische Fähigkeiten hätte, dann sollte es ja einfach sein, diesen Effekt vorzuführen. Ich wäre vollkommen zufrieden, wenn mir jemand, nachdem ich mich einige Minuten mit ihm unterhalten habe, sagen könnte, was ich gerade denke. Mit diesen Versuchen würde es keine Schwierigkeiten geben, wenn man die Ergebnisse bestätigen könnte – jedoch ist die nackte Tatsache die, dass sie sich nicht bestätigen lassen. Die Resultate entsprechen dem, was man normalerweise vorhersagen könnte, aufgrund unseres Wissens darüber, wie Menschen sich in Experimenten verhalten, und dies im Zusammenhang mit der Vergangenheit einer Versuchsperson. Es zeigt sich, dass wir es hier in der Parapsychologie mit einem sehr hohen Grad an experimentellen Fehlern und zum Teil auch mit bewusstem Betrug zu tun haben.«

Tatsächlich wurden seit den 1930er Jahren einige Versuchsleiter bei Manipulationen ertappt. Aber schlimmer für Rhine war es, dass verschiedene andere Wissenschaftler damals nicht in der Lage waren, seine Ergebnisse zu wiederholen. Außerdem wurden die Leistungen seiner Versuchspersonen, die zu Beginn hohe Trefferzahlen aufwiesen, im Laufe der Versuche schwächer, wodurch sich ein überzeugender statistischer Beweis nur noch sehr schwer erbringen ließ.

Inzwischen haben Parapsychologen auch versucht, mit Meditation, Entspannungsübungen und sogar mit Hypnose die ASW-Leistungen zu verbessern. Und es gibt in der Tat Hinweise darauf, dass dieser veränderte Bewusstseinszustand die Fähigkeit zu außersinnlicher Wahrnehmung steigert. Die Verbesserungen waren allerdings nicht spektakulär, und die Parapsychologie hing ein bisschen fest. Aber dann brachte eine kleine Dame die Dinge wieder in Bewegung: Gertrude Schmeidler, Psychologieprofessorin am City College in New York. Zwischen 1942 und 1951 führte sie eine Mammutserie von Versuchen durch, um herauszufinden, ob gewisse Menschentypen in Bezug auf die außersinnliche Wahrnehmung besser abschneiden als andere.

Mehr als 1300 Personen nahmen an diesen Versuchen

teil. Vor Beginn des Tests wurden die Teilnehmer interviewt, um zu klären, ob sie zu den »Schafen« oder zu den »Böcken« zählten. Als Schafe (sheep) bezeichnete Gertrude Schmeidler diejenigen, die an ASW glaubten und zuversichtlich waren, im Versuch erfolgreich zu sein. Die anderen, die nicht an ASW und an einen Erfolg glaubten, bezeichnete sie als Böcke (goats). Nach mehr als 10 000 Versuchsdurchgängen wurden die Leistungen der Gläubigen und der ungläubigen Versuchspersonen getrennt ausgewertet. Im Durchschnitt lagen die Resultate der Gläubigen knapp über der Zufallserwartung und die der Ungläubigen knapp darunter. Obwohl gering, war der Unterschied statistisch hochsignifikant.

Der Psychologe Hans J. Eysenck meinte: »Die Differenz zwischen den beiden Gruppen war so entscheidend, dass sie rein zufällig nur mit einer Wahrscheinlichkeit von eins zu über zehn Millionen hätte zustande kommen können.«

In Anlehnung an Gertrude Schmeidlers Einteilung der Versuchspersonen spricht man seither vom »Sheep-Goat-Effekt«. Andere Wissenschaftler haben in zahlreichen Versuchen dieses Ergebnis bestätigt. Dabei wurden auch Persönlichkeitsmerkmale untersucht. Obwohl die Ergebnisse weniger klar sind, scheinen Extravertierte in ASW-Tests besser abzuschneiden als Neurotiker. Immerhin kam man zu dem Schluss, dass an der außersinnlichen Wahrnehmung wohl doch etwas dran wäre, und begann, sich nach weiteren Versuchsvarianten umzusehen.

Die Geschichte berichtet von vielen Fällen außersinnlicher Wahrnehmung, die Menschen im Traum erlebten. Der römische Philosoph und Politiker Cicero schrieb beispielsweise im 1. Jahrhundert vor Christus: »Wenn die Seele im Schlaf von ihrer engen Verbindung mit dem Körper hinweggeholt wird, dann wird die Vergangenheit lebendig, die Gegenwart genau erkannt und die Zukunft vorhergesehen. Obwohl der Körper liegt, als ob das Leben ausgelöscht wäre, ist die Seele ganz lebendig – um wieviel wahrer wird sie leben und gedeihen, wenn erst der Tod sie ganz vom Fleisch befreit.«

In Anlehnung an solche Erkenntnisse entwarfen in den 1960er Jahren Dr. Montague Ullmann und Dr. Stanley Krippner, zwei Wissenschaftler am Maimonides Medical Center in New York, eine Versuchsanordnung, mit der sie die Frage klären wollten, ob eine Gedankenübertragung im Traum möglich ist: Traumtelepathie.

Unter Telepathie versteht man, wie bereits erwähnt, den Empfang von Information über oder durch entfernte Personen. Dieser Ausdruck stammt von Frederic C. W. Myers, einem englischen Parapsychologen und Gründungsmitglied der Society for Psychical Research, und ließe sich etwa mit »Fernerleidung« übersetzen. Vielleicht dachte Myers dabei an jene häufig berichteten Fälle, wo Menschen Bilder oder Gefühlseindrücke empfangen haben, als eine ihnen nahe stehende Person starb oder schwer verletzt wurde.

J. B. Rhine hatte bereits Telepathieexperimente mit den Zener-Karten durchgeführt, in denen eine Senderperson sich auf eine Karte konzentrierte und eine Empfängerperson versuchen musste, zu erkennen, welches der fünf Symbole (Kreuz, Kreis, Welle, Stern oder Quadrat) auf der betrachteten Karte zu sehen war. Beide Personen waren wach in diesem Test.

Krippner und Ullmann gingen bei ihren Experimenten von der Erkenntnis aus, dass der Mensch im Verlauf einer Nacht mehrmals träumt und dass sich seine Augen während dieser Traumschlafphasen schnell hin- und herbewegen.

Man spricht daher auch von der Rapid-Eye-Movement- oder REM-Phase. Während die Versuchsperson schlief, konzentrierte sich der Experimentator auf ein Bild mit einem charakteristischen Motiv, zum Beispiel einem fliegenden Engel mit bunten Flügeln. Sobald an den Augenbewegungen festzustellen war, dass die Versuchsperson sich in einer Traumschlafphase befand, weckte man sie auf und ließ sie ihren Traum erzählen. Das hörte sich dann beispielsweise etwa so an: »(...) Segel von verschiedenen Farben, wie Vögel. Und eine Frau, eine Göttin, spazierte über den Ozean und in ihrer rechten Hand ließ sie einen Schmetterling los, einen grünen und rosafarbenen Schmetterling (...).«

Manchmal wurde auch die Befindlichkeit des Senders übertragen, und nicht das von ihm angeschaute Bild. »Ich kann mich kaum auf das Bild konzentrieren«, schrieb einer in seinem Protokoll, »da ich starke Magenschmerzen habe; ich denke dauernd an Magenoperation, Bluttransfusion, Viruserkrankung.« Zur gleichen Zeit träumte die Versuchsperson: »Ich bin in einem Krankenhaus und erwarte eine Magenoperation, eine Bluttransfusion wird vorbereitet, Ärzte an meinem Bett sprechen von Viruserkrankung.«

Die Erfolge mit der Traumtelepathie ermutigten Charles Honorton vom Psychophysical Research Laboratory, eine noch bessere Versuchsanordnung zu entwerfen. »Traum, Hypnose, Meditation und ähnliche Zustände haben gemeinsame Merkmale«, meinte Honorton. »Das Wichtigste scheint zu sein, dass sie alle mit sensorischer Deprivation verbunden sind, das heißt mit einer Ausschaltung äußerer Sinnesreize. Um dies auch im Wachzustand zu erreichen, haben wir eine Technik entwickelt, die wir ›Ganzfeld‹ nennen.«

Angeregt wurde Honorton zu dieser Methode durch die

Yoga-Anweisungen des Inders Patanjali, der schon vor über 2000 Jahren darauf hingewiesen hatte, dass durch das »Zurückziehen der Sinne von der Außenwelt« in der Entrückung einer tiefen Meditation außersinnliche Wahrnehmung möglich sei.

Während der Ganzfeld-Experimente wurden der Empfängerperson die Augen durch rote, mit Watte gefüllte Halbkugeln verschlossen und außerdem Kopfhörer aufgesetzt, aus denen ein diffuses Rauschen ertönte. Die Senderperson betrachtete gleichzeitig in einem anderen Raum ein Bild, das sie der Empfängerperson zu übermitteln versuchte. In einem dieser Experimente, das filmisch dokumentiert wurde, betrachtete der Sender an einem Diagerät Bilder aus Las Vegas. Und der Empfänger schilderte seine Eindrücke: »Ich schwebe über einer Art Landschaft. Da ist der Name eines Nachtclubs, Marquise sehe ich gerade, Nachtclub Marquise in Las Vegas (...).« Anschließend musste die Empfängerperson sich eine Reihe verschiedener Dias anschauen und entscheiden, welche am besten mit dem Gesehenen übereinstimmten. In diesem Falle wählte sie auf Anhieb die richtigen.

Erstaunlich sind hier vor allem die hundertprozentigen Treffer: beispielsweise, wenn der Empfänger von Coca-Cola spricht und das Zielobjekt Colaflaschen zeigt, oder wenn er William Blakes Gemälde *Der Alte der Tage* sieht, und es sich beim Zielbild tatsächlich um dieses Kunstwerk handelt.

Inzwischen sind unzählige Ganzfeld-Versuche in verschiedenen Laboratorien durchgeführt worden, und beinahe die Hälfte davon war erfolgreich. Dr. William Braud von der Mind Science Foundation meinte dazu: »Die Ganzfeld-Technik befreit den Geist von Begrenzungen. Sie vermindert die Ablenkung im Nervensystem, und die Ergebnisse sind normalerweise recht erfolgreich. Ich möchte sagen, dass bei meiner eigenen Arbeit etwa 75 Prozent unserer Versuche positive Ergebnisse erbracht haben. Dies ist ein Beweis für übersinnliche Fähigkeiten.«

Aber nicht alle waren so erfolgreich. Dr. Susan Blackmore von der University of Bristol beispielsweise blieb es versagt, Hinweise für außersinnliche Wahrnehmung zu finden. Die Parapsychologen geben zu, dass es viele Versuchsleiter gibt, die keine positiven Resultate erhalten, aber sie führen dies auf einen »Versuchsleitereffekt« zurück, was besagen soll, dass die Einstellung des Versuchsleiters in den empfindlichen Prozess der ASW störend eingreift. Dr. Susan Blackmore erscheint diese Erklärung zu einfach.

»Man hat vermutet«, meinte sie, »meine Misserfolge wären darauf zurückzuführen, dass ich nicht die richtige Einstellung den Experimenten gegenüber hätte, dass ich nicht fest genug daran glaubte. Dazu muss ich aber sagen, dass ich anfangs durchaus an ASW geglaubt habe. Und trotzdem habe ich damals keine Ergebnisse erhalten, und ich erhalte auch heute keine. Die andere Möglichkeit freilich ist, dass ich deshalb keine Ergebnisse bekomme, weil es keine außersinnliche Wahrnehmung gibt.«

Viele Wissenschaftler würden ihr darin natürlich zustimmen – so wie Ray Hyman, Psychologieprofessor an der Stanford University. Er hat alle veröffentlichten Ganzfeld-Experimente untersucht und Kritik geübt an der Art und Weise, mit der viele von ihnen durchgeführt wurden. Zum Beispiel die Form der Beurteilung des richtigen Bildes durch die Empfängerperson.

»Es besteht die Möglichkeit«, so Hyman, »dass dem Empfänger das gleiche Zielbild zur Beurteilung übergeben wurde, das die Senderperson in der Hand hatte. Auf diese

Weise können sich verschiedene wahrnehmbare Anhaltspunkte ergeben haben. 52 Prozent der Experimente verwendeten unangemessene Methoden der Zufallsauswahl, wenn zum Beispiel die Dias von Hand gemischt wurden. Das mag in den 30er Jahren, als J. B. Rhine seine Versuche durchführte, in Ordnung gewesen sein, aber heute ist es das nicht mehr.«

Wenn das Bild des Senders per Hand ausgewählt wurde, dann ist nach Ansicht von Hyman das Experiment wertlos. Es hätte von einem Computer ausgewählt werden sollen. Er schloss auch Experimente aus, bei denen dem Empfänger das gleiche Zielbild zur Beurteilung übergeben wurde, das der Sender bei der Übertragung in der Hand gehabt hatte. Fingerabdrücke oder bewusst angefertigte Markierungen könnten dann Anhaltspunkte geliefert haben. Doch Hyman gab zu, dass er direkte Treffer wie den Nachtclub in Las Vegas nicht anders als mit dem Zufall erklären konnte.

Professor Hansel bemerkte außerdem: »Wenn die Parapsychologen ihr Forschungsgebiet als wissenschaftlich ansehen wollen, dann müssen sie die normalen Regeln akzeptieren, die für Wissenschaftler vorgeschrieben sind. Und wenn jemand die Existenz eines sehr unwahrscheinlichen Phänomens demonstrieren will, dann braucht man weitere Demonstrationen dieses Phänomens, die dasselbe Resultat ergeben.«

Andere Psychologen allerdings – zum Beispiel Irvin Child, Psychologieprofessor an der Yale University – stimmten dieser Forderung nach unbedingter Wiederholbarkeit nicht zu und waren der Ansicht, dass die Parapsychologie hier nicht schlechter abschneidet als die konventionelle Psychologie.

»Das Beweismaterial für PSI«, so Child, »kann mit dem

Beweismaterial für eine Reihe anderer Phänomene in der Psychologie verglichen werden. Es gibt keinen großen Unterschied in der Qualität der Forschungsarbeit oder der Art des Beweismaterials. Es ist wahr, dass die Phänomene nicht auf Befehl vorgeführt werden können, so wie in einem physikalischen Labor jeder exakt das gleiche Phänomen vorführen kann. Nichts dergleichen gibt es in der Parapsychologie. Nichts dergleichen gibt es allerdings auch in manchen Gebieten der Psychologie. Aber da hier die Phänomene nicht so unglaubwürdig scheinen, werden sie nicht so häufig auf die Probe gestellt. Doch wo sie auf die Probe gestellt wurden, hat sich ähnlich häufig eine Wiederholbarkeit als unmöglich erwiesen. In der Parapsychologie gibt es eine Art der Wiederholbarkeit wie in vielen Gebieten der Psychologie, nämlich in dem Sinne, dass ein bestimmtes Experiment von verschiedenen Leuten unter verschiedenen Umständen häufig, allerdings nicht immer, mit ähnlichen Ergebnissen durchgeführt wurde.«

Charles Honorton und Ray Hyman haben später ein gemeinsames Kommuniqué über ihre Ganzfeld-Kontroverse herausgegeben, in dem sie darauf hinweisen, dass sie zwar, was die bisherigen Experimente angeht, unterschiedliche Ansichten haben; einig sind sie sich aber darüber, dass eine endgültige Beurteilung der PSI-Phänomene erst nach weiteren Untersuchungen möglich sei. Und sie einigten sich auf gemeinsame Empfehlungen, wie solche künftigen Experimente durchgeführt werden sollten.

Interessant sind in diesem Zusammenhang auch jene Fälle, bei denen Tiere, Pflanzen oder Mikroorganismen auf menschliche Gedanken reagieren; auch hier kann man annehmen, dass es sich um eine Form von Telepathie handelt.

Der Biologe Dr. Rupert Sheldrake, der durch seine Theorie der morphogenetischen Felder bekannt wurde, hatte eine Nachbarin, die eine Katze hielt. Sie erzählte ihm bei Gelegenheit, dass sie immer genau wisse, wenn ihr Sohn nach Hause käme, weil die Katze sich dann neben die Eingangstür setze und miaue, bis er eingetroffen sei. »So weiß ich immer, wann ich anfangen kann, ihm Tee zu machen«, sagte sie Sheldrake. Der Biologe begann sich für dieses Phänomen zu interessieren und solche Fälle zu sammeln. Nachdem er einen Artikel veröffentlicht hatte, in dem er Haustierbesitzer, die ähnliche Erfahrungen machten, bat, sich mit ihm in Verbindung zu setzen, bekam er Hunderte von Zuschriften. In ihnen wurde von zahllosen Hunden und Katzen berichtet, die sich an die Tür setzten, wenn ihre Besitzer im Begriff waren, nach Hause zu kommen. Die meisten Tiere reagierten bereits, wenn die betreffende Person den Gedanken fasste, heimzukehren – und nicht erst kurz bevor sie eintraf. Es liegt nahe, hier eine Art telepathischer Verbindung anzunehmen. Auch andere Vorfälle weisen in diese Richtung. Eine Frau berichtete zum Beispiel, dass ihre Schildkröte sich immer zu ihrem Futterplatz begab, wenn sie nur daran dachte, dass es an der Zeit wäre, sie zu füttern.

Oder die Fähigkeit von Haustieren, die irgendwie verloren gegangen waren, auch über große Entfernungen wieder zu ihrer Familie zurückzufinden. In den USA wurde beispielsweise die Perserkatze Sugar berühmt, die beim Umzug ihrer Besitzer von Kalifornien nach Oklahoma die Abfahrt verpasste. Sie hielt sich ein paar Tage bei Nachbarn auf, verschwand dann und tauchte ein Jahr später bei ihren alten Besitzern wieder auf, wobei sie über fünfzehnhundert Kilometer durch ihr unbekanntes Gebiet zurücklegte. Auch hier reichen die normalen sinnlichen Fähigkeiten nicht aus, um diese außerordentliche Leistung zu erklären. Und es gibt eine ganze Reihe solcher Fälle, die nicht nur von Katzen, sondern auch von Hunden und Vögeln berichtet werden.

Zum Teil hat man auch versucht, durch direkte Mentalsuggestionen auf Tiere einzuwirken. Der russische Psychiater und Neurologe Wladimir Bechterew (1857–1927), der zusammen mit Pawlow die Lehre vom bedingten Reflex entwickelt hat, machte solche Experimente mit Hunden, bei denen er das Tier an der Schnauze hielt und sich in Gedanken auf eine bestimmte Aufgabe konzentrierte. Er schrieb darüber unter anderem: »Die Aufgabe, die nur mir bekannt war, bestand darin, dass der Hund ein Taschentuch aus der rechten Hand von Dr. S. ziehen sollte, der etwas zurückstand. Wie gewöhnlich dauerte die Suggestion nicht mehr als eine halbe Minute. Danach stürzte sich der Hund augenblicklich auf die rechte Hand von Dr. S. und riss ihm das Taschentuch weg.« Sollte man sich da noch wundern, dass Briefträger oder Jogger, die Angst vor Hunden haben und fürchten gebissen zu werden, dieses Schicksal auch tatsächlich oft erleiden?

Bei Versuchen mit Ratten und Hamstern in den USA haben die Parapsychologen Elmar Gruber und William Braud festgestellt, dass durch die Absicht von Beobachtern, das Tier in eine bestimmte Richtung zu lenken, dessen Bewegungsverhalten erfolgreich beeinflusst werden kann. Es drängt sich hier unwillkürlich die Frage auf, inwieweit solche Effekte bei der Überprüfung von Medikamenten im Tierversuch möglicherweise eine Rolle spielen, indem nicht nur der Stoff, sondern auch Absicht und Einstellung der Prüfer das Ergebnis mitbestimmen. Könnte ein Placebo-Effekt im Labor dazu führen, dass man eine Substanz für heilsam hält – und ein Placebo-Effekt bei der Verabreichung dafür sorgen, dass sie dann tatsächlich hilft?

Immerhin ist auch die Möglichkeit, auf Mikroorganismen mental einzuwirken, inzwischen durch eine Reihe von Experimenten gut dokumentiert. Dr. Philipp Evrard – der im sechsten Kapitel bereits erwähnt wurde – hat 1995 im Institut für wissenschaftliche Fotografie in Weißenstein solche Versuche durchgeführt. Zuerst ging es darum, Bierhefe- und Kolibakterienpräparate zu vermehrtem Wachstum anzuregen. »Die Messungen ergaben eine signifikante Wachstumszunahme«, so hieß es im abschließenden Forschungsbericht. Während die Wachstumsraten in der Regel zwischen fünf und 50 Prozent betragen, ergab sich hier »eine quantitative Vermehrung um das 5000-fache«.

In einer weiteren Versuchsreihe sollten Legionellen, die Erreger der so genannten Legionärskrankheit, unschädlich gemacht werden. Auch dieses Experiment war erfolgreich: »Wie die mikroskopischen Aufnahmen dokumentieren, wurde bereits nach 28 Stunden eine deutliche Erhellung (entspricht der Neutralisierung) der Erreger festgestellt.« Und nach fünfzig Stunden zeigte eine Untersuchung der Erreger: »Ein Kontaminierungsrisiko für die Menschen besteht nicht mehr.«

Philippe Evrard hat sich während der Versuche mit Hilfe der – ebenfalls im sechsten Kapitel erwähnten – Nathal-Methode in einen veränderten Bewusstseinszustand versetzt. Günther Haffelder, Leiter des Instituts für Kommunikation und Gehirnforschung in Stuttgart, hat die Experimente begleitet und dabei EEG-Messungen an Dr. Evrard vorgenommen. Es zeigten sich hier signifikante Veränderungen des normalen Gehirnwellenmusters: Neben einer deutlich erkennbaren Synchronisation der beiden Großhirnhemisphären war vor allem eine erhöhte Aktivität im Delta- und Beta-Bereich zu beobachten. Dies erscheint paradox, denn die Beta-Wellen (über 14 Hertz) kennzeichnen den normalen Wachbewusstseinszustand, während Delta-Wellen (zwischen 4 und 0 Hertz) sich im Tiefschlaf oder bei Bewusstlosigkeit finden. Günther Haffelder hat diese Verbindung von Delta und Beta allerdings auch bei Medien gemessen, wenn sie mit der geistigen Welt Kontakt aufnehmen.

Schließlich gibt es noch zahlreiche Beispiele, die zeigen, dass man auch auf Pflanzen durch Gedanken und Gefühle einwirken kann. Der Amerikaner Cleve Backster schloss in den 1970er Jahren Pflanzen an einen Lügendetektor an und erhielt bereits Ausschläge auf seinem Messgerät, wenn er nur daran dachte, den Pflanzen beispielsweise ein Blatt auszureißen. Ein anderer Versuch bestand darin, dass von sechs Studenten einer per Los ausgewählt wurde, sich als »Mörder« zu betätigen, indem er von zwei nebeneinanderstehenden Pflanzen eine mit den Wurzeln ausreißen und zertreten sollte. Der Täter hatte sein Verbrechen heimlich zu begehen, so dass außer der zweiten Pflanze niemand seine Identität kannte. Als Backster später die Studenten einzeln an der überlebenden Pflanze vorbeigehen ließ, reagierte sie nur auf den »Mörder« mit einem entsprechenden Ausschlag des Lügendetektors. Backsters Experimente sind allerdings in schulwissenschaftlichen Kreisen umstritten, weil einige Wissenschaftler, die sie zu reproduzieren versuchten, keine Ergebnisse erzielten.

Aber es gibt noch andere Beispiele für die Einwirkung von Gedanken auf Pflanzen. Der große amerikanische Pflanzenzüchter Luther Burbank hat eine Fülle neuer Pflanzen geschaffen, und dies zum Teil auch, so sagt man, durch geistige Beeinflussung. Eine seiner erstaunlichsten Züchtungen ist ein Kaktus, der keine Stacheln hat. Und er soll dies dadurch erreicht haben, dass er den Kaktus überzeugte, dass er in seinem Garten keine Feinde zu fürchten habe. Burbank hat erstaunliche Züchtungserfolge erzielt – weiße Brombeeren, Brombeeren ohne Dornen, unzählige neue Sorten von Obst und Blumen – aber konnte er wirklich Pflanzen durch Gedanken verändern? Er hat dies einem Journalisten gegenüber so geäußert. Und er hatte offenbar heilende Kräfte, denn zahlreiche kranke Menschen kamen zu ihm, um sich von ihm die Hände auflegen zu lassen. Einen wissenschaftlich schlüssigen Beweis für seine mentale Pflanzenschöpfung gibt es allerdings nicht.

Dass es aber möglich ist, das Wachstum von Pflanzen durch Gedanken zu beeinflussen, ist mittlerweile bewiesen. Im Sommer 1991 hat Professor Dr. Manfred Hoffmann von der FH Weihenstephan-Triesdorf mit Hilfe des Bayerischen und des Westdeutschen Rundfunks ein großangelegtes Experiment durchgeführt, bei dem es darum ging, Tomatenpflanzen durch liebevolle Gedanken zu mehr Ertrag zu veranlassen. Der Erfolg – wissenschaftlich kontrolliert – war eindrucksvoll: Die geliebten Tomaten produzierten über zwanzig Prozent mehr Früchte als die ungeliebte Kontrollgruppe.

Könnte sich also der Bauer die Düngung ersparen, wenn er täglich auf den Acker geht und mit seinen Kartoffeln freundliche Worte – oder Gedanken – austauscht? Könnte man mit sogenannten Unkräutern und Schadinsekten kommunizieren? Auch in der schottischen Findhorn-Community wurden erstaunliche Wachstumssteigerungen durch die Kommunikation mit Pflanzen erzielt. Solche Dinge wurden von der darwinistischen Biologie bislang ausgegrenzt – aber wäre es nicht sinnvoll, sie zu untersuchen und natürlich auch anzuwenden?

Es gibt hinsichtlich der Telepathie zwischen Menschen

und anderen Lebewesen inzwischen genügend Experimente, die man durchaus als erfolgreich bezeichnen kann – in dem Sinne, dass nicht unbedingt Gedanken in Form von Sätzen, aber immerhin Bilder sowie bildhafte Eindrücke und Gefühle übertragen wurden. Und dies zum Teil mit erstaunlicher Genauigkeit.

Der Wissenschaftsjournalist Gordon Rattray Taylor stellte ebenfalls Telepathieversuche an, nachdem er einem in dieser Hinsicht begabten Ehepaar begegnet war. Er schrieb darüber: »Der Mann konnte seiner Frau Gedanken übertragen, aber nicht umgekehrt. Er war in der Tat ein großartiger Visualisierer. (…) Es stellte sich heraus, dass zwei Voraussetzungen erfüllt sein mussten: Erstens durfte die Empfängerin nicht versuchen, Erfolg zu haben. Die Ergebnisse waren am besten, wenn sie mit irgendeiner Routinetätigkeit beschäftigt war, zum Beispiel mit Nähen oder Abwaschen, und mehr beiläufig riet. Zweitens ermüdete die Fähigkeit schnell (oder es wurde den Ausführenden langweilig). Wir setzten für das Raten deshalb Intervalle von mehreren Minuten an, und insgesamt wurde an einem Abend nicht mehr als zehnmal geraten. Wurden beide Voraussetzungen berücksichtigt, kam es bei einigen Durchgängen zu einer Erfolgsquote von neunzig Prozent.«

Hier von Zufall zu reden, ist wenig hilfreich. Die Zufallswahrscheinlichkeit für einen Volltreffer ist, ebenso wie bei den Ganzfeld-Experimenten, astronomisch gering. Um mit Sicherheit sagen zu können, dass es sich um Zufall handelt, müssten wir außerdem alle beteiligten Faktoren kennen und ausschließen können, dass auch nur einer von ihnen in irgendeiner Weise gesteuert ist. Und das ist schlicht unmöglich. So ist also das Bekenntnis zum Zufall als Glaubensbekenntnis der betreffenden Wissenschaftler anzusehen, als wissenschaftliche Aussage mag es jedoch nicht gelten.

Neben den Erfolgen gibt es jedoch auch ebenso eindrucksvolle Misserfolge – und das zeigt, dass wir dieses Phänomen bislang weder richtig im Griff, noch richtig begriffen haben. Die Fähigkeit der Gedankenübertragung ist auch bei überdurchschnittlich begabten Personen sehr unzuverlässig, und es ist schwer zu unterscheiden, ob ein Bild oder ein Eindruck tatsächlich auf außersinnlicher Wahrnehmung oder aber auf einer Phantasie, einem Wunschtraum oder einer Halluzination beruht. Das Telefon sollten wir also vorläufig noch nicht abmelden. Wenn wir uns mit anderen Menschen verständigen wollen, ist es immer noch sinnvoller, wenn wir miteinander reden und unsere Gedanken durch Sprache übertragen. Immerhin ist dies durchaus auch eine Fähigkeit, die zu kultivieren sich lohnt.

Kapitel 8

Weitblicke mit geschlossenen Augen

Hellsehen – außersinnliche Wahrnehmung oder Illusion?

Die Parapsychologie versteht unter Hellsehen den Empfang von Informationen über Dinge und Ereignisse – vorwiegend in Form von Bildern – ohne Zuhilfenahme der gewöhnlichen fünf Sinne oder technischer Geräte. Wenn die Information nur akustisch, in Art einer inneren Stimme, empfangen wird, spricht man von »Hellhören«, wenn es sich um Gefühle handelt, von »Hellfühlen«.

Bei den Vorführungen, die man gelegentlich in Varietés erleben kann, wo zum Beispiel eine Frau auf der Bühne mit verbundenen Augen Gegenstände beschreibt, die ihr Partner aus dem Publikum gereicht bekommt, handelt es sich normalerweise nicht um echtes Hellsehen. Hier wird Information nach einem vorher festgelegten Code durch die Art der Formulierung übermittelt. Die Frage: »Welche Farbe hat der Gegenstand?«, könnte zum Beispiel Rot bedeuten. »Die Farbe des Gegenstands, kannst du sie mir nennen?«, könnte für Blau stehen, »der Gegenstand hat eine Farbe, wie sieht sie aus?«, für Gelb, und so weiter. Derartiges ist ein Beispiel für ein außerordentlich gut trainiertes Gedächtnis, jedoch nicht für außersinnliche Wahrnehmung.

Auch der in den 1930er Jahren berühmt-berüchtigte Hellseher Hanussen arbeitete häufig mit Tricks und Manipulationen. Als er aber deshalb wegen Betrugs in Leitmeritz vor Gericht stand, lieferte er Proben seiner Hellsichtigkeit, die den Richtern so echt erschienen, dass er freigesprochen wurde.

Weniger umstritten als die hellseherischen Fähigkeiten von Hermann Steinschneider (alias Erik Jan Hanussen), waren die des holländischen Heilpraktikers Gérard Croiset. Eines der eindrucksvollsten Beispiele seines Könnens wurde in einer Sendung des japanischen Fernsehens dokumentiert. Man hatte Croiset anlässlich eines Besuches in Japan das Foto eines vermissten Kindes gezeigt. Er behauptete, das Kind sei in einem Teich ertrunken, und sagte auch, an welcher Stelle. Ein Team des japanischen Fernsehens fuhr dorthin, und gerade, als die Kamera aufgebaut wurde, tauchte die Leiche des Kindes an der Wasseroberfläche auf. Der Kameramann war so erschrocken, dass er vergaß, die Schärfe einzustellen, woraufhin die Einstellung völlig verwackelt war.

Croiset war besonders erfolgreich, wenn es darum ging, vermisste Personen zu finden, die ertrunken waren. Ein möglicher Zusammenhang könnte sein, dass er selbst mit acht Jahren fast ertrunken wäre, nachdem ein Spielkamerad ihn ins Wasser gestoßen hatte.

Auch in verschiedenen Experimenten mit namhaften Parapsychologen hat Croiset eine Reihe von hellseherischen Leistungen erbracht, die beeindruckend waren. Allerdings gab es auch Misserfolge, die zeigten, dass seine Fähigkeiten nicht immer zuverlässig und auf Kommando abrufbar waren. Es zeigte sich auch, und nicht nur bei Croiset, dass die Grenze zwischen Hellsehen und Telepathie oft nur schwer zu ziehen ist.

In den 1960er Jahren stellte der tschechische Biochemiker Dr. Milan Ryzl unzählige Versuche mit einem Bankangestellten namens Stepanek an. Diese Experimente, in denen die Versuchsperson die Farbe von Karten in mehreren verschlossenen und ineinander gelegten Umschlägen erkennen sollte, waren so erfolgreich, dass sie Stepanek eine Eintragung als »der übersinnlichste Mann der Welt« ins *Guinness Book of Records* einbrachten. Die Meinung der Wissenschaft über Stepanek blieb nichtsdestoweniger kontrovers.

Zum Eindrucksvollsten auf diesem Gebiet gehört unzweifelhaft eine Reihe von Versuchen, die Russell Targ und Harold Puthoff, zwei Physiker am Stanford Research Institute, in den 1970er Jahren mit einer besonderen Form des Hellsehens durchführten, die sie »remote viewing« nannten – Fernwahrnehmung.

»Wir fanden heraus«, so Russell Targ, »dass viele Individuen in der Lage sind, genau zu beschreiben, was an einem entfernten Ort vor sich geht. Als Physiker muss ich sagen, dass unser Geist nicht länger durch die Parameter des Körpers begrenzt zu sein scheint. Das Bewusstsein der Person ist fähig, die Grenzen von Raum und Zeit zu überschreiten, um zu beschreiben, was Hunderte oder Tausende von Meilen entfernt vor sich geht oder Stunden und Tage in der Zukunft geschehen wird.«

Das Stanford Research Institute, kurz: SRI, ist eine der größten wissenschaftlichen Einrichtungen der USA, die jährlich Hunderte von privaten und öffentlichen Forschungsprojekten durchführt. Targ und Puthoff begannen hier ihre ersten Versuche im Jahre 1973 mit dem übersinnlich begabten Polizeikommissar Pat Price.

Ein typisches Experiment lief folgendermaßen ab: Während Targ mit Price im Laboratorium zurückblieb, begab sich Puthoff mit einem Kollegen an einen unbekannten Ort. Zu einer vorher genau festgelegten Zeit versuchte Price, ihn zu lokalisieren. Er saß dabei in einem elektrisch abgeschirmten Käfig, der Funkkontakt unmöglich machte. Außerdem war immer ein unparteiischer Zeuge dabei. Alle Aussagen von Price wurden dokumentiert.

»Sie scheinen sich hoch oben in einem Turm zu befinden«, sagte Price in einem der Experimente. »Ich sehe Rot – da sind rote Dächer, Dachziegel und ein Ziegelfußboden. Nun gehen Sie durch Kolonnaden. Es scheint ein Gebäude zu sein, das alleine steht. Eine Bibliothek, ein Museum vielleicht. Könnte es der Hoover Tower auf dem Gelände der Stanford University sein?«

Die Aussage war zutreffend. Puthoff war tatsächlich auf die Spitze des Hoover Tower gestiegen. Unter ihm befanden sich die roten Dächer und die roten Ziegel, die Pat Price beschrieben hatte. Er erkannte auch richtig die Kolonnaden und die Tatsache, dass der Turm eine Bibliothek und ein Museum beherbergt. Aber hätte das nicht auch ein glücklicher Zufall sein können? Der Hoover Tower war einer von sechzig möglichen Zielorten, deren Namen im Büro des Laboratoriumsdirektors eingeschlossen waren. Ein Computer lieferte eine Zufallszahl, und der ihr entsprechende Umschlag wurde ausgewählt. In einem anderen Experiment war der Zielort ein nahe gelegener Naturpark.

»Ich sehe Bilder von sich kreuzenden Wegen«, sagte Price. »Wir kommen näher. Es sieht aus wie eine Kreuzung. Ich habe den Eindruck einer parkartigen Umgebung mit geometrisch angelegten Kreuzwegen.« Ein Volltreffer. Auffällig ist, dass das von Price beschriebene Bild einer Luftaufnahme entspricht. Ein wieder anderer Zielort war ein Schwimmbad, und Price sagte: »Ich habe den Eindruck einer Wasseraufbereitungsanlage. Ich sehe große Wasserbehälter, und da ist eine Straße (...).«

Targ war von der Genauigkeit, mit der Price seine Aussagen machte, überrascht. Im Falle des Schwimmbadkomplexes bemaß er die Größenverhältnisse der Schwimmbecken mit einer nur zehnprozentigen Abweichung von der tatsächlichen Größe. »Als er die verschiedenen Orte beschrieb«, erinnert sich Russel Targ, »da war es, als ob er sich aus einer großen Höhe rasch auf den Zielort herunterbewegte. Er suchte sozusagen die Umgebung aus der Luft nach den Leuten ab, die er finden sollte, und beschrieb dann das, was sie ansahen. Es war aber nicht so, als ob er ihre Gedanken lesen würde, denn häufig beschrieb er Objekte am Zielort, die von den Versuchspersonen überhaupt nicht gesehen wurden.«

Das vierte Experiment nahm der Laboratoriumsleiter selbst in die Hand. Um festzustellen, ob nicht doch ein verborgener Fehler in der Versuchsanordnung vorhanden, oder sogar Betrug im Spiel war, fuhr er gemeinsam mit Puthoff vom SRI ohne ein bestimmtes Ziel fort. Er entschied sich, nach Westen zu fahren, änderte aber nach fünf Minuten seine Meinung und fuhr in die entgegengesetzte Richtung. Und dann änderte er ganz spontan immer wieder seine Richtung, bis er schließlich die Fahrt an einem etwa acht Kilometer entfernten kleinen Yachthafen beendete. Als Pat Price gefragt wurde, ob er den Zielort beschreiben könne, sagte er: »Ich sehe einen Hafen, einen Yachthafen. Viele kleine Boote, Motorboote, Segelboote. Einige Segel sind aufgerollt. Ja, ein Yachthafen (...).«

Nachdem neun solcher Fernwahrnehmungsexperimente durchgeführt waren, ließen Targ und Puthoff die Ergebnisse von unabhängigen Gutachtern nachprüfen. Sie besuchten alle möglichen Zielorte mit den Sitzungsprotokollen, welche die Aussagen von Price enthielten, und sollten diejenigen auswählen, bei denen sie die größte Übereinstimmung feststellten. In sieben von neun Fällen wählten die Gutachter anhand der Beschreibung den richtigen Zielort.

Diese Ergebnisse erscheinen überzeugend, aber sie sind auch in Frage gestellt worden. Einer der Kritiker war Dr. David Marks, ein Psychologe aus Neuseeland, der selbst – ohne Ergebnis – Fernwahrnehmungsexperimente durchgeführt hatte. David Marks kam zu dem Schluss, dass es sich bei den Targ-Puthoff-Experimenten um eine große Illusion handelt. Nicht aufgrund der Versuchsdurchführung, sondern wegen des mangelhaften Beurteilungsverfahrens.

»Ich habe herausgefunden«, so präzisierte er seine Vorbehalte, »dass sich in den Abschriften alle möglichen Hinweise finden – zum Beispiel Datumsangaben, Zeiten, Bezugnahmen auf Experimente, die früher am gleichen Tag durchgeführt wurden, und so weiter. Es hat sich auch herausgestellt, dass die Liste der Zielorte für die Price-Experimente dem Gutachter in genau der richtigen Reihenfolge ausgehändigt wurde, so dass es möglich war, diese Informationen zu kombinieren und allein dadurch eine Übereinstimmung mit den Zielorten zu erreichen.«

Aber hatten die Gutachter tatsächlich diese Hinweise für ihre Zuordnungen verwendet? Charles Tart, Psychologieprofessor in Kalifornien, war nicht dieser Meinung: »Wenn man sich mit gesundem Menschenverstand die Aussagen der Experimente ansieht, dann erscheinen diese Hinweise belanglos. Wenn die Versuchsperson sagte: ›Ich sehe viele kleine Boote, es ist ein Yachthafen‹, und der Zielort tatsächlich ein Yachthafen war, dann braucht man nicht nach kleinen Hinweisen zu fahnden, die etwa sagen: Das muss an einem Nachmittag gewesen sein und mindestens der vierte Durchgang einer Serie. Sie wissen dann auch so, worum es geht. Die außersinnliche Wahrnehmung ist überzeugend.«

Nichtsdestotrotz führte Tart einen Versuch durch, um die Gültigkeit der Kritik von Marks zu überprüfen. Er tilgte aus den Protokollen alle Hinweise, die Marks bemängelt hatte, nummerierte sie in veränderter Reihenfolge und ließ sie dann von einem weiteren Gutachter den Zielorten zuordnen. Das Resultat war das Gleiche wie zuvor: Price lag bei sieben Zielorten genau richtig.

David Marks gab sich aber dadurch nicht geschlagen: »Tarts Gutachter könnte an das Buch herangekommen sein, das Targ und Puthoff veröffentlicht haben und in dem vier Protokolle aus den Price-Experimenten abgedruckt sind. Auf diese Weise hätte er, indem er einfach im Buch nachschlägt, die Zielorte mit den Protokollen in Übereinstimmung bringen können. Zudem wurde die Überarbeitung von Charles Tart vorgenommen, der auch mit Targ und Puthoff zusammengearbeitet hat, und daher kann man dieser Art von Überarbeitung nicht vertrauen, denn er ist offensichtlich voreingenommen.«

Für Tart war dies kein überraschender Vorwurf. »Die Wissenschaftler nennen so etwas ein Ad-hominem-Argument«, meinte er. »Das ist ein großes Kompliment, denn es bedeutet, dass deine Arbeit so offensichtlich richtig ist, dass die Kritiker nur noch deine Ehrlichkeit in Frage stellen können. Ich fühle mich geschmeichelt und geehrt.«

Russell Targ hatte für seine Kritiker eine drastischere Antwort parat: »Es gibt keine Möglichkeit, sich mit Leuten zu verständigen, die nicht wissen wollen. Die Kritiker, die unsere Arbeit interessant genug fanden, um zu uns ins Labor zu kommen, baten wir, an solchen Experimenten teilzunehmen und die Fernwahrnehmung selbst auszuprobieren. Häufig war die Beschreibung der Zielorte durch diese Leute sehr genau, und die Erfahrung, erfolgreich übersinnliche Eindrücke empfangen zu haben, hat auch skeptische Menschen veranlasst, ihre Meinung zu ändern.«

Andere Wissenschaftler haben, unabhängig von Targ und Puthoff, ebenfalls Fernwahrnehmungsexperimente durchgeführt. Die Physikerin Dr. Elizabeth Rauscher hat in sechs von acht Untersuchungen die Ergebnisse der SRI-Forscher bestätigt. Dr. Marilyn Schlitz war mit 26 Jahren eine der jüngsten Parapsychologinnen, als sie 1979 einen Versuch über eine Distanz von mehr als 8000 Kilometern durchführte. Während ein Freund von ihr, der Parapsychologe Dr. Elmar Gruber, jeden Tag um die Mittagszeit in Rom einen von vierzig möglichen Zielorten besuchte, versuchte sie diesen von ihrem Labor in Amerika aus »fernzusehen«. Bei zehn Versuchsdurchgängen hatte sie sechs Volltreffer. Ist damit die außersinnliche Wahrnehmung bewiesen?

»Wenn eine Reihe von Menschen«, so kommentierte Marilyn Schlitz, »in verschiedenen Laboratorien diese Ergebnisse erhalten können, dann muss man ihnen Glaubwürdigkeit einräumen. Ich habe herausgefunden, dass von 28 Fernwahrnehmungsuntersuchungen, die veröffentlicht wurden, mehr als die Hälfte erfolgreich waren. Ich glaube, dass wir sehr gutes Beweismaterial haben, das die Fernwahrnehmungshypothese unterstützt.«

Dieser Meinung scheinen auch die Geheimdienste zu sein. Es gibt wohl kaum einen Bereich, in den der Mensch so viel Aufwand und Intelligenz investiert hat wie in die Waffentechnik. Und es wäre geradezu ein Wunder, wenn die PSI-Phänomene, wenn Hellsehen, Telepathie und Psychokinese nicht auch das Interesse von Militär und Geheimdienst auf sich gezogen hätten. Natürlich ist dieser Bereich der PSI-Forschung streng geheim, und die Beteiligten sind nicht besonders auskunftsfreudig. Dies galt auch für Russell Targ, der in den 1980er Jahren, als diese Experimente gefilmt wurden, die Frage nach ihrer Finanzierung ausweichend damit beantwortete, es seien verschiedene private und staatliche Quellen gewesen. Das SRI wollte darüber ebenfalls keine Auskunft geben. Aus einigen Veröffentlichungen ging allerdings hervor, dass man auch an einer außergewöhnlichen Abart der Fernwahrnehmung gearbeitet hat.

Am sogenannten »Project Scanate« waren unter anderem der Polizist Pat Price, Ingo Swann, ein Künstler aus New York, Joseph McMoneagle, Keith Harary und die Fotografin Hella Hammid beteiligt. Scanate ist die Abkürzung für »Scanning by coordinate«, was soviel bedeutet wie Abtastung oder Suche anhand von Koordinaten. Unter Benutzung der Längen- und Breitengrade versuchte man zu sehen, was an irgendeinem Ort auf der Welt vor sich geht. Nur wenige dieser Experimente wurden veröffentlicht.

In einem davon stellte man Ingo Swann die Frage: »Was sehen Sie bei 49°20' Süd, 70°40' Ost?« Dies sind die Koordinaten einer kleinen Insel im Indischen Ozean, der Insel Kerguelen. Swann fertigte daraufhin eine Zeichnung an, die eine Insel mit Buchten, Sumpfland und einem hohen Berg im Westen zeigte. Hella Hammid, die an diesem Projekt beteiligt war, äußerte sich zu einem nahe liegenden Einwand.

»Wenn man sich ein bisschen in Geographie auskennt«, meinte sie, »dann weiß man natürlich, dass das irgendwo im Indischen Ozean liegen muss. Aber die Koordinaten wurden zum Teil auch in binäre Zahlen umgewandelt – also in Nullen und Einer –, und unter dieser Voraussetzung funktionierte es sogar noch besser. Wenn ich Koordinaten bekam, fing ich nämlich an nachzudenken – das könnte zum Beispiel irgendwo in der Sahara liegen und da muss es trocken sein und so weiter –, und das verstopfte irgendwie den Kanal, durch den ich die richtigen Informationen bekam. Darüber nachzudenken ist das Schlimmste, was man dabei tun kann.«

Die militärischen Möglichkeiten dieses Projekts müssen den Amerikanern spätestens dann aufgefallen sein, als Ingo Swann anhand der Koordinaten eines geheimen Armeestützpunktes einen in allen wesentlichen Details korrekten Lageplan zeichnete. Haben sie also auch den Russen nachspioniert?

In einem der Experimente jedenfalls war das Ziel ein kleines russisches Dorf namens Kamenka in der Nähe von Gorky, ein Zentrum der Holz verarbeitenden Industrie und entsprechend voll beladen mit Holzstößen. Keith Harary fertigte eine Zeichnung an, die einen Hügel und Gebäude umgeben von Baumstämmen zeigt. Aber – haben sie auch militärische Einrichtungen angepeilt?

Nun, in Washington hatte zumindest der Vorsitzende eines Ausschusses über Geheimdienstaktivitäten die Arbeit des Stanford Research Institute mit dem Argument verteidigt, dass die Ergebnisse von Militärsatelliten bestätigt wurden: »Wenn die Ergebnisse falsch waren, dann ist unser Sicherheitssystem nicht in Ordnung. Was diese Leute sahen, wurde durch Luftaufnahmen bestätigt. Eine Täuschung ist ausgeschlossen.«

Aber wozu dient überhaupt noch die Fernwahrnehmung, wenn Spionagesatelliten existieren, die Objekte von weniger als einem Meter Länge abbilden können?

»In gewisser Hinsicht«, sagte Hella Hammid damals in einem Interview, »kann man mit außersinnlicher Wahrnehmung doch mehr erreichen als mit Satelliten – man kann zum Beispiel in Häuser hineinsehen.«

War ihr das schon einmal gelungen?

»Ja«, meinte sie.

So, als ob man durchs Dach hindurchschaut?

»Wer weiß, wo hindurch. Vielleicht auch durch den Keller.«

Und man kann sehen, was sich im Innern abspielt?

»Ja, solche Experimente wurden gemacht.«

Welche Details konnte man sehen?

»Pat Price konnte lesen, das kann ich nicht. Ich bin sozusagen ein hellseherischer Analphabet.«

Das heißt, sie konnte keine Worte oder Dokumente lesen?

»Nein.«

Aber Pat Price konnte das?

»Ich denke schon«, sagte sie.

»Die militärische Erforschung von außersinnlicher Wahrnehmung ist für das militärische Gleichgewicht wohl unumgänglich«, meinte der Psychologe Charles Tart. »Trotzdem hoffe ich, dass man eines Tages vernünftig wird und in der Parapsychologie offene Untersuchungen durchgeführt werden – von Forschern, die eine humanistische Orientierung haben, so dass man einen möglichen Missbrauch dieser Entwicklungen ausgleichen kann.«

Inzwischen ist auch bekannt geworden, wer damals die Versuche am SRI finanziert hat, nämlich die CIA. 1995, mehr als 20 Jahre danach, gelang es Russell Targ mit Hilfe zweier Rechtsanwälte, zweier Kongressabgeordneter und eines Senators, offiziell die bis dahin geheimen Unterlagen seiner Arbeit ausgehändigt zu bekommen. »Somit bin ich endlich in der Lage«, sagte er, »der CIA für ihre großzügige Unterstützung bei dieser Forschung zu danken, ohne im Gefängnis zu landen, weil ich ASW und CIA in einem Atemzug nenne.«

Natürlich haben die Russen und später die Chinesen ebenfalls solche geheimen PSI-Forschungen betrieben – und betreiben sie zum Teil auch heute noch. Gelegentlich werden die Ergebnisse veröffentlicht. So berichteten die Chinesen beispielsweise auf einem Kongress von der unglaublichen Leistung einiger Kinder, die Buchstaben und Zahlen exakt wiedergeben konnten, welche auf Zettel geschrieben waren, die man ihnen in die Armbeuge oder Kniekehle gelegt hatte.

Die Fernwahrnehmungsexperimente gehören mit zum Eindrucksvollsten, was auf dem Gebiet des Hellsehens bislang dokumentiert wurde. Und wer nicht annehmen will, dass es sich hier um eine gigantische weltweite Verschwörung der Parapsychologen handelt, darf sie durchaus als einen Nachweis für außersinnliche Wahrnehmung betrachten. Das Problem bei diesen Phänomenen – besonders für Wissenschaftler – besteht darin, dass sie unzuverlässig und schwer zu reproduzieren sind und dass es derzeit zwar einige Hypothesen, aber keine stichhaltige Erklärung dafür gibt.

Ende des 19. Jahrhunderts sah der Philosoph Dr. Carl du Prel, der sich intensiv mit okkulten Phänomenen beschäftigte, mit dem Nachweis elektromagnetischer Wellen durch Heinrich Hertz die Telepathie erklärt. In seinem 1899 erschienenen Buch *Die Magie als Naturwissenschaft* schrieb er: »Eine der jüngsten Entdeckungen, das Telegraphieren ohne Draht, ist berufen, uns die physikalische Erklärung der magischen Telepathie zu liefern.« Leider hatte er damit Unrecht.

Wir wissen zwar, dass unser Körper elektromagnetische Wellen ausstrahlt und dass man aus der Struktur dieser Wellen auch Informationen über unseren körperlich-seelischen

Zustand beziehen kann. Und wenn wir solche Wellen ausstrahlen, sollten wir dann nicht auch im Stande sein, sie zu empfangen? Dies mag möglich sein, aber für die Fernwahrnehmung bietet es keine Erklärung. Die Experimente waren auch erfolgreich, wenn die Versuchsperson sich in einem Faradayschen Käfig oder in einem U-Boot unter Wasser befand. Dadurch werden elektromagnetische Wellen abgeschirmt – bis auf ganz extreme Wellenlängen, bei denen aber nicht klar ist, wie der menschliche Körper sie produzieren sollte.

Von russischer Seite wurden Experimente geschildert, bei denen einer Kaninchenmutter die Jungen weggenommen worden waren und diese auf ein U-Boot gebracht wurden. Während man die Mutter im Labor durch Messgeräte überwachte, wurden zu jeweils festgelegten Zeiten die Jungen im U-Boot nacheinander getötet – und jedes Mal stellte man zur gleichen Zeit außergewöhnliche Reaktionen der Mutter fest.

Auch Russell Targ hat seine Fernwahrnehmungs-Experimente teilweise unter Wasser durchgeführt. In einem Fall war Hella Hammid mit einem U-Boot aufs offene Meer hinausgefahren und untergetaucht. Die Zielpersonen waren währenddessen vom Zufallsgenerator zu einer großen Eiche geschickt worden, die auf einem Felsen an der San Francisco Bay stand. Hella Hamids Beschreibung lautete: »Ein großer schattenhafter Gegenstand. Ein riesengroßer Baum und dahinter endlose Weite. Beinahe so, als befände sich dahinter ein Abhang oder eine steile Klippe.« Außerdem bemerkte sie, die Zielpersonen benähmen sich »sehr unwissenschaftlich«. In der Tat hatten die beiden Zielpersonen nicht der Versuchung widerstehen können, auf die Eiche zu klettern.

Der Einsatz von U-Booten und Faradayschen Käfigen zeigt, dass elektromagnetische Wellen als Träger der außersinnlichen Wahrnehmung wohl weitgehend ausscheiden. Aber was ist es dann? Vielleicht doch nur eine Illusion, wie David Marks vermutete?

Man kann es niemandem, der es nicht selbst miterlebt hat, verübeln, wenn er diesen Dingen skeptisch gegenübersteht. So ging es wohl auch einem Fernsehteam der BBC, das Targ für einen Film über PSI-Phänomene interviewte, und daher bat man ihn um eine Life-Demonstration.

Man hatte dazu sechs Umschläge mit den Namen von sechs verschiedenen Plätzen in San Francisco vorbereitet. Um 9.30 Uhr wählte man einen davon durch Würfeln aus. Um 10 Uhr begab sich Sonja Leadlay von der BBC mit dem SRI-Mitarbeiter Keith Harary an den ausgewählten Ort. Die sechs möglichen Orte waren: St. Mary's Cathedral, Säulen an einem See, ein Supermarkt, ein Walskelett in einem Museum, ein moderner Springbrunnen und ein Segelschiff im Hafen.

Versuchsperson in diesem Experiment war die Fotografin Hella Hammid, mit der Russell Targ zahlreiche Fernwahrnehmungsversuche gemacht hat. In seinem Beisein begann sie 10 Uhr 10 mit ihrer Beschreibung des Zielortes.

»Ich habe schon seit einiger Zeit den Eindruck eines sehr schmalen Lichtstreifens in der Mitte eines dunklen Feldes«, sagte sie. »Es ist sehr geometrisch, eine Art Diagonale aus Holz, hellem Holz, es ist beige. Und dann ist da eine Mauer aus großen Steinen oder einem anderen strukturierten Material.«

Russell Targ bat sie, sich von der Mauer zu entfernen und sich etwas umzusehen. Was machten die Zielpersonen gerade?

»Sie scheinen sich ein kleines Detail von etwas anzusehen, so als hätten sie etwas vom Boden aufgehoben und schauen es an. Ich habe so ein Gefühl von Betrachtung aus der Nähe.«

Russell Targ fragte Hella Hammid, ob sie sich etwas in die Luft erheben und von oben auf den Zielort herunterblicken könnte, um die Umrisse vielleicht eines Gebäudes zu erkennen.

»Ein bebautes Grundstück«, sagte sie. »Es hat lange Mauern ohne Fenster und vielleicht in der Mitte einen Eingang, die Mauern sind dick, ähnlich wie bei einer Festung. Es hat etwas von einer Grabstätte, einem Mausoleum – es ist irgendwie still. Ich habe den Eindruck, dass es etwas ist, was nicht mehr benutzt wird. Ein massiver Ort. Auch innen ist keine Aktivität zu spüren. Es ist wie ein Museum. Es ist kein Ort, an dem ich mich gerne für längere Zeit aufhalten möchte.«

Welches also war der Zielort? Der Fall der Würfel hatte das Walskelett in einem Museum ausgewählt. Hella Hammid sagte »Museum«. Sie sprach auch von dicken, fensterlosen Mauern. Wie sich herausstellte, hielt das Museum das Skelett unter Verschluss. Seit einigen Jahren war es der Öffentlichkeit nicht mehr zugänglich. »Es wird nicht mehr benutzt«, sagte Hella Hammid. Das Walskelett selbst beschrieb sie nicht, aber sie sagte: »Mausoleum.« Sie sprach auch von »Betrachtung aus der Nähe«. Sonja Leadlay hatte in der Tat einen Stein aufgehoben und betrachtet. Und auch die Beschreibung des Ortes als festungsähnliches Bauwerk erscheint zutreffend, vor allem, wenn man es aus der Luft betrachtet. Die vollständigen Protokolle des Experiments wurden zwei unabhängigen Gutachtern übergeben, die alle sechs möglichen Zielorte besuchten. Sie stuften das

Museum als den Ort ein, bei dem die Übereinstimmung mit den Aussagen am deutlichsten war.

Die Ergebnisse sind auch in diesem Experiment nicht von der Hand zu weisen. Es wurden offenbar bildhafte Eindrücke übertragen, aber auch Gefühle und Handlungen. Eine Mischung also aus Hellsehen und Telepathie? Die Grenzen zwischen diesen beiden Formen der außersinnlichen Wahrnehmung sind ohnehin schwer zu ziehen.

Dies gilt auch für die Psychometrie oder Psychoskopie – das Lesen von Informationen aus Gegenständen, einem Armband beispielsweise oder einem Ohrring, einer Halskette oder einer Taschenuhr. Einer, der für diese Art von ASW eine besondere Begabung hat, ist Dr. Peter Nelson, ein amerikanischer Psychologe und Neurophysiologe. In einem Experiment, das ich vor einigen Jahren filmen konnte, nahm Peter Nelson aus einer Reihe verschiedener Gegenstände, die ihm zur Auswahl vorgelegt wurden, eine Halskette mit einem Anhänger. Dann konzentrierte er sich mit geschlossenen Augen darauf und erzählte dazu folgende Geschichte:

»Als Erstes muss ich sagen: Ich empfange nur Eindrücke, Bilder, Empfindungen – und ich gebe sie einfach wieder. Ich versuche nicht, sie zu interpretieren, oder ihnen einen Sinn zu geben. Manchmal erscheint das, was dabei herauskommt, der betreffenden Person unwichtig, manchmal erscheint es ihr wichtig. Ich mache das jetzt einfach mal, und wir wollen sehen, was passiert.

Das erste Bild, das mir in den Sinn kommt, ist eine Frau, die mir den Rücken zudreht. Sie hat rötlichbraunes Haar, das sich unten nach außen wellt, sehr sorgfältig frisiert. Was mir als Nächstes auffällt – ich kann ihr Gesicht nicht sehen, aber ich fühle, dass sie sich Sorgen macht wegen einer Entscheidung, die sie treffen muss. Sie hält das geheim, man sieht ihr nicht an, dass sie dieses Problem hat, sie verbirgt es sehr sorgfältig.

In einiger Entfernung sehe ich noch einen Jungen, den sie anschaut, und ich denke, er hat etwas mit der Entscheidung zu tun, die sie treffen muss. Und dann empfange ich noch den Eindruck, dass sie sich mit einem Mann treffen wird, und dieses Treffen bedeutet Ärger, und sie weiß noch nicht genau, was sie sagen wird oder sagen muss. Offenbar kann sie sich nicht so recht entscheiden, was sie sagen soll.

Also – ich weiß nicht, in welchem zeitlichen Rahmen sich das abspielt, aber ich denke, es ist irgendwann in der Vergangenheit. Diese Frau strahlt große Entschlossenheit aus, aber gleichzeitig bringt sie das, was sie tun möchte, in einen unlösbaren Konflikt, es ist eine Art von innerem Hin- und Hergerissensein zwischen zwei Dingen. Aber sie will dieses Problem mit niemandem teilen. Es sieht so aus, als ob diese beiden Dinge – einmal der Junge, und dann ihr Gespräch mit diesem Mann – etwas miteinander zu tun haben, und dass es dabei um eine Art Wahl geht. Ich weiß nicht genau, worum es sich handelt – ich empfange eher die Stimmung, in der sie sich befindet.«

Ich fragte Peter Nelson, ob er das Alter des Jungen bestimmen könnte.

»Nicht sehr genau«, sagte er. »Er erscheint jung, zwischen 10 und 14. Aber ich sehe ihn nicht klar, ich spüre eher seine Anwesenheit. Ich weiß nur, dass er ein Junge ist und kein Erwachsener, da bin ich mir sicher.«

Ob er sagen könnte, wer der Besitzer der Kette sei, ein Mann oder eine Frau, wollte ich wissen. Peter Nelson verneinte.

»So etwas weiß ich nie – ich befasse mich nur mit den Bildern und Gefühlen, die in mir aufsteigen. Sie könnte jedem gehören, und die Person, die ich beschreibe, kann eine große Bedeutung haben für die Person, der die Kette gehört – es muss aber nicht diese Person sein. Normalerweise sage ich den Leuten in so einer Situation, was ich sehe, und sie ergänzen das. Sie sagen beispielsweise, das könnte meine Frau sein oder meine Mutter oder die Frau meines Freundes, und so läuft das weiter. Aber warum ich das empfange, was ich empfange – das weiß ich nicht.«

Die Halskette gehörte dem Kameramann, der die Szene filmte. Aber Peter Nelsons Schilderung traf nicht auf ihn selbst zu, sondern auf seine Frau. Wir baten sie um einen Kommentar.

»Ich erkenne mich in dieser Beschreibung ganz exakt wieder«, sagte sie, »und es ist verblüffend, wie exakt Peter Nelson das beschreibt. Ich stand in einer Entscheidung zwischen zwei Männern, die ich zu treffen hatte, für den einen und gegen den anderen. Und es war eine für mich sehr wichtige Entscheidung, weil es auch ein wichtiges Stück in meinem Leben war.«

Und sie hatte diese Entscheidung geheim gehalten und mit niemandem darüber gesprochen?

»Nein, ich habe versucht, diese Entscheidung für mich alleine zu treffen. Und es war die wesentlichste Entscheidung in meinem Leben.«

Und dann ist da von einem Jungen die Rede – Peter Nelson sagte, er wäre damals 10 bis 14 Jahre alt gewesen. Das sei ihr Sohn gewesen, bestätigt sie, der damals dreizehneinhalb Jahre alt war. Auch ihre damalige Frisur entsprach, wie auf einem Foto aus der fraglichen Zeit zu sehen war, sehr genau Peter Nelsons Beschreibung.

Die Information, die Peter Nelson aus der Halskette herausgelesen hatte, war also zutreffend. Aber sie bezog sich nicht auf den Träger der Kette, sondern auf dessen Frau, die während des Experiments nicht anwesend war. Und das beschriebene Ereignis hatte stattgefunden, bevor die Halskette gekauft wurde. Psychometrie also um drei Ecken – aber dafür immerhin erstaunlich präzise.

Es bleibt reichlich Raum für Interpretationen. Diente die Kette nur als Auslöser, um eine telepathische Verbindung zu schaffen? Wo und wie war die Information, die hier abgerufen wurde, gespeichert? Fragen, die sich noch nicht schlüssig beantworten lassen. Aber wie auch immer – Psychometrie, das Lesen von Information aus Gegenständen, ist offenbar möglich. Peter Nelson hat uns noch weitere Demonstrationen geliefert, die überzeugend waren. Anhand eines silbernen Anhängers, von dem er nicht wusste, dass er mir gehörte, beschrieb er ein Gespräch zwischen mir und meinem Hauptabteilungsleiter beim NDR, beschrieb sehr exakt seine Figur und seine Sprechweise. Es ging dabei um meine Sendereihe *Die Erde, der Himmel und die Dinge dazwischen* und seine Vorbehalte gegen solchen »Hokuspokus«. Ich habe damals vorsichtshalber nur das erste Psychometrieexperiment in meine Sendereihe aufgenommen.

Ebenfalls unter dem Aspekt der Psychometrie kann man Fälle sehen, in denen Räume anscheinend eine Art Abdruck von Ereignissen bewahren, die dort stattgefunden haben, und von sensiblen Menschen gespürt oder sogar nacherlebt werden können. Der Schweizer Maler und Tarot-Fachmann Walter Wegmüller erzählte mir zum Beispiel, dass er sich in seiner früheren Wohnung in einem der Zimmer immer irgendwie unwohl fühlte. Eines Tages besuchte ihn ein alter Zigeuner, der sich weigerte, diesen Raum zu betreten, und sagte: »Darin ist ein Mord geschehen.« Wegmüller ging dem nach und erfuhr, dass tatsächlich einer der Vormieter in diesem Zimmer seine Frau umgebracht hatte.

Aufgrund langjähriger Erfahrungen und Recherchen komme ich inzwischen nicht mehr umhin, die Möglichkeit von außersinnlicher Wahrnehmung, zumindest von Hellsehen und Gedankenübertragung, zu akzeptieren. Und zwar nicht als ein Privileg weniger Auserwählter, sondern als eine Fähigkeit, über die im Prinzip alle Menschen verfügen – wenn auch in unterschiedlichem Ausmaß. So etwa, wie wohl jeder Mensch im Stande ist, ein Lied zu singen, aber nicht jeder ein Caruso ist, oder eine Callas.

Skeptischer bin ich jedoch in Bezug auf die dritte Art der ASW – die Zukunftsvorausschau oder Präkognition.

Kapitel 9

Botschaften aus dem Morgen-Land

Präkognition – Aussicht auf die Zukunft oder Einsicht in die Gegenwart?

Man schaut hinauf zu den Sternen oder hinunter in den Kaffeesatz, liest im Orakelbuch oder lässt sich lesen – aus der Hand nämlich, um dem Schicksal in die Karten zu schauen.

Den Wunsch zu wissen, was in der Zukunft auf ihn zukommt, hegt der Mensch vermutlich schon seit er zu denken begann, und Methoden der Zukunftsschau gibt und gab es in allen möglichen und unmöglichen Variationen.

Die Sternenschau wurde bereits in der Steinzeit betrieben – Baudenkmäler wie zum Beispiel der Steinkreis von Stonehenge, lassen jedenfalls darauf schließen. »Astromantie« nannten es die alten Griechen: »Manteia« hieß bei ihnen die Kunst des Wahrsagens.

Die »Äromantie« richtete sich nach der Form der Wolken, und die »Arithomantie« nach dem Zahlenwert der Buchstaben eines Namens. Die »Hippomantie« versuchte aus dem Stampfen und Wiehern von Pferden ihre Schlüsse zu ziehen, und die »Keromantie« aus den Formen, die tropfendes Wachs im Wasser bildet. Die »Ooskopie« betrachtete die Eier und die »Orneomantie« den Flug der Vögel. Bei der »Rapsodomantie« fand man die Wahrheit in unabsichtlich und scheinbar zufällig ausgewählten Versen, und bei der »Tyromantie« suchte man sie im Käse: wenn es nämlich darum ging, Schuld oder Unschuld eines Angeklagten zu bestimmen. Konnte er in einer vorgegebenen Zeit eine vorgegebene Menge Brot und Käse essen, galt er als unschuldig – wenn er etwas übrigließ, war er schuldig. Vielleicht liegt hier die Wurzel jenes unseligen Zwangs, den Teller leer zu essen, unter dem auch heute noch so manches Kind zu leiden hat.

Berühmt geblieben sind bis heute auch die griechischen Weissagungsstätten, in denen Priesterinnen in Trance oft hinterhältig-doppelsinnige Sprüche zum Besten gaben. Das Orakel von Delphi beispielsweise, von dem Ödipus erfuhr, dass er seinen Vater töten und seine Mutter heiraten werde. Er verließ daraufhin sein Elternhaus und zog in die Fremde, geriet unterwegs mit einem Mann in Streit und erschlug ihn, löste das Rätsel der Sphinx und durfte zur Belohnung die Königin von Theben heiraten. Unglücklicherweise waren seine Eltern nur seine Pflegeeltern, der Mann, den er erschlug, sein wirklicher Vater, und die Königin von Theben seine leibliche Mutter. Das Orakel hatte Recht behalten – aber es hatte auch das ganze Drama erst ins Rollen gebracht. Ein frühes Beispiel für »Selffulfilling Prophecy«, eine Prophezeiung, die eintritt, weil sie gemacht wurde, und die Beteiligten sie, durch ihr Wissen darüber, bewusst oder unbewusst in die Tat umsetzen. Dieser Mechanismus steckt hinter den meisten zutreffenden Zukunftsprognosen. In welchem Ausmaß unser Glaube oder unsere Vorstellungskraft auf die Dinge einwirken kann, haben wir in den vergangenen Kapiteln wohl deutlich genug dargestellt.

Was aber steckt außerdem hinter den Zukunftsprognosen? Wenn überhaupt etwas dahintersteckt? Woher weiß der Kaffeesatz, was kommen wird? Weiß er es überhaupt? Oder ist er vielleicht nur eine Projektionsfläche für die Zukunftsvorstellungen derjenigen, die ihn lesen? »Kristallkugeln, Kaffeesatz, Handlinien, Karten«, so schrieb der Parapsychologe Dr. Elmar Gruber, »solche zufälligen Arrangements und Projektionsflächen für im Innern aufsteigende Bilder sind sehr dazu angetan, der PSI-Information zum Erscheinen zu verhelfen. Durch eine Kristallkugel etwa kann sich unbewusst vorhandenes Material aus außersinnlichen Eindrücken leichter zu bewussten Bildern formen (durch die Projektion) als ohne solches Hilfsmittel. Die Wahrsageinstrumente sind in gewissem Sinne Brücken, die eine Verbindung zum Unbewussten erleichtern.«

So wäre also ASW die Mutter der Wahrsagerei: Der Mensch sieht die Zukunft voraus und projiziert sie bildlich in die diffusen Strukturen von Wachs oder Wolken oder was auch immer. Aber hat der Mensch überhaupt diese Fähigkeit, welche die Parapsychologen Präkognition nennen, nämlich die Fähigkeit, Informationen über zukünftige Ereignisse auf dem Weg einer außersinnlichen Wahrnehmung zu erhalten?

Aus der Geschichte sind etliche Fälle von Präkognition bekannt, die meist mit Trance und Traumschlaf zu tun hatten, Zustände also, die ASW begünstigen. Der Römer Cicero meinte schon im 1. Jahrhundert vor Christus, im Traum werde »die Vergangenheit lebendig, die Gegenwart genau erkannt und die Zukunft vorhergesehen«.

In Ciceros Lebenszeit fiel die Ermordung Julius Cäsars, die dessen Gattin Calpurnia im Traum vorhergesehen hatte. Fast 2000 Jahre später, im Juni 1914, träumte Joseph von Lanyi die Ermordung des Erzherzogs Franz Josef voraus, die zum Ausbruch des Ersten Weltkriegs führte. Aber handelte es sich hierbei wirklich um Präkognition? Oder wurden vielleicht die Gedanken der Mörder gelesen, die ihre Mordpläne schmiedeten oder bereits geschmiedet hatten – Telepathie also statt Präkognition?

Nach einem philosophischen Prinzip, das nach Wilhelm von Ockham (1285–1349), einem englischen Philosophen, »Ockhams Rasiermesser« genannt wird, soll man die einfachere Erklärung im Zweifelsfall der komplizierteren vorziehen. Und die einfachere wäre wohl: Telepathie. Oder Hellsehen – im Beispiel jener Fälle, wo Unglücke und Katastrophen vorausgesagt wurden.

Am 21. Oktober 1966 ereignete sich in der englischen Bergarbeiterstadt Aberfan ein verheerendes Unglück, als bei einem Bergrutsch, der eine Schule verschüttete, 128 Kinder und 16 Erwachsene ums Leben kamen. Zwei Wochen zuvor hatte eines der getöteten Kinder seiner Mutter von einem seltsamen Traum erzählt: »Ich träumte, dass ich zur Schule ging, doch es war keine Schule mehr da. Etwas Schwarzes hatte sich über sie gelegt.« Eine Woche vor dem Unglück träumte eine Frau in einer anderen Stadt ebenfalls von dem Bergrutsch. »Es war in einem Tal mit einem großen Gebäude, das voller Kinder war. Berge von Kohle und Wasser stürzten in das Tal hinab und begruben das Gebäude unter sich«, erzählte sie einer Freundin, die später bestätigte, dass sie von dem Traum vier Tage vor der Katastrophe erfahren hatte. Und noch am Vorabend sah eine Frau im 300 Kilometer entfernten Plymouth in einer spontanen Vision, bei der sechs Zeugen zugegen waren, Einzelheiten des Unglücks voraus.

Der amerikanische Mathematiker William Fox untersuchte über mehrere Jahre hinweg die Daten von Zugunglücken und verglich die Zahl der Passagiere am Unglückstag mit anderen Tagen davor und danach. Er fand heraus, dass sich in den entgleisten Waggons stets weniger Menschen befanden als sonst um die gleiche Tageszeit auf der gleichen Strecke. Die Daten weisen darauf hin, dass Züge, denen ein Unfall bevorstand, von vielen Passagieren gemieden wurden. Kann man daraus schließen, dass diese Menschen die Zukunft – bewusst oder unbewusst – vorhersehen konnten? Oder haben sie hellseherisch bereits vorhandene Defekte erkannt? Oder war es vielleicht doch nur Zufall?

Schwierig einzuordnen ist ein Fall, den der deutsche Parapsychologe Professor Hans Bender dokumentiert hat: die Träume der Schauspielerin Christine Mylius, in denen sie Szenen erlebte, die später bei den Dreharbeiten des Films *Nacht fiel über Gotenhafen* Wirklichkeit wurden. Eine ihrer Traumnotizen lautete beispielsweise: »Fahre in einem uralten, dreckigen Dampfer, der kaum mehr manövrierfähig ist und der schon stundenlang braucht, um aus dem Hafen zu kommen. Auch die Mannschaft sieht ziemlich verwahrlost aus und steht unter Alkohol.« Etwa ein halbes Jahr später mietete die Filmgesellschaft zu Beginn der Dreharbeiten ein Fischerboot, das von Zeugen als alt und schmutzig beschrieben wurde, um Schauspieler und Team von Bremerhaven nach Helgoland zu bringen. Es dauerte Stunden, bis man aus dem Hafen herauskam, und einige Mann der Besatzung zechten während der Fahrt so heftig, dass sie vom Kapitän verwarnt werden mussten.

In einem anderen Traumbericht, der etwa ein Jahr vor Beginn der Dreharbeiten verfasst wurde, notierte Frau Mylius: »Beim Erwachen ein sehr positives Gefühl. Der Traum wimmelte so sehr von Eindrücken und Menschen, dass ich ihn nicht in Worte fassen kann. Er handelt offenbar von einer Expedition nach Afrika. Warum, weiß ich nicht, denn ich sehe keine Neger. Und obwohl es heiß werden soll, erleben wir auch ein Schneegestöber vor Landschaften, die beides sein können, Schneelandschaft oder Sandwüste.«

In einer Szene des Gotenhafen-Films sollten Flüchtlinge im Schneegestöber den Dampfer »Wilhelm Gustloff« besteigen. Man drehte diese Einstellung mit künstlichem Schnee in einem Filmstudio in Göttingen. Für einen anderen Film, der gleichzeitig gedreht wurde, hatte man in diesem Studio auch eine Oasen-Szenerie aufgebaut. »Unser Architekt erstellte eine solche in 50 Meter Entfernung von der Schiffsszene. Deshalb konnte man wirklich sagen: hier Schneegestöber, hier Wüstensand«, gab der Produktionsleiter der Filmgesellschaft später Professor Bender zu Protokoll.

Es gab noch zahlreiche andere Übereinstimmungen zwischen dem Film und den Träumen von Frau Mylius, die zum größten Teil lange vor Entstehung des Drehbuchs oder eines Drehplans geträumt wurden. Mit dem Phänomen Hellsehen lassen sich diese Übereinstimmungen nicht mehr erklären. Gibt es also doch eine Vorausschau in die Zukunft? Die Meinungen darüber sind kontrovers, insbesondere auch, was jene großen »Propheten« anbetrifft, die über Jahrhunderte hinweg zukünftige Ereignisse gesehen und geschildert haben sollen.

Der bekannteste von ihnen ist wohl der französische Arzt und Astrologe Nostradamus (1503–1566). Der Sohn getaufter Juden studierte in Avignon und Montpellier Medizin und machte sich einen Namen als Pestarzt in Aix und Salon, wo er von 1548 an lebte. Neben seiner ärztlichen Tätigkeit stellte er Heilmittel und Duftwässer her und gab zahlreiche Kalender und Almanache heraus. Berühmt aber wurde er durch seine »Quatrains«, kryptische Vierzeiler, die er zu je hundert Stück in »Centurien« zusammenfasste. In diesen Versen soll er Zukunftsereignisse bis zum Jahre 3800 in verschlüsselter Form niedergelegt haben. Welche Ereignisse aber wo und wie beschrieben sind, darüber streiten sich seine Gegner und Anhänger nun schon seit über 400 Jahren.

Nostradamus hat nämlich seine Quatrains – bis auf ganz wenige Ausnahmen – nicht datiert. Und im Nachhinein hat man aus seinen dunklen und oft doppeldeutigen Versen nahezu alle bedeutenden historischen Ereignisse herausinterpretiert – oft allerdings nur mit äußerster Gehirnakrobatik: den großen Brand von London, die Hinrichtung des englischen Königs Charles I. und die Französische Revolution, Napoleon, Hitler und Mussolini, Unterseeboote und Raketen, den Kommunismus und die Wasserstoffbombe.

Richtige Deutungen vor Eintritt des Ereignisses sind dagegen extrem selten. Ich habe bei meinen Recherchen in der großen Fülle von Nostradamus-Literatur bisher nur zwei gefunden.

1980 prophezeite der Franzose Jean-Charles de Fontbrune aufgrund seiner Nostradamus-Interpretation, dass die Sozialisten in Frankreich an die Macht kämen. Als dies tatsächlich geschah, wurde er berühmt und sein Buch *Nostradamus – Historien et Prophète* ein Bestseller. Aber man muss nicht gerade ein Prophet sein, um einen politischen Machtwechsel vorherzusagen – und de Fontbrunes andere Prophezeiungen, dass der Papst in Lyon ermordet wird und der Dritte Weltkrieg ausbricht, Paris von der Roten Armee zerstört und Avignon Hauptstadt von Frankreich wird – und das alles noch vor 1984, haben sich als völlig falsch erwiesen.

Anfang der 20er Jahre kommentierte der deutsche Nostradamus-Forscher C. Loog den Quatrain 3/57 (»Sept fois changer verrez Gent Britannique/Taints en sang en deux cents nonante an/France non point par appuy Germanique/Ariez doubte son pole Bastarnam.«) so: »Nostradamus will uns offenbar erzählen, dass 1939 die letzte und größte englische Krise mit einer Krise für das wiedererstandene Polen Hand in Hand geht.«

Dies könnte man als eine Vorhersage des deutschen Einmarsches in Polen und des Zweiten Weltkriegs ansehen. Loogs Interpretation (deren Einzelheiten ich hier weglasse) ist nicht unplausibel. Allerdings kannten Hitler, der zu okkultistischen Kreisen Kontakt hatte, und seine Nazikumpane diese Nostradamus-Interpretation – sowie andere, in denen zum Beispiel von »Großdeutschland« (»grande Germanie«) die Rede ist, das sich unter anderem »Brabant und Flandern« einverleiben wird. So konnte aus den Nostradamus-Deutungen eine Endsiegillusion gebastelt werden – und es ist nicht auszuschließen, dass dies bei der Entscheidung, in Polen einzumarschieren, eine Rolle gespielt hat. Im Verlauf des Zweiten Weltkrieges haben dann sowohl die Nazis als auch ihre Gegner gefälschte Nostradamus-Texte für Propagandazwecke benutzt.

Ob Nostradamus den Zweiten Weltkrieg vorhergesagt hat, darüber lässt sich streiten. Dass er seinen Verlauf mit beeinflusst hat, steht außer Frage.

Zu den wenigen Vierzeilern, in denen eine konkrete Jahreszahl vorkommt, gehört der folgende, der Ende des 20. Jahrhunderts einige Unruhe verursachte: »L'an mil neuf cens nonante neuf sept mois/Du ciel viendra un grand Roy d'effrayeur/Rescusciter le grand Roy d'Angoulmois./Avant apres Mars regner de bon heur.« Wörtlich übersetzt: »Im Jahre 1999 sieben Monate/vom Himmel wird ein großer König des Schreckens kommen/wiederzuerwecken den großen König von Angoulmois/davor und danach Mars mit Glück regieren.«

Diese Sätze – im Französischen rhythmischer und kraftvoller als im Deutschen – klingen geheimnisvoll und irgendwie bedrohlich. Was aber ist damit gemeint?

Einige Interpreten sahen in dem »großen Schreckenskönig« einen Himmelskörper, der auf die Erde stürzt und ähnlich, wie man es für den Untergang der Dinosaurier vor 65 Millionen Jahren annimmt, Erdbeben, Flutkatastrophen und Klimaveränderungen verursacht, die unsere Zivilisation und einen großen Teil der Menschheit vernichten.

Andere Interpreten sahen darin eine große Sonnenfinsternis, die größte unseres Jahrhunderts, und setzten dies in Beziehung zur Vorrede der ersten Ausgabe der Quatrains, wo Nostradamus vom Erscheinen des »Antichristen« spricht. Es soll nicht nur von »der größten und finstersten Sonnenfinsternis, die es seit der Schöpfung der Welt und dem Leben und Sterben Jesu Christi bis heute gegeben hat«, begleitet sein, sondern auch von Erdbeben und Verlagerungen der Erdachse.

»Le grand Roy d'Angoulmois« wurde einerseits als Anagramm gesehen, wobei »Angoulmois« eigentlich »Mongolois« bedeuten soll – der »große König der Mongolen« also, und dies wurde wiederum auf einen Führer der Chinesen bezogen, der – »avant apres Mars regner de bon heur« – vor und nach diesem Ereignis einen erfolgreichen Krieg führt oder nach einem Krieg glücklich regiert. Wobei der römische Kriegsgott Mars hier ganz allgemein für Krieg gesetzt wird.

Andererseits wurde »Angoulmois« als »Angoulême« (eigentlich der Name einer französischen Grafschaft) interpretiert, und dies wiederum als »Angoul Emé« – »Engel M.«, und damit soll der Erzengel Michael gemeint sein, der als Kämpfer gegen den »Antichristen« einen erfolgreichen

Krieg führt oder nach einem Krieg gegen ihn glücklich regiert.

Dieses Beispiel verdeutlicht, wie die verschiedenen Exegeten sich ihren Nostradamus interpretatorisch zurechtgebogen haben, um ein eindrucksvolles und möglichst apokalyptisches Bild zu zeichnen.

Inzwischen haben wir das dramatische Datum hinter uns gebracht – ohne Weltuntergang und ohne Krieg in China, ja sogar ohne sonstige erkennbar außergewöhnliche Vorkommnisse.

An anderer Stelle heißt es bei Nostradamus beispielsweise: »Peste, famine, mort de main militaire/Le Siecle approcher de renovation« – »Seuchen, Hungersnot, Tod durch militärische Hand, (wenn) das Jahrhundert sich seiner Erneuerung nähert«. Welches Jahrhundert damit gemeint ist, sagt Nostradamus allerdings nicht, und man hat diesen Satz seither auf alle vergangenen Jahrhundertwenden angewendet und erwartet seine Bestätigung auch für die Kommenden. Wohl nicht zu Unrecht, denn irgendwo auf der Welt wird fast immer Krieg geführt.

In der Hauptsache sind es traurige Aussichten, die Nostradamus uns da zu bieten hat. Aber seine Vierzeiler, die oft wie eine Mischung von Ezra Pounds *Cantos* und den Schlagzeilen in der *Bild-Zeitung* wirken, sind so verklausuliert und vieldeutig, dass man alles Mögliche – und oft auch das genaue Gegenteil – daraus ableiten kann. Und die Interpretationen, die es bisher gegeben hat – vor allem die spektakulären – sind oft so weit hergeholt und zurechtgebastelt, dass man sie als Prophezeiungen nicht wirklich ernst nehmen kann.

Unter vielen Quatrains, die mir wenig sagen, hat mich allerdings einer doch wirklich nachdenklich gemacht. Es ist die Nummer 70 aus der zweiten Centurie: »Le dard du ciel fera son estenduë/Morts en parlant grande execution/La pierre en l'arbre la fiere gent renduë/Bruit humain monstre, purge expiation.« Frei ins Deutsche übersetzt lauten die Verse wie folgt: »Der himmlische Wurfspieß zieht seine Bahn/Sie sterben redend, eine gewaltige Hinrichtung/ Stein in Gestalt eines Baumes der stolzen Nation zur Vergeltung/Lärm des menschengeschaffenen Ungeheuers, reinigt zur Buße.« Was soll das bedeuten?

Ich sehe ein Flugzeug vor mir, das einsam am Himmel seinen Kondensstreifen hinter sich herzieht, wie ein weißer Wurfspieß; das eine Bombe abwirft, ein von Menschen geschaffenes Ungeheuer, das Tausende mit ungeheurem Donner blitzartig tötet. Eine riesige Staubwolke (und Staub ist ja auch eine Form von Stein) steigt auf, die die Form eines Baumes annimmt – Vergeltung und Buße für eine stolze Nation. Es scheint, als hätte Nostradamus hier eine kurze, aber treffende Beschreibung des Atombombenabwurfs auf Hiroshima geliefert. Aber wer könnte mit Sicherheit sagen, ob er das wirklich gemeint oder gar gesehen hat? Man könnte in dem himmlischen Wurfspieß auch eine Atomrakete sehen und das Ganze in die Zukunft verlegen. Wenn man das Ereignis kennt, ist es nicht schwer, ihm den Vierzeiler zuzuordnen. Es aber umgekehrt vorher daraus abzuleiten, ist schlechthin unmöglich – selbst wenn man das genaue Datum wüsste. Als brauchbare Zukunftsprognosen sind Nostradamus-Verse ungeeignet.

Aber es gibt noch andere Propheten, die dramatische und katastrophale Veränderungen der Erde vorausgesagt haben: für das Ende des zweiten und den Beginn des dritten Jahrtausends. Jakob Lorber zum Beispiel, Musiker und »Schreibknecht Gottes«, und Edgar Cayce, der »schlafende Prophet«.

Jakob Lorber wurde im Juli 1800 als Sohn eines Bauern in der Steiermark geboren. Er war musikalisch begabt, lernte Geige, Klavier und Orgel und machte 1829 sein Examen als Hauptschullehrer. Da er keine Anstellung fand, bestritt er seinen Lebensunterhalt – mehr schlecht als recht – in Graz mit Musikunterricht und gelegentlichen Konzerten.

1840 wurde er als Kapellmeister an die Oper von Triest berufen, eine Anstellung, die ihm endlich gesicherte Verhältnisse versprach. Aber während seiner Reisevorbereitungen vernahm er am 15. März 1840 unvermittelt eine innere Stimme, die ihm als die Stimme Gottes erschien und ihm befahl: »Steh auf, nimm deinen Griffel und schreibe!«

Lorber sagte die Stelle in Triest ab, blieb in Graz und schrieb in den folgenden 24 Jahren als »Schreibknecht Gottes« (so bezeichnete er sich gelegentlich selbst) Tausende von Seiten nach dem Diktat dieser inneren Stimme – ohne jegliche Korrekturen, in säuberlicher altdeutscher Schreibschrift. Insgesamt brachte er es auf 25 fünfhundertseitige Bände und etliche kleinere Schriften. Darunter ein zehnbändiges Evangelium, »Das große Evangelium Johannes«, ein Buch über die Jugend Jesu, verschiedene Werke über Himmelskörper, galaktische Strukturen, Elementarteilchen, die Entstehung des Kosmos und des Menschen und vieles andere mehr.

Vier Jahre vor der Entdeckung des Planeten Neptun schreibt er von einem »noch entfernteren Planeten« hinter dem Uranus. Zu einer Zeit, als das Atom noch buchstäblich als etwas Unteilbares angesehen wurde, versteht er es als ein zusammengesetztes Gebilde. Er spricht, aus heutiger Sicht erstaunlich zutreffend, von Vormenschen und Urmenschen, während seine Zeitgenossen (auch die Gelehrten) noch mehrheitlich Adam und Eva für die ersten Menschen hielten. Zudem schreibt er von unzähligen Galaxien, die zu galaktischen Haufen und Supergalaxien zusammengefügt sind, während die wissenschaftliche Astronomie noch bis in die 20er Jahre unseres Jahrhunderts der Meinung war, es gäbe nur eine Galaxie, nämlich unsere Milchstraße. Er sieht Flugzeuge und Funktelegrafie voraus: »Ich sage dir, dass Menschen reden werden mit der Zunge des Blitzes von einem Ende der Welt zum anderen, und sie werden in der Luft herumfliegen wie die Vögel, weithin über Meere und Länder (...).«

Als Lorber dies schrieb, wusste die wissenschaftliche Welt noch nicht einmal, dass elektromagnetische Wellen überhaupt existieren. Sie wurden erst 23 Jahre nach seinem Tod entdeckt. Und als 1903 die Gebrüder Wright den ersten Motorflug absolvierten, hielten viele Wissenschaftler dies für einen Betrug, weil sie nicht glauben wollten, dass eine Flugmaschine, die schwerer ist als Luft, fliegen kann. Zwei Jahre zuvor – eine bemerkenswerte Koinzidenz – telegrafierte Marconi »mit der Zunge des Blitzes« zum ersten Mal über den Atlantik.

Lorber sprach auch von Großstädten und Automation: »An jenen Punkten, wo sich die Menschen zu große und prachtvolle Städte erbaut haben werden, werden größte Lieblosigkeit, Hochmut und Macht, und daneben größte Armut, Not und allerlei Elend herrschen. Dort werden Fabriken in größtem Maßstabe errichtet werden, worin statt der Menschenhände Feuer und Wasser im Verbande von tausenderlei kunstvollen Maschinen arbeiten werden.«

Neben vielen technischen und wissenschaftlichen Voraussagen, von denen einige seinerzeit gänzlich utopisch und phantastisch waren, sich bis heute aber bestätigt haben, beschreibt Jakob Lorber – beziehungsweise seine innere Stimme – gewaltige Katastrophen, eine Art großes Weltgericht für die Zeit um die Jahrtausendwende: »Auch werden große Stürme entstehen auf dem Lande und auf dem Meere; das Meer wird an vielen Orten die Ufer überfluten. (...) Es werden entstehen eine übermäßige Teuerung, Hungersnot, viele böse Krankheiten, Seuchen und Pestilenz unter den Menschen, Tieren und sogar Pflanzen (...).«

Wie es bei den meisten Propheten üblich ist, nennt auch Lorber kein genaues Datum. Er erwähnt nur mehrfach, dass diese Ereignisse »nicht volle 2000 Jahre« nach dem Auftreten von Jesus Christus stattfinden sollen – also kurz vor oder kurz nach der Jahrtausendwende.

Lorbers Visionen sind nicht nur präziser und realistischer als die von Nostradamus. Was ihnen eine geradezu bestürzende Aktualität verleiht, ist die Tatsache, dass er die globalen Katastrophen nicht einfach als ein göttliches Strafgericht betrachtet, sondern als eine Folge menschlichen Handelns, und dabei auch sozialpolitische und ökologische Aspekte einbezieht:

»Die Menschen werden von ihren vielen Weltkenntnissen und erworbenen Fähigkeiten einen stets böseren Gebrauch machen und dadurch freiwillig allerlei Gerichte aus der Tiefe meiner Schöpfung über sich und am Ende über die ganze Erde heraufbeschwören. Dazu aber sage Ich: Dem selbst Wollenden geschieht kein Unrecht. Die arge Folge blinden Mutwillens ist nicht Mein Wille, sondern das unwandelbare Gesetz der ewigen Gottesordnung, die niemals aufgehoben werden kann. (...) Die Machthaber werden den Menschen kaum mehr den Wert eines gemeinen Tieres erteilen und werden sie kaltblütig hinschlachten. Der böse und völlig höllische Zustand unter den Menschen wird das Gericht sein, das sie sich selbst schaffen werden durch das Zornfeuer der zu mächtig gedrückten Armen und Verfolgten. (...) In dieser Endzeit werden die Menschen zu einer großen Geschicklichkeit in allen Dingen gelangen und allerlei Maschinen erbauen, die alle Arbeiten verrichten werden wie lebende Tiere und vernünftige Menschen. Dadurch aber werden viele Hände arbeitslos, und der Menschen Elend wird sich steigern bis zu einer unglaublichen Höhe. (...) Bald nach jener Zeit der höchsten Industrialisierung wird es auf Erden für das Leben der Menschen sehr übel auszusehen anfangen, denn die Erde wird unfruchtbarer werden. (...) Und es wird weiter kommen, dass die Menschen große Erfindungen machen und auch auf die Natur der Erde so einzuwirken beginnen, dass diese am Ende ordentlich leck werden muss. Die Folgen davon werden als sichere Strafe des schlecht verwendeten Willens hervorgehen, aber nicht von Gott gewollt, sondern durch den Eigenwillen der Menschheit hervorgebracht (...)« – und so weiter und so fort.

Lorbers Visionen lesen sich streckenweise wie ein in altertümliches Deutsch übersetzter Bericht des *Club of Rome*. Und wenn man bedenkt, dass sie Mitte des 19. Jahrhunderts (Lorber starb 1864) niedergeschrieben wurden, und unter welchen Umständen, stimmen sie doch sehr nachdenklich. Die von seiner inneren Stimme prophezeiten Katastrophen liegen in der Tat heute im Bereich des Vorstellbaren und sie stimmen mit modernen Katastrophenszenarios weitgehend überein. Aber hat Jakob Lorber tatsächlich in die Zukunft geschaut? Oder hat er einfach Trends, die sich zu seiner Zeit schon abzeichneten, in ihren Konsequenzen weitergedacht?

Bis jetzt sind Jakob Lorbers apokalyptische Prophezeiungen noch nicht eingetreten – und das gilt auch für die jüngeren und genauer datierten Angaben des Amerikaners Edgar Cayce, den man den »schlafenden Propheten« genannt hat, weil er seine Aussagen gewöhnlich in tiefer Trance gemacht hat.

Cayce wurde 1877 auf einer kleinen Farm in Kentucky geboren. Schon als Kind soll er übersinnliche Fähigkeiten gezeigt, Dinge vorhergesehen und mit Verstorbenen geredet haben. Später, als Erwachsene hat er über 14000 so genannte »Readings« abgehalten, Sitzungen, in deren Verlauf er sich in Trance versetzte und auf Fragen antwortete, die ihm gestellt wurden. In den meisten Fällen waren es Fragen gesundheitlicher Art, und hierbei fiel auf, dass Cayce nicht nur die Krankengeschichte von ihm völlig unbekannten Menschen abrufen konnte, sondern auch präzise und manchmal verblüffende, fast immer aber erfolgreiche Behandlungsvorschläge machte. Die Richtigkeit von Diagnose und Therapie ist in vielen Fällen nachgeprüft und bestätigt worden.

Cayce hat aber beispielsweise auch erfolgreiche Prognosen im geschäftlichen Bereich gemacht und unter anderem den Börsenkrach von 1929 vorhergesagt. Da er diese Fähigkeit aber nicht für seine eigenen Belange anwendete, blieb er zeitlebens in bescheidenen Verhältnissen.

Neben den medizinischen und geschäftlichen Readings hielt Cayce auch solche ab, in denen es um philosophische, religiöse oder historische Sachverhalte ging. Er beantwortete Fragen über die Vergangenheit und die Zukunft sowohl einzelner Individuen als auch der ganzen Menschheit. In diesem Zusammenhang sprach er von einer Reihe schwerer Katastrophen gegen Ende unseres Jahrhunderts, Erdbeben, Flutkatastrophen, Schwankungen der Erdachse und dergleichen mehr.

Große Teile Japans sollten im Meer versinken, die Gestalt Nordeuropas sich verändern, ebenso die Küsten Nordamerikas. San Francisco, Los Angeles und New York sollten durch Erdbeben zerstört werden – und das alles in einem Zeitraum zwischen 1988 und 1998.

Es ist seit langem bekannt, dass sich durch fast ganz Kalifornien eine Verwerfungszone zieht, an der immer wieder mit Erdbeben zu rechnen ist – die sogenannte »San-Andreas-Fault« – und alle Beteiligten wissen, dass es nur eine Frage der Zeit ist, bis Los Angeles oder San Francisco tatsächlich dem Erdboden gleichgemacht werden. Leider sind die Geologen nicht in der Lage, hier irgendwelche Prognosen abzugeben – es kann in den nächsten fünf Minuten geschehen, aber auch in den nächsten fünf Jahren oder erst in fünf Jahrhunderten.

Die Voraussagen, die Edgar Cayce gemacht hat, waren teils richtig, teils falsch. Landveränderungen in Alabama, die er für 1936 bis 1938 prophezeit hatte, traten nicht ein. Die Vorhersage: »Land wird erscheinen im Atlantik (...)« aber bestätigte sich 1963, als vor der Küste Islands durch vulkanische Eruptionen eine neue Insel entstand. Die Gestalt Nordeuropas hat sich nicht verändert, in Japan gab es zwar Erdbeben, aber das Land ist nicht im Meer versunken, und auch der Untergang von San Francisco und Los Angeles hat bisher nur im Kino stattgefunden. Denn Hollywood hat sich einiges von Cayces Katastrophenszenario zu eigen gemacht: Ein Film mit Kurt Russell in der Rolle des Superdetektivs »Snake Plissken« spielt in einem 1998 vom Erdbeben zerstörten und in eine Insel verwandelten Los Angeles.

Dass Cayces Kalifornien-Prognose falsch war, scheint beruhigend, aber leider betrifft dies nur den Zeitpunkt. Denn dass sie tatsächlich irgendwann eintreffen wird, ist sicher.

Als brauchbare Beweise für Präkognition können seine Aussagen allerdings auch nicht gelten.

Die Ansichten der Parapsychologen gehen, was die Zukunftsschau betrifft, wie gesagt auseinander. Einige ziehen die Hellseh-Hypothese vor, andere sind von der Möglichkeit einer Präkognition überzeugt – Russell Targ zum Beispiel. Er hat nicht nur versucht, Präkognition in Experimenten nachzuweisen, sondern auch, sie kommerziell auszuwerten. Nachdem er das Stanford Research Institute verlassen hatte, gründete er, um weitere Forschungsarbeit zu finanzieren, eine Firma mit dem beziehungsreichen Namen Delphi. Sie sollte mit PSI-Phänomenen Geld verdienen, zum Beispiel, indem durch Fernwahrnehmung Öl-, Gas- oder Mineralvorkommen entdeckt wurden. Denn man glaubte, damit auch in die Erde hineinsehen zu können – im Gegensatz zu Satelliten –, so, wie man im Project Scanate in Häuser hineinschaute.

Ein anderes Vorhaben von Delphi war die Entwicklung von PSI-Videospielen, die mit Psychokinese arbeiten – der Fähigkeit, Materie mit Hilfe geistiger Kräfte zu beeinflussen. Das wichtigste Projekt aber war, nomen est omen, die Anwendung von Präkognition – und zwar an einem Ort, wo Zukunftsprognosen erhebliche Gewinne bringen können, an der New Yorker Warenbörse nämlich. Hier werden Edelmetalle gehandelt, und hier kann man schnell viel Geld verdienen – oder verlieren.

Tony White, der Wirtschaftsexperte von Delphi, erklärte, worum es ging: »Wir machen für eine Anzahl privater Investoren Voraussagen auf dem Warenterminmarkt. Wir haben speziell mit Silber gearbeitet, indem wir die Entwicklung des Silberpreises vorhergesagt haben. Dies war recht erfolgreich und versorgte uns mit einem hübschen Einkommen.«

Silber ist relativ billig und hat einen recht unstabilen Preis – eine ideale Ware, um schnelles Geld zu machen. Delphi entwickelte ein System, mit dem am Donnerstag vorhergesagt wurde, ob der Silberpreis bis Montag um mehr oder weniger als 25 Cents steigen oder fallen wird. Hauptperson war der sensitive Fernwahrnehmungsspezialist Keith Harary, mit dem Targ früher schon gearbeitet hatte. Das Verfahren bestand darin, dass verschiedene Objekte ausgewählt wurden, die jeweils die entsprechende Bewegung des Silberpreises – steigend, fallend und so weiter – repräsentierten. Je nachdem, wie sich der Silberpreis bewegt hatte, wurde Harary dann am Montag das entsprechende Objekt ausgehändigt. Es war nun seine Aufgabe, am Donnerstag vorherzusagen, welches Objekt man ihm am Montag aushändigen würde. Er entspannte sich also und wartete, bis ein inneres Bild in ihm deutlich wurde, das er beschreiben konnte. Wenn man beispielsweise einen lebenden Frosch genommen hatte, um den Anstieg des Silberpreises darzustellen, und Harary von einem »grünlichen, schleimigen, lebendigen Ding« sprach, spekulierte man darauf, dass der Silberpreis steigen würde.

Innerhalb von drei Monaten wurden mit dieser Methode neun Prognosen abgegeben, die alle richtig waren. Ein erfahrener Warenmakler meinte dazu: »Das Außergewöhnliche an diesen Leuten ist ihre Bereitschaft, nicht nur die Richtung einer Preisveränderung anzugeben, sondern auch die Größenordnung. Eine 25-Cents-Prognose von Donnerstag auf Montag, das bedeutet wirklich, ein großes Risiko einzugehen. Ich kenne keine anderen Leute in diesem Geschäft, die mit ihren Voraussagen so weit gehen würden.«

Und wie steht es mit der Behauptung, dass Delphi bei

neun Voraussagen neunmal richtig lag? »Bei neun Versuchen neunmal ins Schwarze zu treffen, ist sehr ungewöhnlich. Und in diesem Geschäft ist es, gelinde gesagt, unglaublich.«

Der Makler, der für Delphi arbeitete, bestätigte allerdings die Aussage der Firma anhand seiner Aufzeichnungen: »Ursprünglich wurden neun Vorhersagen ausgesprochen. Von diesen wurden dann sieben in tatsächliche Transaktionen umgewandelt. Alle sieben waren erfolgreich, und auch die beiden Vorhersagen, die nicht in Transaktionen umgesetzt wurden, wären erfolgreich gewesen. Also waren alle Vorhersagen richtig.«

War es möglich, dass Delphi den Markt verfolgt und einem allgemeinen Trend gemäß investiert hat?

»Nein«, meinte der Makler, »das kann man nicht sagen. In dem fraglichen Zeitraum war der Markt im Allgemeinen in einem Aufwärtstrend. Doch einige der erfolgreichsten Transaktionen wurden tatsächlich mit Kontraktverkäufen erzielt, das heißt, sie haben darauf spekuliert, dass der Preis fallen würde, und sich damit gegen den Trend gestellt.« Die Gewinne lagen, laut Aussage des Geschäftsführers Tony White, immerhin in einem sechsstelligen Bereich.

Nun kann man sich natürlich streiten, ob hier tatsächlich ein Blick in die Zukunft stattgefunden hat oder ob es nicht doch eher ein Blick in die Gegenwart war – auf einer gedanklichen, geistigen Ebene. Der Silberpreis hängt davon ab, ob und wie viele Leute Silber kaufen oder verkaufen – und bevor sie das eine oder andere tun, machen sie sich darüber Gedanken. Und diese Gedanken könnten Targ & Co. sozusagen angezapft und daraus ihre Vorhersagen abgeleitet haben. Telepathie wäre wohl auch in diesem Fall die einfachere Erklärung.

Aber wie auch immer diese erfolgreichen Prognosen zu Stande gekommen sind – nach neun Treffern war es mit einem Mal vorbei. Als man nach einigen Monaten eine zweite Spekulationsserie begann, lag man gleich beim ersten Mal daneben und verlor den Einsatz. Beim zweiten Versuch stimmte die Prognose ebenfalls nicht, und weil dadurch fast der ganze Gewinn der ersten Serie aufgezehrt war, brach man das Projekt ab. Eine spätere Analyse ergab, dass Hararys Visionen eigentlich richtig gewesen waren – man hatte sie nur falsch interpretiert.

Offenbar war dies doch nicht ganz der richtige Weg, um auf leichte Art reich zu werden, zumindest nicht für Russell Targ. Und die Frage, ob es Präkognition gibt, lässt sich anhand dieses Beispiels auch nicht schlüssig beantworten. Aber bevor er das Stanford Research Institute verließ, hatte Targ eine Reihe von Experimenten mit einer besonderen Form des Hellsehens durchgeführt, die er »precognitive remote viewing« nannte: Fernwahrnehmung zukünftiger Ereignisse.

Hella Hammid war die erste Versuchsperson. Sie sollte herausfinden, wo Harold Puthoff sich eine halbe Stunde später aufhalten würde.

»Es ist sehr dunkel«, so beschrieb sie während eines Experimentes ihren Eindruck, »und am Ende kommt man durch einen Torbogen auf einen hellen Platz, wo es viele Pflanzen gibt. Es ist wie ein Rosengarten, aber etwas unnatürlich, künstlich. Eine sehr sorgsam beschnittene, gepflegte Art von Garten.«

Während Hella Hammid diese Beschreibung gab, fuhr Puthoff in seinem Auto ziellos umher. Zu einer vorher festgelegten Zeit, nachdem sie ihre Beschreibung beendet hatte, entschied ein Zufallsgenerator, wohin Puthoff gehen sollte. Man hatte neun Umschläge vorbereitet, die alle nummeriert waren und von denen jeder den Namen eines Zielortes enthielt. Der Zufallsgenerator zeigte eine Sechs, und auf dem Zettel in Umschlag Nummer sechs stand: Stanford Hospital Plaza. Als Puthoff dann dort ankam, fand er genau das, was Hella Hammid eine halbe Stunde zuvor beschrieben hatte: einen sehr sorgsam beschnittenen, gepflegten Garten.

Ein weiteres Experiment, einen Tag später.

»Ich hatte den kurzen Eindruck einer spitzen, schwarzen Umrandung«, sagte Hella Hammid, »so ähnlich wie die Spitze eines Pfeils. Er geht hinein. Es ist eine Art Triangel, ein Dreieck, in das er hineingeht.«

Eine halbe Stunde später fand Puthoff in dem vom Zufallsgenerator ausgewählten Umschlag: »Schaukel im Alma Park«. Die Stützen der Schaukel bildeten ein Dreieck, »in das er hineinging«, um sich auf die Schaukel zu setzen. Die Schaukel quietschte, als er ein wenig hin und her schaukelte. Diesmal hatte Hella Hammid nicht nur in die Zukunft gesehen, sondern auch gehört.

»Da ist so ein rhythmisches Quietschen«, sagte sie, »wie eine rostige Pumpe oder ein nicht richtig geölter Kolben. So ein sehr rhythmisches Quietschen.«

Inzwischen haben noch zwei andere Laboratorien eigene, erfolgreiche Experimente dieser Art durchgeführt.

»Wir wissen aus unseren Erfahrungen«, so kommentierte Russell Targ diese Experimente, »dass Leute in der Lage sind, Ereignisse, die Stunden oder Tage in der Zukunft liegen, genau zu beschreiben. Normalerweise würde man sagen, dass die Versuchsperson im Labor ein Ereignis beschreibt, das in der Zukunft stattfinden wird. Ich denke aber, eine genauere Formulierung wäre, dass das zukünftige Ereignis die Versuchsperson veranlasst, zu einem früheren Zeitpunkt davon zu erfahren, das heißt, dass ein zukünftiges Ereignis sich seine Vergangenheit erschafft. Das bedeutet natürlich nicht, dass die Zukunft die Vergangenheit verändern kann, aber es ist ganz klar, dass die Zukunft die Vergangenheit beeinflusst. Die Zukunft wird etwas Geschehenes nicht ungeschehen machen. Aber in unseren vielen Versuchen ist deutlich geworden, dass eine Person, die in einem Labor sitzt, eine Erfahrung haben kann, die von einem Ereignis gesteuert und festgelegt wird, das erst später stattfinden wird.«

Das hört sich schon ein bisschen seltsam an. Wenn die Zukunft die Vergangenheit nicht verändert, aber beeinflusst – wie ist das zu verstehen? Keine Veränderung bedeutet: Die Zeit läuft nicht rückwärts. Aber Beeinflussung bedeutet: Die Zukunft ist in der Gegenwart bereits vorhanden, denn sie kann nichts beeinflussen, wenn sie nicht da ist.

Ich bin da etwas anderer Meinung als Russell Targ, und zwar aus Gründen sprachlicher Logik. Die Zukunft ist definiert als das, was kommen wird, die Gegenwart als das, was schon da ist. Wenn nun aber die Zukunft die Gegenwart beeinflussen oder gar verursachen soll, dann bedeutet dies, dass die Zukunft in der Gegenwart bereits vorhanden sein muss – und dann ist sie keine Zukunft mehr, sondern Gegenwart. Die Zukunft kann also die Gegenwart gar nicht beeinflussen, es sei denn, sie gibt eben die Eigenschaft auf, die sie zur Zukunft macht. Nur die Gegenwart kann die Gegenwart beeinflussen. Aber die Gegenwart von heute kann die Gegenwart von morgen beeinflussen. Und man könnte noch weiter gehen und sagen: Es gibt gar keine Zukunft, es kann keine geben. Denn Zukunft ist sie ja nur, solange es sie noch nicht gibt – wenn es sie gibt, ist sie automatisch

Gegenwart. Und man könnte weiter sagen: Es kann auch keine Vergangenheit geben. Denn Vergangenheit ist sie ja erst, wenn es sie nicht mehr gibt, wenn sie nicht mehr da ist. Solange es sie noch gibt, ist sie automatisch Gegenwart. Es gibt also weder Vergangenheit noch Zukunft, sondern nur Gegenwart.

Nun könnte man andererseits auf die Idee kommen, dass die Zukunft von der Gegenwart her bereits festgelegt, vorherbestimmt ist, und Hella Hammid im großen Zukunftsplan einfach ein paar Seiten vorgeblättert hat, um nachzuschauen, wohin Puthoff gehen wird. Oder dass es eine Art göttlichen Terminkalender für Erdbeben, Sintfluten, Kriege und andere Katastrophen gibt, und Nostradamus und Co. – auf welche Weise auch immer – Zugang dazu gefunden haben. Aber dieser Gedanke führt uns, wie ich meine, auch zu keinem vernünftigen Ergebnis. Zumal ja die Weltuntergangstermine bisher alle falsch waren.

Wenn die Zukunft vorherbestimmt ist, müsste irgendeine Instanz da sein, die sowohl die Planung übernimmt, als auch ihre Ausführung kontrolliert – bis in jedes einzelne Atom hinein. Man müsste also ein Kontrolluniversum annehmen, das mindestens ebenso groß ist wie das unsere und uns kontrolliert. Und dann erhebt sich als Nächstes die Frage: Wer kontrolliert das Kontrolluniversum? Und das Kontrolluniversum des Kontrollkontrollieruniversums? Und so weiter. Man kommt in einem solchen Denkmodell nie zu einem Ende und daher ist es unbrauchbar.

Wir haben in der jüngeren Vergangenheit am Beispiel des real existierenden – oder besser gesagt: existiert habenden – Sozialismus sehr anschaulich erlebt, wohin Planwirtschaft führt. Und wenn wir uns den Kosmos als ein Planwirtschaftsunternehmen vorstellen, in dem die Zukunft vorherbestimmt ist und alle Individuen – Atome, Lebewesen, Sonnensysteme, Galaxien – nur Marionetten des Schicksals sind, dann sähe dieser Kosmos mit Sicherheit anders aus, als der, in dem wir leben. Wohin wir auch schauen – der Augenschein spricht eher gegen eine solche Annahme. Und gerade die Gattung Mensch erweckt den Eindruck, als ob hier das Prinzip des freien Willens in einem globalen Modellversuch ausprobiert werden soll.

Aber ich muss gestehen, dass ich voreingenommen bin, da ich nicht an eine vorbestimmte Zukunft glaube. Und ich kann, wenn ich ihn sonst auch in vielem schätze, Schopenhauer nicht folgen, wenn er – in seiner Abhandlung *Über die anscheinende Absichtlichkeit im Schicksale des Einzelnen* – schreibt: »So sehr auch der Lauf der Dinge sich als rein zufällig darstellt, er es im Grunde doch nicht ist, vielmehr alle diese Zufälle selbst von einer tief verborgenen Notwendigkeit umfasst werden, deren bloßes Werkzeug der Zufall selbst ist. Dass alle Begebenheiten durch vollständige Notwendigkeit eintreten, weil schon bei der Geburt des Menschen sein ganzer Lebenslauf bis ins Einzelne irgendwo unwiderruflich zum Voraus bestimmt ist.«

Gegen die Annahme einer festgelegten Zukunft spricht allerdings auch ein Fall von Präkognition, den Professor Hans Bender dokumentiert hat: Ein Paragnost – so nennt man in der Fachsprache jemanden, der über die Fähigkeit zu außersinnlicher Wahrnehmung im Wachzustand verfügt – hatte einem Filmteam vorausgesagt, dass es nach Holland und nicht, wie geplant, nach Ungarn fahren und dass der Wagen unterwegs durch eine Panne außer Betrieb gesetzt werde. Als in der Tat überraschend der Drehplan geändert und das Team nach Holland geschickt wurde, ließ der Regisseur den Wagen in einer Werkstatt untersuchen – und man fand dabei Mängel, die zu der vorhergesagten Panne hätten führen können. Die Mängel wurden beseitigt, und die Fahrt nach Holland verlief anschließend problemlos.

Es wäre nur dann möglich, die Zukunft exakt vorauszusagen, wenn sie auch vorherbestimmt ist. An eine solche Vorherbestimmung mag ich, aus den genannten Gründen, nicht glauben. Wenn wir nun aber davon ausgehen, dass das Schicksal, beziehungsweise die Zukunft, nicht feststeht – was ist Präkognition dann?

Das *Rituale Romanum,* 1614 veröffentlicht als Handbuch der römisch-katholischen Riten und Sakramente, unter anderem den Exorzismus betreffend, nennt sie einfach ein Zeichen dämonischer Besessenheit. Aber dieses Dämonenkonzept ist nicht sehr hilfreich, und vor allem verschiebt es das Problem nur auf eine andere Ebene – nämlich auf die Frage: Woher kennen die Dämonen die Zukunft?

Wir wissen andererseits aus praktischer Erfahrung, dass die Zukunft im Wesentlichen durch das bestimmt wird, was wir in der Gegenwart veranstalten. Gegenwärtige Ereignisse werfen ihren Schatten voraus. Was morgen geschehen soll, ist zum großen Teil heute schon geplant, ist als Vorhaben in den Köpfen von Menschen bereits Teil der gegenwärtigen Realität. Wenn man nun zum Beispiel durch Telepathie, durch Gedankenlesen, Informationen über solche Pläne bezieht, dann könnte man durchaus vorhersagen, was in der Zukunft geschehen wird – vorausgesetzt, dass jene Pläne auch in die Tat umgesetzt werden. Die so genannte Zukunft kann bereits Gegenwart sein – auf einer geistigen, gedanklichen Ebene, und die Präkognition, die sie beschreibt, erscheint dann nur als eine Schau in die Zukunft. In Wirklichkeit aber ist sie eine Schau in die Gegenwart.

Noch ein weiterer Aspekt wäre zu bedenken. Wenn wir

einmal annehmen, dass Gedanken wirkende Kräfte sind, dass Dinge, wenn sie nur intensiv genug gedacht werden, sich in die Wirklichkeit umsetzen – dann wäre die Präkognition unter Umständen eine Präkogitation: ein Vorausdenken. Und wir sehen dann nicht, sondern wir denken die Zukunft voraus. »Die Zukunft kann nicht vorhergesagt werden«, meinte Dennis Gabor, der Erfinder der Holographie, »aber sie lässt sich erfinden.« Und erfinden heißt: gestalten. »Zukunft wird geboren aus dem, was wir bereit sind für möglich zu halten«, meinte der »PSI-Spion« und Fernwahrnehmungsspezialist Joseph McMoneagle.

»Dir geschieht, wie du glaubst«, hat Jesus von Nazareth immer wieder betont. Und in der *Bhagavadgita* heißt es: »Aus Glauben ist der Mensch gemacht – wie du glaubst, so bist du selbst.« Und was der Glaube, was die Vorstellungskraft für Wirkungen ausüben kann, das ist ja in diesem Buch anhand vieler Beispiele wohl deutlich genug demonstriert worden.

Die Zusammenhänge zwischen dem gegenwärtigen Denken und dem zukünftigen Schicksal zu beweisen, ist allerdings nicht leicht. Denn oft folgt die Konsequenz erst so viel später, dass man inzwischen vergessen hat, worin sie ihren Ausgang nahm. Aber schon die bloße Möglichkeit, dass es so sein könnte, lässt es geraten erscheinen, dass wir unsere Vorstellungen und Gedanken nicht negativ auf Chaos und Unglück richten, sondern konstruktiv auf eine positive Zukunft. »Denn«, so heißt es bei Paulus, »was der Mensch sät, das wird er ernten.« Und Gedanken oder Vorstellungen kann man in diesem Sinne durchaus als eine Saat des Schicksals ansehen.

In Bezug auf die präkognitive Fernwahrnehmung von Hella Hammid würde eine solche Annahme zu der Hypothese führen, dass sie in dem gezeigten Experiment durch ASW den Inhalt der Umschläge erkannt, sich einen Zielort herausgesucht und dann den Zufallsgenerator durch Psychokinese beeinflusst haben müsste, damit er den entsprechenden Umschlag auswählt. Ob eine solche Hypothese richtig ist, lässt sich zur Zeit kaum mit Gewissheit sagen. Dass aber die Beeinflussung eines Zufallsgenerators durch Psychokinese offenbar möglich ist, hat inzwischen eine ganze Reihe von Experimenten gezeigt.

Kapitel 10

Die Materie gehorcht dem Geist

Psychokinese – Betrug, Wunder oder was sonst?

Im Januar 1974 geriet die Fernsehgemeinde in der Bundesrepublik in Aufregung: Kaputte Uhren begannen unversehens wieder zu ticken, und auf geheimnisvolle Weise verbogen sich Gabeln und Löffel, zum Teil ohne berührt zu werden, in ihren Besteckkästen. So jedenfalls berichteten aufgeregte Zuschauer, die beim ZDF anriefen, als der junge Israeli Uri Geller in Wim Thoelkes Fernsehshow *Drei mal Neun* auftrat. Bei einer Familie in Karlstadt verbogen sich insgesamt 54 Besteckteile. Als das spukhafte Geschehen begann, alarmierte man die Landespolizei, so dass die Beamten den seltsamen Vorgang beobachten und die Deformationen des Familiensilbers fotografieren konnten. Ein Polizist berichtete später, dass er gesehen habe, wie ein Löffel, der auf dem Tisch lag, sich plötzlich verbog, ohne dass irgendjemand ihn berührte.

Der Effekt, der das von den Zeitungen so genannte »Uri-Geller-Fieber« hervorrief, wird von den Parapsychologen als Psychokinese bezeichnet – vom griechischen »psyche«, die Seele, und »kinesis«, Bewegung/Veränderung –, die Veränderung oder Bewegung von Gegenständen durch geistig-seelische Kräfte also.

Kritiker haben immer wieder behauptet, dass Uri Gellers spektakuläre Demonstrationen durch Trick und Manipulation zu Stande kamen, aber Uri Geller hat Besteckteile auch unter Bedingungen verbogen, die einen Betrug mit an Sicherheit grenzender Wahrscheinlichkeit ausschließen. Eine hundertprozentige Sicherheit gibt es jedoch nicht, kann es nicht geben, hier ebenso wenig wie in jedem anderen wissenschaftlichen Experiment.

Es hat sich immer wieder gezeigt, dass PSI-Fähigkeiten nicht leicht zu handhaben und vor allem auch nicht jederzeit auf Kommando zu reproduzieren sind. Stress durch Erfolgsdruck ist offensichtlich ein wesentlicher Faktor, der den Erfolg behindern oder sogar ausschließen kann. Stimmung und Einstellung der Anwesenden spielen ebenfalls eine Rolle, und es gibt Grund zu der Annahme, dass Menschen mit einer ausgeprägt negativen Einstellung zu PSI-Phänomenen diese auch in negativem Sinne beeinflussen können.

Während einer Fernsehsendung in Zürich zeigte Uri Geller beispielsweise eine gute Leistung, und auf dem Flug nach Wien, wo er zu einer weiteren Sendung eingeladen war, verbog er mit Gedankenkraft alles Mögliche, sogar die Namensschilder der Stewardessen. Abends bei der Sendung in Wien brachte er dann allerdings nichts zustande. Erst später in der Garderobe konnte er wieder Hellsehen und Löffelbiegen wie gewohnt.

Vor einigen Jahren hatte ich die Gelegenheit zu einem längeren Gespräch mit Uri Geller während eines Mittagessens in Hamburg. Anschließend, sozusagen zum Dessert, verbog er einen Löffel, den der Kellner uns brachte. Geller strich den Löffel nur leicht mit dem Zeigefinger am Stielansatz und legte ihn dann auf den Tisch – und dort liegend verbog der Löffel sich weiter bis zu einem annähernd rechten Winkel. Der Löffel verfärbte sich nicht, und er wurde auch nicht heiß, nicht einmal warm.

Ich habe Uri Geller natürlich nach einer Erklärung für dieses Phänomen gefragt, aber er konnte mir keine geben. Er sagte nur, dass er sich sehr stark konzentriere und dem Löffel quasi den Befehl gäbe, sich zu biegen. Die Erfolge, so meinte er, seien unterschiedlich und hingen sowohl von seiner seelischen wie auch von seiner körperlichen Verfassung ab. Stress sei zum Beispiel ein Faktor, der seine Fähigkeiten blockiert. Auch die Ernährung spielt seiner Ansicht nach eine wichtige Rolle. Er lebt streng vegetarisch und treibt viel Sport. Ein Physiker und ein Chemiker, denen ich später den Löffel zeigte, konnten mir auch keine Erklärung dafür geben, wie diese Verbiegung zustande kam.

Es hat aber mittlerweile eine ganze Reihe von Versuchen und wissenschaftlichen Experimenten mit verschiedenen anderen Metallbiegern gegeben, die unter kontrollierten Bedingungen ähnliche Leistungen gezeigt haben wie Geller, und so kann man wohl sagen, dass es sich hier um ein ernst zu nehmendes, wenngleich immer noch unerklärtes Phänomen handelt.

Gelegentlich wird darauf hingewiesen, dass man durch bestimmte Chemikalien, zum Beispiel Quecksilberverbindungen, Metall weich oder spröde machen kann. Dies aber hinterlässt Spuren, die sich feststellen lassen, und man hat bei der Untersuchung der Metallteile nach solchen Experimenten nichts Derartiges gefunden. Man fand aber zum Teil Verhärtungen des Metalls, gelegentlich auch spezifische Veränderungen, wie sie für Hochtemperaturreaktionen charakteristisch sind. Bei einem Versuch, wo das Metall vorher mit radioaktiven Cäsium-Atomen beschossen wurde, zeigte sich nach dem Verbiegungsprozess eine andere Verteilung des Cäsiums als vorher. Was diese Befunde zu bedeuten haben, ist noch nicht geklärt.

Es wurden Löffel, Gabeln und Schlüssel verbogen. Es wurden dünnere und dickere Metallstreifen verbogen. Es wurden unterschiedliche Metalle verbogen, und sie wurden mit oder ohne Anfassen verbogen. Professor John Hasted vom Birkbeck College in London hat unzählige Experimente durchgeführt, bei denen Metallgegenstände auch aus der Entfernung verbogen wurden. Der französische Metallbieger Jean-Paul Girard hat unter Aufsicht von Dr. Crussard und Dr. Bouvaist Metallstäbe verbogen, die man zuvor in Glasröhren versiegelt hatte.

In den 1970er Jahren haben Professor Bender und seine Mitarbeiter zahlreiche Experimente mit einem Schweizer namens Silvio durchgeführt, der unter anderem einen Kaffeelöffel verbog, ohne ihn anzufassen. Ich habe vor Jahren einen Ausschnitt aus der Videoaufzeichnung dieses Vorgangs für die Titelsequenz meiner Sendereihe *Die Erde, der Himmel und die Dinge dazwischen* verwendet. Bei anderer Gelegenheit verbog Silvio in einer spontanen Psychokinesedemonstration einen Schweizer Franken. Eberhard Bauer, Diplompsychologe und ehemaliger Mitarbeiter von Professor Bender, war Zeuge dieser Szene, die mit einer Schmalfilmkamera dokumentiert wurde.

»Ich war an einer Reihe von Experimenten oder, besser gesagt, Demonstrationen mit Silvio beteiligt«, erzählte er. »Unter anderem hat er vor meinen Augen eine Metallmünze, einen Schweizer Franken verbogen, den ich vorher mitgebracht hatte, und von dem ich persönlich der Meinung bin, dass er nicht ausgetauscht wurde, um beispielsweise eine Zaubertrickhypothese zu nennen.

Das Gesamtphänomen Silvio ist schwierig zu beurteilen, da wir ihn sozusagen auch bei Manipulationen ertappt haben – und das macht eben die Schwierigkeit der Gesamtwürdigung von solchen Psychokinesephänomenen im Zusammenhang mit Medien allgemein aus. Praktisch alle Medien, die auf diesem Gebiet Phänomene produzierten, haben auch manipuliert, und die große Schwierigkeit der Parapsychologie besteht eben darin, eine Trennungslinie zu finden zwischen solchen Phänomenen, die nach bisherigem Wissen unerklärlich sind, und denen, wo Täuschung und Betrug vorliegt. Und da scheiden sich tatsächlich die Geister.«

Es gibt gelegentlich falsche Fünfziger, aber es wäre nicht sehr sinnvoll, nun generell jeden Fünfzigeuroschein abzulehnen, nur weil die Möglichkeit besteht, dass er gefälscht sein könnte. Es ist allerdings auch ein Gebot der Vernunft, sich jeden Schein, den man in die Hand bekommt, genau anzuschauen. »Prüfet alles«, hat der Apostel Paulus gesagt, »und das Gute behaltet.« Und das gilt natürlich insbesondere auch für alles Übersinnliche beziehungsweise das, was sich dafür ausgibt.

Höchst interessante, aber ebenfalls umstrittene Psychokinesedemonstrationen hat die Russin Nina Kulagina geliefert. Sie versetzte unter anderem eine Kompassnadel in Drehung, indem sie ihre Hand darüber kreisen ließ, später bewegte sie den ganzen Kompass. Sie bewegte auch nichtmetallische Gegenstände, wie zum Beispiel Streichhölzer und Zigaretten, die sich unter einer Plexiglashaube befanden, aus einer Entfernung von etwa einem halben Meter.

Dies sind eindrucksvolle Leistungen, aber jedem halbwegs talentierten Zauberkünstler würden sie nur ein müdes Lächeln entlocken. Denn all das lässt sich auch mit ein paar Tricks und entsprechender Fingerfertigkeit erreichen, ohne den Einsatz übersinnlicher Kräfte. Aber dass Manipulation solche Phänomene ermöglicht, bedeutet nicht zwangsläufig, dass hier auch manipuliert wurde. Und man sollte eigentlich annehmen, dass die russischen Wissenschaftler, die diese Experimente überwachten, sich bemüht haben, Manipulation auszuschließen. Aber ein endgültiger Beweis für oder gegen die Echtheit dieser Phänomene lässt sich schwer erbringen. Und das gilt auch für die meisten anderen Demonstrationen dieser Art.

Wenn die Phänomene echt sind, wäre es interessant zu wissen, welches Grundprinzip dahinterstecken könnte, und natürlich auch, warum sich dieses Prinzip nicht auf eine nützlichere Weise äußert. Von Nina Kulagina wird berichtet, dass sie während eines Experiments – kraft ihres Geistes – bei einem rohen Ei, das in einen Behälter mit Wasser geschlagen wurde, Eiklar und Dotter voneinander trennte. Sie brauchte dazu eine halbe Stunde, verlor in dieser Zeit zwei Pfund Gewicht, und ihr Puls stieg dabei auf 240 – etwa das Vierfache der normalen Frequenz.

Eine bemerkenswerte Leistung – aber auch eine ungeübte Nichthausfrau wie ich zum Beispiel kann dies mit den Händen in weniger als einer halben Minute bewältigen – ohne erhöhten Puls und ohne Gewichtsverlust. Über den praktischen Nutzwert solcher Psychokinesedemonstrationen braucht man sich also nicht zu streiten. Ein verbogener Franken passt nicht mehr in den Münzautomaten, und mit meinem rechtwinkligen Original-Uri-Geller-Löffel wird man jetzt kaum noch Suppe löffeln können. Es sei denn vielleicht, man stellte sich unter den Teller. Außerdem lassen sich solche Dinge mit den Händen allesamt schneller und leichter bewerkstelligen. Und unsere Hände sind schließlich ebenso ein Werkzeug des Geistes wie unser Gehirn.

Ein Psychokinesephänomen ganz anderer Art, das außer

ihm bislang noch kein anderer Mensch fertiggebracht hat, demonstrierte der Amerikaner Ted Serios mit seiner »Gedankenfotografie«. In einem Experiment, das der Filmemacher André Libick Anfang der 1960er Jahre für den SFB filmte, sollte Ted Serios versuchen, auf unbelichtetes Fotomaterial das Bild eines steinzeitlichen Höhlenmenschen zu projizieren. Man verwendete Polaroidfilme, die sich selbst entwickeln, um Manipulation in der Dunkelkammer auszuschließen.

Der Raum war hell erleuchtet, außerdem wurde ein Blitzlicht verwendet. Die Kameraoptik war auf unendlich gestellt. Ted Serios saß dicht vor dem Apparat und projizierte seine Gedanken durch einen offenen runden Pappzylinder, der vorher untersucht wurde und keine Manipulationsvorrichtungen enthielt. Das Experiment begann um 15.10 Uhr. Stundenlang wurde fotografiert, aber aus der Kamera kamen nur unscharfe Bilder von Ted Serios und seiner Umgebung. Erst um 18.25 Uhr ergaben sich einige völlig schwarze Bilder – in dem hell erleuchteten Raum etwas Ungewöhnliches –, und kurz nach 19 Uhr kamen dann elf Aufnahmen, davon zwei in Farbe, die den hockenden Körper eines Höhlenmenschen zeigten. Nirgendwo im Raum gab es ein auch nur annähernd ähnliches Objekt. In einem Chicagoer Museum fand sich später das Demonstrationsmodell eines Steinzeitmenschen, das große Ähnlichkeit mit dem Gedankenbild von Ted Serios aufwies. Er ist in Chicago aufgewachsen. Bei anderer Gelegenheit produzierte er ein Abbild der Münchner Frauenkirche.

Ted Serios ist inzwischen gestorben, und mit ihm wohl auch diese seltsame Fähigkeit der Gedankenfotografie. Zumindest hat es bis jetzt niemand nachgemacht. Serios ist niemals bei Manipulationen ertappt worden – aber vielleicht war sein Trick auch nur so gut, dass niemand darauf gekommen ist. Eine Erklärung für dieses Phänomen steht jedenfalls bislang noch aus.

Die Hauptschwierigkeit bei der Untersuchung solcher Psychokinesephänomene liegt darin, dass es sich um außerordentliche und sehr individuelle Vorgänge handelt, die sich vor allem nicht beliebig wiederholen lassen. Die Frage, wie man nun die Psychokinese wissenschaftlich messbar machen könnte, hat die Gemüter seit den Experimenten von J. B. Rhine in den 1930er Jahren immer wieder beschäftigt – und schließlich fand Dr. Helmut Schmidt, ein deutscher Physiker in Amerika, eine vielversprechende Lösung für dieses Problem.

Dr. Schmidt baute einen Zufallsgenerator, dessen Wirkungsweise auf der Abstrahlung von Elektronen beim radioaktiven Zerfall von Strontium 90 beruht. Ein Geigerzähler fängt diese Elektronen auf. Der elektrische Impuls, der dabei entsteht, stoppt einen Oszillator, der zwischen zwei Zuständen hin und her schwingt, zum Beispiel links–rechts, oder an–aus. Mit diesem Oszillator kann man nun entweder Lämpchen verbinden, die abwechselnd an und aus gehen, oder zwei verschiedenfarbige Glühbirnen, von denen entweder die eine oder die andere aufleuchtet. Diese Lichteffekte werden durch die Elektronenabstrahlung gesteuert, aber der zeitliche Abstand, in dem die einzelnen Elektronen abgestrahlt werden, ist nicht vorhersehbar.

»Die Physiker sagen, dass dieser Atomzerfall rein zufällig abläuft«, erklärte Dr. Schmidt, »und ich halte es für einen interessanten Gedanken, dass dort, wo wir es mit reinem Zufall zu tun haben, unser Geist vielleicht eine kleine Lücke finden könnte, um einzudringen.«

Dr. Schmidt führte mit seinem Zufallsgenerator eine

Reihe von Experimenten durch, in denen die Versuchspersonen den zufälligen Ablauf beeinflussen sollten, zum Beispiel indem sie sich vorstellten, dass eine rote Glühbirne häufiger aufleuchtet als eine grüne. Über einen längeren Versuchszeitraum ergab sich dabei eine zweiprozentige Abweichung von der Zufallserwartung.

»Die Auswirkung erscheint gering«, meinte Dr. Schmidt, »aber wir haben die Versuche lange genug durchgeführt, um sagen zu können, dass es sich hier nicht mehr um Zufall handelt. Diese Personen hatten nicht einfach Glück. Es war ein echter, systematischer Effekt. Zwei Prozent Abweichung mögen nicht sehr bedeutsam erscheinen – aber wir sind es in der Physik gewohnt, mit sehr geringen Wirkungen zu arbeiten.«

Der Psychologe Dr. Hans J. Eysenck kommentierte: »Diese Abweichungen mögen unwesentlich erscheinen, über eine lange Testserie hinweg kommen wir jedoch auf eine Antizufallswahrscheinlichkeit von eins zu über einer Milliarde.«

Aber funktionierte der Zufallsgenerator auch wirklich zufällig? Dr. Schmidt überprüfte dies und fand, dass sich die Lichter völlig zufällig bewegten, wenn niemand sie zu beeinflussen versuchte. Kann man also mit Hilfe der Vorstellungskraft Elektronen beeinflussen?

Ein Kritiker wie Professor Hansel war der Ansicht, dass die Ergebnisse auch anders zu erklären sind: »Es ist möglich, dass die Versuchsperson oder der Versuchsleiter Tricks angewendet haben, um das Ergebnis zu erzielen. Wäre ich die Versuchsperson, ich denke, ich könnte das machen. Ich bin nicht sicher, weil ich von Schmidt darüber keine Bestätigung bekommen habe, aber ich denke ich könnte mit ein wenig Geschick den Apparat so beeinflussen, dass ich hohe Trefferquoten erziele. Es ist auch möglich, dass an der Maschine selbst in irgendeiner Weise manipuliert wurde, und zwar durch den Versuchsleiter.«

Dr. Schmidt wies Professor Hansels Vorwürfe zurück und betonte, dass seine Maschine ausgefeilte Sicherungsmechanismen enthielt, die eine Manipulation ausschlossen. Und auch Kritikerkollegen wie Professor Hyman stellten Hansels Ansatz in Frage: »Hansel ist der Ansicht, dass ein Experiment, bei dem Betrug möglich ist, nicht länger als ein Beweis für PSI angesehen werden kann. Aber das könnte man gegen jedes Experiment in der Welt einwenden, denn es gibt immer die Möglichkeit, dass Betrug bei einem Versuch ins Spiel gebracht werden kann. Es gibt kein hundertprozentig betrugssicheres Experiment. Dies gilt für alle Wissenschaften.«

Die Ergebnisse von Dr. Helmut Schmidt sind inzwischen von so vielen Wissenschaftlern bestätigt worden, dass man nicht mehr darum herumkommt, sie ernst zu nehmen – auch wenn es noch keine allgemein anerkannte Erklärung dafür gibt. »Wenn die gegenwärtige Physik diese Phänomene nicht erklären kann«, meinte Dr. Schmidt, »dann heißt das, dass die Physik unvollständig ist. Aber die Physiker haben ihr Weltbild in der Vergangenheit oft geändert, und deshalb erwarte ich, auf lange Sicht, eine Zusammenführung von PSI-Forschung und Physik.«

Ansätze dafür sind bereits vorhanden. Im Jahre 1981 publizierte der Psychologe Dr. Dean Radin von der Princeton University eine erfolgreiche Wiederholung der Schmidt'schen Experimente. Ebenso ein Jahr später Dr. Robert Morris von der Syracuse University. Charles Honorton wiederholte diese Versuche dreimal Mitte der 70er Jahre. Dr. Robert Jahn, Dekan der School of Engineering an der Princeton University, veröffentlichte Anfang 1982 die Daten einer fünfzehnmonatigen Untersuchungsreihe über den Einfluss von Psychokinese auf Zufallsprozesse – mit sehr ähnlichen Resultaten wie Dr. Schmidt. Und 1984 hat der Physiker Dr. Walter von Lucadou in Freiburg eine umfangreiche Versuchsreihe mit einem Zufallsgenerator unternommen, der allerdings etwas anders konstruiert war, als der von Dr. Schmidt. Als die Versuchsreihe ausgewertet wurde, fand sich ein interessanter Zusammenhang zwischen der Einstellung der einzelnen Versuchspersonen und ihren Ergebnissen im Test, der dem von Gertrude Schmeidler entdeckten »Sheep-Goat-Effekt« entsprach – aber keinen klaren Beweis für Psychokinese darstellte.

Dr. Schmidts Experimente ergaben eine – allerdings geringe – Abweichung von der Zufallswahrscheinlichkeit gemäß den Wünschen der Versuchspersonen.

Das Freiburger Experiment ergab ein Muster, das ebenfalls den Wünschen der Versuchspersonen entsprach, aber insgesamt innerhalb der Zufallswahrscheinlichkeit blieb.

Das Gemeinsame ist, wie Dr. Dean Radin von der Princeton University es formulierte, »dass unter Umständen eine Wechselwirkung zwischen dem menschlichen Bewusstsein und einem physikalischen Zufallssystem möglich ist«.

Die Ergebnisse widersprechen sich nicht, aber sie sind auch nicht so klar und eindeutig übereinstimmend, wie man es gerne hätte. Und eine schlüssige Erklärung für diese Wechselwirkung zwischen Mensch und Maschine ist auch noch nicht gefunden. Es ist noch unklar, ob die Vorstellungskraft des Menschen die Elektronenabstrahlung in der Maschine beeinflusst, oder die Elektronenabstrahlung in der Maschine die Vorstellungskraft des Menschen. Das heißt: Ob er erkennt, was in der Maschine vorgeht und immer dann auf den Knopf drückt, um einen Versuch zu starten, wenn gerade eine besonders starke oder besonders schwache Elektronenabstrahlung angesagt ist.

Hellsehen also statt Psychokinese? Könnte andererseits die Annahme, dass die Vorstellungskraft auf einer subatomaren Ebene, auf der Ebene der Elektronen, die Materie beeinflussen kann, eine mögliche Erklärung für die Metallverbiegungen liefern? Dass Geller & Co. also die freien Elektronen im Metall überreden, sich an einer Stelle zu versammeln und so das Metall zu verformen? Könnte die Gedankenfotografie von Ted Serios etwas damit zu tun gehabt haben, dass er die Elektronen in der lichtempfindlichen Filmschicht beeinflusste? Dies sind bislang immer noch offene Fragen.

Der englische Astronom und Physiker Sir Arthur Stanley Eddington (1882–1944) meinte allerdings – und zwar schon lange bevor diese Experimente durchgeführt wurden: »Ich glaube, dass der Geist die Kraft hat, Atomgruppen zu beeinflussen, dass er sich sogar einmischen kann, wenn auf atomarer Ebene verschiedene Prozesse möglich sind, ja, dass sogar der Lauf der Welt nicht durch physikalische Gesetze vorherbestimmt ist, sondern geändert werden kann durch den nicht determinierten Willen der Menschen.«

Wie steht es nun aber mit der tatsächlichen Zufälligkeit der Zufallsprozesse? Die Abstrahlung der einzelnen Elektronen beim radioaktiven Zerfall erfolgt zwar in einer spontanen, nicht vorhersehbaren Weise in unregelmäßigen Abständen, aber auf lange Zeiträume bezogen bleibt die Abstrahlung konstant. Man spricht dann von einer so genannten Halbwertzeit. Bei Plutonium sind zum Beispiel nach 25 000 Jahren so viele Elektronen abgestrahlt worden, dass die Hälfte des radioaktiven Materials umgewandelt ist.

Wenn wir würfeln, lässt sich schwer vorhersagen, welche

Zahl als Nächstes gewürfelt wird – aber wenn man einige Tausend Würfe absolviert, dann sind am Ende alle Zahlen gleich oft geworfen worden. Man spricht hier von dem »Gesetz der großen Zahlen« oder dem »Bernoulli'schen Theorem« (so genannt nach dem Schweizer Mathematiker, der es entdeckt hat). Es besagt, dass sich bei Zufallsprozessen mit steigender Anzahl die relative Häufigkeit eines gewünschten Ergebnisses immer mehr der Wahrscheinlichkeitsrelation annähert.

Was heißt das? Wenn ich eine Münze werfe, habe ich zwei Möglichkeiten: Kopf oder Zahl. Die Wahrscheinlichkeit ist also fünfzig zu fünfzig. Wenn ich jetzt, sagen wir, zehnmal eine Münze werfe und dabei dreimal Kopf und siebenmal Zahl bekomme, dann ist die relative Häufigkeit für Kopf drei und für Zahl sieben. Ein Verhältnis also von dreißig zu siebzig. Je häufiger ich nun die Münze werfe, desto mehr muss – nach dem Bernoulli'schen Theorem – dieses Verhältnis sich der Wahrscheinlichkeit annähern, also fünfzig zu fünfzig werden.

Der Naturforscher George Louis Leclerc, Graf von Buffon (1707–1788), Verfasser einer *Allgemeinen und speziellen Naturgeschichte* in vierzig Bänden, wollte das Gesetz nachprüfen und war geduldig genug, eine Münze 4040 mal zu werfen und kam dabei auf 2048 mal Kopf und 1992 mal Zahl – immerhin ein Verhältnis von 50,7 zu 49,3.

Offensichtlich steckt also auch hinter dem so genannten Zufall ein Gesetz. Man könnte es auch das »Gesetz des Ausgleichs« nennen. Und dieses Gesetz kann, wenn es ein echtes Naturgesetz ist, nicht durchbrochen werden. Dies wäre möglicherweise auch eine Erklärung dafür, dass die Ergebnisse der Versuchspersonen, die in J. B. Rhines Psychokinese-Experimenten den Fall der Würfel zu beeinflussen versuchten, sich immer mehr der Zufallswahrscheinlichkeit näherten, je länger die Versuche dauerten. Und auch eine Erklärung dafür, dass die Veränderungen oder Verschiebungen der Zufallswahrscheinlichkeit in den Versuchen von Dr. Schmidt so gering waren.

Offenbar bleibt das, was hier geschieht, im Rahmen der Naturgesetze. Und das ist immerhin beruhigend. Denn wenn wir tatsächlich die Materie so ohne weiteres in größerem Ausmaß durch unsere Gedanken beeinflussen könnten, würden wir auf diesem Planeten vermutlich eine noch größere Unordnung anrichten, als wir es ohnedies schon tun. Und das ist sicherlich nicht im Sinne des Erfinders. Vielleicht ist das auch der Grund, warum nichts Wesentlicheres verbogen wird, als Gabeln und Löffel und kleinere metallene Gegenstände.

Es ist bisweilen gefragt worden, ob man auch Menschen aus der Distanz psychokinetisch beeinflussen könnte. Was auf die Distanz möglich zu sein scheint – das geht jedenfalls aus den Experimenten und den praktischen Erfahrungen hervor –, ist die Übertragung von Information. So hat beispielsweise der russische Physiologe Leonid L. Wassiliew in den 1930er Jahren Experimente durchgeführt, bei denen drei Patientinnen auf telepathischem Weg in Hypnose versetzt wurden. Die Frauen reagierten dabei auf gedanklich übermittelte Suggestionen wie »Einschlafen«, beziehungsweise »Aufwachen«. Sie konnten sogar unterscheiden, welcher der drei beteiligten Hypnotiseure ihnen den telepathischen Befehl gegeben hatte.

Auch Energie kann übertragen werden, aber sie nimmt dabei im Quadrat der Entfernung ab, und auf die Distanz bleibt davon nicht mehr viel übrig. Aber selbst wenn Energie in einiger Entfernung noch ankommen sollte, so hätte dies keine notwendig schädigende Wirkung. Energie ist neutral, im physikalischen ebenso wie im übertragenen Sinne. Es gibt keine negative Energie. Es gibt aber auch keine positive Energie. Es gibt nur Energie – und die Art und Weise ihrer Anwendung entscheidet darüber, ob das Ergebnis positiv oder negativ ist. Wenn ich also Energie übertragen bekomme, liegt es in meinem eigenen Ermessen, ob sie konstruktiv oder destruktiv wirkt – nicht aber in dem des Absenders.

Es gibt allerdings positive und negative Information. Aber auch da hängt es von uns ab, wie wir sie umsetzen. Wenn die Stimme aus dem Radio sagt: »Hol dir die wilde Frische!«, dann kann ich sagen: »Ich denke nicht daran«, und damit hat es sich. Wenn mir jemand den telepathischen Befehl übermittelt: »Spring aus dem Fenster«, dann kann ich es tun oder lassen. Selbst in hypnotischer Trance ist der Mensch in der Lage, Befehle zu verweigern – wir haben dies im dritten Kapitel schon angesprochen. Aber wir sollten bedenken, dass es Menschen gibt, die eher dazu neigen, Befehlen zu gehorchen als selbstständig und selbstverantwortlich zu handeln. Und deshalb sollten wir, wenn wir an andere denken, dies generell in einer konstruktiven Weise tun.

Wenn die Mutter, während das Kind in der Schule eine Klassenarbeit schreibt, denkt: »Wahrscheinlich schreibt es wieder eine Fünf«, übermittelt sie ihrem Kind damit unter Umständen einen Befehl, den es umso eher befolgen wird, je mehr es gewohnt ist, Befehlen zu gehorchen. Aber auch Befürchtungen, wie: »Hoffentlich schreibt es keine Fünf«, können als Befehle wirken, denn dass das Unterbewusstsein Verneinungen nicht so recht begreift, haben wir im fünften Kapitel erläutert. »Mein Kind ist ruhig und sicher, und es schreibt eine gute Arbeit«, wäre zum Beispiel ein sinnvoller Gedanke. Es ist keineswegs sicher, dass solche Gedanken ankommen, aber zahlreiche Indizien sprechen dafür, und selbst die bloße Möglichkeit, dass sie es tun, spricht für eine generell positive Formulierung. Und die Energie, die wir dabei aufwenden, ist die Gleiche.

Ein Mensch, der sich seiner Selbstverantwortung bewusst ist, wird sehr viel weniger anfällig sein für Einflüsterungen und Befehle – ganz gleich, aus welchem Medium sie kommen, ob aus dem Mund von Vorgesetzten, aus dem Radio oder aus dem Gedankenbereich, von Geistern, Göttern oder außerirdischen UFO-Kommandanten. Nichts kann uns schaden, wenn wir es nicht wollen. Es kann uns aber auch nichts etwas nützen, wenn wir es nicht wollen.

Dass der menschliche Geist in Bezug auf den eigenen Körper die Materie beherrschen kann, haben wir anhand eindrucksvoller Beispiele gesehen. Dass er, innerhalb gewisser Grenzen, die Materie auch außerhalb des eigenen Körpers beherrschen kann, ebenfalls. Bleibt noch die Frage, ob der Geist, die Seele, das Bewusstsein – wie immer wir es nennen wollen – auch unabhängig vom Körper existieren und wirken kann. Um zum Beispiel nach dem so genannten Tod weiterzuleben und gegebenenfalls auch herumzuspuken. Die Parapsychologie befasst sich mit solchen Fällen – mit Geistern zum Beispiel, die durch Poltern und ähnlichen Unfug Aufsehen erregen. Aber sie glaubt dabei nicht an Geister, sondern an Psychokinese.

Generell unterscheidet man den ortsgebundenen vom personengebundenen Spuk. Ersterer bezieht sich auf paranormale Vorgänge, die nur an bestimmten Orten in Erscheinung treten, bei Letzterem erkennt oder vermutet man einen Zusammenhang mit bestimmten Personen.

Der Poltergeist unterscheidet sich von anderen Geistern dadurch, dass er nicht direkt in Erscheinung tritt, sondern sich durch Geräusche wie etwa Poltern, Klopfen und Krachen oder durch Bewegung von Objekten bemerkbar macht. Dabei können Bilder von der Wand fallen, Gebrauchsgegenstände durchs Zimmer fliegen oder Möbelstücke verschoben werden. In einem Fall, der 1967 in einer Anwaltskanzlei in Rosenheim stattfand, kam es außerdem zu Störungen in der elektrischen Stromversorgung und in der Telefonanlage. Unzählige Male wurde die Zeitansage angewählt, obwohl niemand den Telefonapparat benutzte. Bilder fielen ohne erkennbaren Grund von der Wand oder drehten sich. Lampen schwangen hin und her und Leuchtstoffröhren erloschen plötzlich oder zerplatzten gar.

Beamte der Stadtwerke, der Polizei und Ingenieure der Bundespost untersuchten die seltsamen Erscheinungen lange und gründlich unter Einsatz zahlreicher Messgeräte. Sie kamen schließlich zu dem Schluss, dass »eine Beschreibung der Phänomene mit vorhandenen Prinzipien der Physik nicht möglich ist«. Professor Bender, der die Vorfälle ebenfalls untersuchte, kam zu der Auffassung, dass sie mit einer der Büroangestellten, der 19-jährigen Annemarie S., in Zusammenhang standen und von ihrer Gegenwart abhängig waren. Als sie die Kanzlei verließ und eine andere Stelle antrat, hörten die Erscheinungen in der Tat schlagartig auf.

Auch bei zahlreichen anderen Poltergeistfällen konnte ein Zusammenhang mit bestimmten Personen nachgewiesen werden. Ungeklärt blieb bislang die Frage, wie sie in der Lage waren, soviel Energie auf einzelne Gegenstände zu bündeln, dass diese beeinflusst oder gar durch die Gegend geworfen wurden. Wobei man allerdings sagen muss, dass diese Erscheinungen in der Realität bei weitem nicht so spektakulär sind, wie es in einigen Filmen zu sehen ist, die in jeder Hinsicht maßlos übertrieben haben. Beim 11. Kongress der Parapsychological Association in Freiburg wurde dieses Phänomen behandelt, und ein Physiker gab dabei zu bedenken, dass »die rätselhafte Energie vielleicht gar nicht von der auslösenden Person erzeugt wird, sondern dass das Medium vorhandene Energie organisiert«.

Die Geschichte der Poltergeistphänomene reicht weit zurück. Einer der frühesten verzeichneten Fälle hat sich 335 nach Christus in Bingen zugetragen: Steine sollen dabei ohne erkennbare Ursache durch die Luft geflogen und schlafende Menschen aus ihren Betten geworfen worden sein. Paracelsus glaubte, dass Menschen, die eines gewaltsamen Todes starben, für solche Phänomene verantwortlich seien, weil sie den Rest der ihnen gekürzten Erdentage unter Umständen als Lemuren, Polter- oder Rumpelgeister zubringen könnten.

Auch der Spiritismus vertritt die Ansicht, dass solche Erscheinungen auf die Seelen verstorbener Menschen zurückzuführen sind, die sich nicht von der Erde oder einem bestimmten Ort trennen können. Die Parapsychologen sind demgegenüber der Meinung, dass die Poltergeisterscheinungen von lebenden Menschen hervorgerufen werden, und zwar durch sogenannte RSPK – Recurrent Spontaneous Psychokinesis –, das heißt durch wiederkehrende spontane Bewegung von Gegenständen durch geistig-seelische Kräfte.

Es hat sich gezeigt, dass es sich bei den Personen, die Poltergeistphänomene hervorrufen, häufig um Jugendliche handelt, die in der Pubertät oder kurz davor stehen. Da die Poltergeisteffekte oft eine Art Protestcharakter zeigen, nimmt man an, dass sich Frustrationen, aufgestaute Triebspannungen und aggressive Tendenzen auf diese Weise entladen. Wenn die spukauslösende Person älter wird, dann verschwinden die Erscheinungen meist von selbst. Wie sie allerdings überhaupt zustande kommen, ist nach wie vor noch nicht schlüssig erklärt.

Ein Teil der Poltergeistfälle ist natürlich auch auf Tricks und Manipulation von Menschen zurückzuführen, die sich wichtig machen wollen oder andere eigennützige Motive haben. Der Engländer Reginald Scot schrieb schon 1584 in seinem Buch *Aufdeckung der Hexenkräfte*: »Ich könnte viele Geschichten davon erzählen, wie Menschen durch Erscheinungen und Geräusche aus ihren Häusern vertrieben wurden, und immer ist es bloße und gemeine Schurkerei gewesen – begangen von denen, die am meisten zu klagen scheinen und am wenigsten verdächtigt werden.«

Andere Fälle wiederum lassen sich durch ganz einfache und normale Sachverhalte erklären, zum Beispiel durch eine defekte Heizungsanlage, die seltsame Geräusche produziert. Aber nicht immer sind solche Erklärungen ausreichend. Vor allem der gründlich untersuchte und dokumentierte Fall in Rosenheim zeigt, dass hier offenbar geistig-seelische Kräfte am Werke waren, deren Ursprünge man weiter erforschen sollte. Auf den Begriff Poltergeist wird man allerdings – nach Lage der Dinge – dabei wohl verzichten können.

Nichtsdestotrotz gibt es immer noch genügend Menschen, die das Gepolter weiterhin den herumgeisternden Seelen der Verstorbenen zuschreiben und sogar mit ihnen in Verbindung treten wollen. Man nennt sie Spiritisten.

Kapitel 11

Die ich rief, die Geister

Spiritismus – Beweise für ein Leben nach dem Tod?

Im April 1848 war in der amerikanischen Stadt Hydesville eine Gruppe von Menschen im Haus der Familie Fox zusammengekommen, um der Erscheinung eines Klopf- oder Poltergeistes beizuwohnen, der dort seit einiger Zeit sein Wesen – oder Unwesen trieb.

Man hatte sich um den Familientisch versammelt und erwartete den Geist, der sich auch bald durch Klopfgeräusche bemerkbar machte, die aus dem Tisch zu kommen schienen. Die Töchter der Familie, Kate und Margaret, kamen auf die Idee, sich mit dem Geist zu unterhalten – indem sie das Alphabet aufsagten und »ihn baten, jeweils bei dem Buchstaben, den er bezeichnen wollte, ein Klopfgeräusch hervorzubringen«. Auf diese Weise kamen Wörter und ganze Sätze zustande, der Geist beantwortete Fragen und berichtete unter anderem, dass er von früheren Bewohnern des Hauses beraubt und ermordet worden sei, und seine Leiche im Keller vergraben läge. Ein Verwandter der Familie Fox erklärte später, Kate und Margaret hätten die Klopfgeräusche mutwillig hervorgerufen. Trotzdem fand man im Keller des Hauses die sterblichen Überreste eines Menschen.

Wie auch immer es sich verhalten haben mag, der Dialog mit dem Geist machte jedenfalls Schlagzeilen, und bald entdeckten auch andere Menschen, dass sie ebenfalls Klopfgeister herbeizitieren konnten, wenn sie sich, in der entsprechenden Absicht, um einen Tisch versammelten. Solche spiritistischen Sitzungen oder Séancen kamen in Mode, und bald konnten die so genannten Geister nicht mehr nur klopfen, sondern auch Möbel durch die Luft bewegen, sich sichtbar machen oder durch anwesende Personen sprechen, die ihnen als Medium dienten, als Vermittler ihrer jenseitigen Botschaften. Heute bedienen sich die Geister, ganz zeitgemäß, auch der Massenmedien.

Anfang der 1960er Jahre bekam die Suche nach Sprechkontakten mit dem Jenseits neuen Auftrieb – durch die Tonbandstimmenphänomene des in Schweden lebenden Malers und Schriftstellers Friedrich Jürgenson. Jürgenson hatte 1959 mit seinem Tonbandgerät Vogelstimmen im Wald aufnehmen wollen und beim Abhören festgestellt, dass auch menschliche Stimmen zu hören waren, Worte und Satzfetzen in norwegischer Sprache.

Jürgenson konnte sich die Herkunft der Stimmen nicht erklären und machte weitere Aufnahmen, indem er nachts das Mikrofon ins offene Fenster stellte und das Tonband laufen ließ. Beim Abspielen hörte er Stimmen in verschiedenen Sprachen – Schwedisch, Russisch, Deutsch, Polnisch und Italienisch. Die Aufzeichnungen waren undeutlich und bruchstückhaft, oft erst nach mehrmaligem Anhören verständlich.

Anfangs hielt Jürgenson es für möglich, dass die Stimmen von unabsichtlich empfangenen Radioprogrammen, Funkverkehr oder vielleicht sogar von UFOs – von außerirdischen Flugobjekten – stammen könnten. Als er und auch andere Zuhörer dann aber die Stimmen von Verstorbenen identifizieren konnten, die sie gekannt hatten, kam er zu der Ansicht, dass es sich bei seinen Aufnahmen um echte Jenseitskontakte handeln müsse.

Der Freiburger Parapsychologe Professor Hans Bender stellte verschiedene Untersuchungen mit Friedrich Jürgenson an und zog nach Aufzeichnungen in einem Laboratorium der Bundespost den Schluss, dass hier objektive Stimmphänomene vorliegen. Bender war allerdings der Meinung, dass diese Phänomene von Jürgenson selbst hervorgerufen wurden, indem er auf psychokinetischem Wege durch seine unterbewussten Gedanken die Tonbänder beeinflusste. Naturwissenschaftliche Gegner des Paranormalen halten das Ganze natürlich wieder einmal für Manipulation und Betrug. Und eine endgültige, allgemein akzeptierte Erklärung, wie oder von wem die Tonbandstimmen hervorgerufen werden, gibt es derzeit noch nicht.

Dennoch fanden Jürgensons Experimente zahlreiche Nachahmer. Bereits 1975 wurde in der Bundesrepublik der Verein für Tonbandstimmenforschung gegründet, wenig später eine Forschungsgemeinschaft für Tonbandstimmen.

Seither haben viele Tonbandamateure ähnliche Ergebnisse erzielt wie Jürgenson, und es hat sich gezeigt, dass einige dabei offenbar in die Gefahr geraten, den Blick für die irdische Realität ein wenig zu verlieren und sich mehr mit dem Jenseits als mit dem Diesseits zu beschäftigen.

Wir wären aber sicherlich nicht hier in einem menschlichen Körper, wenn wir im Jenseits Wichtigeres zu tun hätten. Unser derzeitiges Leben ist das Leben *vor* dem Tod – was danach kommt, das ist eine andere, eine neue Geschichte.

Viele der spiritistischen Effekte und Erscheinungen, die von den Anfängen bis heute dokumentiert wurden, kamen durch Trick und Manipulation zustande, aber keineswegs alle. Viele so genannte Botschaften der Geister waren belanglos oder unsinnig, aber es gab auch immer wieder verblüffend zutreffende.

Bei den Phänomenen, die nicht dem Betrug zuzurechnen sind, kann man mit Sicherheit weder beweisen, dass die Seelen Verstorbener dafür verantwortlich sind, noch kann man dies mit Sicherheit ausschließen – man kann nur daran glauben oder nicht. Immanuel Kant meinte: »Ich gestehe, dass ich sehr geneigt bin, das Dasein immaterieller Naturen in der Welt zu behaupten und meine Seele selbst in die Klasse dieser Wesen zu versetzen.«

Und der amerikanische Psychologe William James (1842–1919) schrieb dazu: »Ich gestehe, dass ich gelegentlich in Versuchung war zu glauben, dass der Schöpfer die Absicht hat, uns über diesen Bereich in alle Ewigkeit im Unklaren zu lassen, und unsere Neugier, unsere Hoffnung und unsere Zweifel alle in gleichem Maße zu wecken; denn obwohl es immer so aussieht, als ob Gespenster und Hellsichtigkeit und Klopfgeräusche und Botschaften von Geistern existieren und nie ganz hinwegerklärt werden können, sind sie doch auch nie wirklich einwandfrei belegbar.«

Man kann sich natürlich andererseits die Frage stellen, ob es sinnvoll ist anzunehmen, dass die Geister, wenn es sie denn gibt, wirklich nichts Besseres zu tun haben, als irgendwo in der Provinz Möbel zu lupfen, Gläser zu verschieben oder Buchstaben zu klopfen. Und wenn sie tatsächlich nichts Besseres zu tun haben, dann kann man sich natürlich fragen, auf welchem geistigen Niveau solche Geister stehen und ob man von ihnen wirklich etwas Brauchbares erfahren kann.

Es hat sich gezeigt, dass Wissen und Wortschatz der Geister gewöhnlich dem Wortschatz und Wissen ihrer Medien entsprechen. Die Parapsychologen vertreten deshalb meist die sogenannte Animismus-Hypothese. Sie besagt, dass spiritistische Phänomene auf übersinnliche Fähigkeiten der lebenden Anwesenden zurückzuführen sind: auf Hellsehen, Telepathie oder Psychokinese. Vorausgesetzt, dass sie überhaupt echt sind und nicht durch Betrug zustande kommen, was oft genug der Fall war – und ist. Die Geschichte der Medien berichtet von vielen schillernden Persönlichkeiten, von erstaunlichen übersinnlichen Leistungen, aber auch von Täuschung, missbrauchtem Vertrauen und Schwindel. Viele Menschen empfingen Trost aus dem Umgang mit den Geistern, andere büßten ihr Vermögen ein oder landeten im Irrenhaus.

Ob die Bilanz positiv oder negativ bewertet wird, hängt vom Standpunkt des jeweiligen Betrachters ab. Hierzulande neigt man dazu, sich heftig über das Für und Wider zu streiten – in England hingegen pflegt man den Umgang mit den Geistern in Vereinigungen und Verbänden, wie zum Beispiel der SAGB, der Spiritualist Association of Great Britain. Sie ist eine der größten spiritualistischen Organisationen der Welt, mit etwa 5500 festen Mitgliedern und jährlich an die 160 000 Besuchern in ihrem Stammhaus am Belgrave Square Nummer 33 in London. Bei den Dreharbeiten für meine Sendereihe *Die Erde, der Himmel und die Dinge dazwischen* habe ich es mit einem Kamerateam besucht.

Im Erdgeschoss sind die Rezeption und ein Buchladen untergebracht, wo unter anderem die *Spiritualist Gazette* zu haben ist, eine Zeitung, die von der Vereinigung herausgegeben wird. Auf dem Weg zum ersten Stock kommt man an einer eindrucksvollen Marmorskulptur vorbei, die einen Menschen darstellt, der von seinem »geistigen Führer« geleitet wird. Oben befindet sich ein größerer Versammlungsraum, in dem öffentliche Veranstaltungen mit Medien stattfinden. An dem Nachmittag, als wir dort filmten, war es Tekla Khan. Der Eintritt kostete für die Besucher 1 Pfund 30, zum damaligen Kurs umgerechnet etwa 2,50 Euro.

Tekla Khan war eine freundliche alte Dame, die den männlichen und weiblichen Besuchern, etwa zehn an der Zahl, Botschaften aus der geistigen Welt vermittelte. Sie sagte zum Beispiel: »Die Dame neben der Dame in Weiß möchte ich in Verbindung bringen mit einem Herrn aus der geistigen Welt, der vor langer Zeit hinübergegangen ist und der viel mit Musik zu tun hatte. Ferner haben wir hier noch eine Person, die zur See gefahren ist, und gemeinsam geben sie mir zu verstehen, dass eine jüngere weibliche Person aus ihrer Umgebung bald einen Aufstieg zu erwarten hat, was ihren Beruf oder ihre Arbeit angeht.«

Dramatische Ereignisse gab es keine an diesem Nachmittag, und die Botschaften, die Tekla Khan vermittelte, bezogen sich auf alltägliche Kleinigkeiten, dass beispielsweise ein Besuch ins Haus stünde, oder man sich wegen einer schwierigen Angelegenheit keine Sorgen zu machen brauche, es werde sich alles regeln.

Nachdem die Veranstaltung vorbei war, fragte ich Tekla Khan, wie sie ihre Botschaften empfängt. »Ich höre geistige Stimmen«, sagte sie, »aber ich sehe auch. Ich habe Visionen. Oft beides zur gleichen Zeit. Das ist sehr interessant.«

Ich fragte sie, woher ihrer Meinung nach diese Informationen kommen.

»Sie kommen von Menschen, die uns verlassen haben und nun mit ihren Lieben in Verbindung treten wollen. Meine eigenen geistigen Helfer – andere Leute nennen sie geistige Führer, aber ich nenne sie lieber geistige Helfer – stellen eine Verbindung her mit den Geistwesen, die zu den Menschen gehören, die in die Versammlung kommen. Und dann ergibt sich eine Art Dialog, ein Gespräch, das Dinge aus der Vergangenheit berührt – aber auch Dinge, die mit der Zukunft des betreffenden Menschen zusammenhängen. Und das gibt den Leuten Trost und Zufriedenheit. Wenn man jemand, den man liebt, verliert – was man dann sterben nennt –, dann fragt man sich oft: Was geschieht mit ihm, werde ich jemals wieder etwas von ihm sehen oder hören? Manche Menschen machen sich keine Sorgen über den Tod, aber andere denken, dass alles zu Ende ist, wenn man stirbt. Aber es ist nicht alles zu Ende, wenn man stirbt, und darüber bin ich froh«, sagte Tekla Khan und lachte.

Es war schön, einen Menschen zu treffen, der so viel Zuversicht und Freude ausstrahlt, wenn es um eine so ernste Sache geht wie den Tod. Offensichtlich war, dass Tekla Khan den Menschen, die in ihre Versammlungen kamen, Trost und Geborgenheit vermittelte. Wir hatten auch keinen Anlass, an der Echtheit ihrer Visionen zu zweifeln. Aber es lässt sich nicht mit Sicherheit sagen, ob Tekla Khans Informationen tatsächlich von Geistwesen stammten oder ob sie auf andere Weise zustande kamen, zum Beispiel durch Hellsehen oder Telepathie.

Das Gleiche gilt auch für die Arbeit von Carol Polge, die ein – nicht nur in England – bekanntes Malmedium ist. Sie hat zahlreiche eindrucksvolle Porträts gezeichnet – allerdings nicht von dem Menschen, mit dem sie gerade zusammensitzt, sondern von seinen bereits verstorbenen Verwandten. Wir besuchten sie in ihrem Haus in der Nähe von London.

»Ich war Künstlerin«, erzählte Carol Polge, »bevor ich mit dem Spiritismus in Berührung kam – und zwar durch meine Mutter, die viel von Geistheilung hielt. Wir gingen zu einer spiritistischen Kirche, und ein Medium sagte mir, dass ich eine mediale Künstlerin sei. Ich hatte noch nie von medialer Kunst gehört, aber ich war eine geübte Malerin, und sie prophezeite mir, dass ich ein berühmtes Medium werde.

Das war vor vierzig Jahren. Ich bin seit etwa 35 Jahren als Malmedium tätig und habe inzwischen etwa 90 000 Porträts gezeichnet.«

Carol Polge hat auch für uns einige Porträts gezeichnet. Für Wolfgang Korruhn, einen Kollegen vom WDR, beispielsweise einen alten Herren mit ausdrucksvollem Gesicht, von dem sie annahm, dass er ein Vorfahre von väterlicher Seite sein könnte.

»Passt die Nase in die Familie Ihres Vaters?«, fragte sie Wolfgang Korruhn. »Die Nase ist anders als Ihre und sollte einen Hinweis geben, zu welcher Seite der Familie er gehört. Er ist mittelgroß, nicht sehr dick. Es ist so, als ob er Lebensmittel rationiert und verteilt. Er war nicht gerade reich, aber er ging sehr sorgfältig mit Geld um. Und Sie sind da ganz anders, Sie gehen manchmal sehr sorglos mit Geld um. Er lacht. Er sagt, Sie seien ihm nicht ähnlich. Er ist nicht jüdisch, aber er hat ein bisschen so die Art. Er ist beunruhigt, weil Sie so leichtfertig mit Geld umgehen.«

Später, als wir noch bei einer Tasse Kaffee zusammensaßen, fragte ich Carol Polge, woher sie die Bilder beziehe, die sie zeichnet.

»Es ist nicht leicht zu erklären, wie ich das mache«, sagte sie, »denn es ist bei jedem Bild anders. Aber grundsätzlich sehe ich die Person nicht, die ich zeichne, es ist eher so eine Art von automatischem Zeichnen, als ob meine Hand von sich aus handeln würde. Aber gleichzeitig ist es so, als ob ich die Person bin, die ich zeichne, und wenn das Bild fertig ist, habe ich das Gefühl, in einen Spiegel zu schauen.

Manchmal ergibt sich auch eine Art Zwiegespräch, bei dem mir sozusagen Gedanken in den Sinn kommen. Ich höre das nicht mit den Ohren, es sind eher Worte, die in mein Bewusstsein einfließen. Und manchmal spüre ich sogar so etwas wie einen Dialekt – ich höre ihn zwar nicht, aber ich spüre einen Dialektrhythmus. Offenbar leiten sie Informationen in mein Bewusstsein.

Normalerweise steht das Bild, das ich zeichne, mit der Person in Zusammenhang, für die ich es mache. Aber gelegentlich bekommt jemand die Zeichnung einer Person, zu der er keine Verbindung sieht. Manchmal sind es dann entfernte Verwandte, von Schwägern oder auch von Freunden – bei einer Frau war es der Ehemann der Nachbarin. Es gibt auch Porträts, die erst gar nicht zugeordnet werden können, und Monate oder Jahre später trifft man dann jemand, der vielleicht sagt: Das ist meine Frau, von der Sie da ein Bild haben.

Es geht jedenfalls nicht auf Bestellung, dass man zum Beispiel sagt, zeichnen Sie meine Mutter oder meinen Vater. Wir können die Toten nicht aufrufen, wir können nur darauf warten, dass sie sich mit uns in Verbindung setzen – und wenn sie das nicht wollen, können wir nichts machen. Vielleicht wollen viele gar nicht zurückkommen. Ich bin mir zum Beispiel nicht sicher, ob ich Lust hätte, zurückzukommen.«

Als wir wieder zu Hause angekommen waren, versuchten wir, die Porträtzeichnungen von Carol Polge mit irgendwelchen lebenden oder toten Menschen in Verbindung zu bringen. Wolfgang Korruhn zog für sich das Fazit: »Ich habe recherchiert in meiner Verwandtschaft und habe keine Ähnlichkeit mit toten oder lebenden Personen finden können, also auch nicht die leiseste. Ich bin überhaupt der ganzen Sache gegenüber sehr skeptisch. Im ersten Augenblick hatte ich wirklich den Eindruck, sie zeichnet Verwandte von mir, von mütterlicher Seite. Ich habe aber herausgefunden, dass sie eigentlich nicht die historischen Personen gezeichnet hat, sondern sie hat im Grunde meine Irrtümer, meine Vorstellungen von den Personen gezeichnet, die ich hatte. Zum Beispiel war ich der Ansicht, dass meine Mutter aus einer siebenköpfigen Familie stammt, und das hatte sie mir auch gesagt. Ich habe aber jetzt meine Mutter gefragt, und sie stammt tatsächlich aus einer fünfköpfigen Familie. Meine These also: Sie zeichnet im Grunde meine Vorstellungen, die sie, wie ein Hellseher das ja auch macht, oder ein Kartenleger, aus meinem Unbewussten abzapft. Ich glaube nicht, dass sie im Stande ist, Verbindung mit Toten aufzunehmen und sie zu zeichnen, das halte ich für einen Unfug.«

Die Geister waren – das muss man schon sagen – nicht sehr willig, als wir kamen, um sie zu filmen. Keines der Porträts, die Carol Polge damals für uns gezeichnet hat, ließ sich einer erkennbaren Person aus Gegenwart oder Vergangenheit zuordnen. Es wäre allerdings möglich, dass sich so etwas noch ergibt. Wulfing von Rohr, ein ehemaliger Kollege vom ZDF, hatte sich ebenfalls eine mediale Zeichnung von Carol Polge anfertigen lassen, die das Gesicht einer jungen Frau zeigte. Als er Jahre später bei Chris Griscom in Neumexiko durch spirituelle Akupunktur in ein früheres Leben zurückgeführt wurde, fand er sich als Krankenschwester im amerikanischen Bürgerkrieg wieder. Und diese Krankenschwester sah genauso aus wie die junge Frau auf dem Bild von Carol Polge. Hat sie also statt einer verstorbenen Verwandten eine frühere Inkarnation von Wulfing von Rohr gezeichnet? Oder hat er, als er sich in einer anderen Persönlichkeit erlebte, für diese unbewusst das Gesicht von der Zeichnung übernommen? Schwer zu sagen.

Andererseits hat man zahlreiche Zeichnungen von Carol Polge tatsächlich verstorbenen Personen zuordnen können.

Aber dies ist noch kein schlüssiger Beweis für ein Leben nach dem Tod oder die Existenz von Geistwesen. Ebensowenig allerdings, wie die Nichtzuordnung ein Beweis dagegen ist.

Aus spiritistischer Sicht sind hier und bei anderen übersinnlichen Erscheinungen Geister am Werk – die Parapsychologie ist demgegenüber der Ansicht, dass das, was als Wirken von Geistwesen gesehen wird, auf außersinnliche Wahrnehmung oder Psychokinese zurückzuführen ist. Wer letzten Endes Recht hat, lässt sich im Augenblick nicht zweifelsfrei entscheiden.

Bleibt also die Frage nach der Nützlichkeit solcher Botschaften. Brauchen wir Medien und Geister, um zu erfahren, was für uns gut ist? Wissen die Geister das wirklich besser als wir?

Es ist wohl kaum anzunehmen, dass ein Mensch nach dem Tode klüger ist, als er zu Lebzeiten war. Es wird jemand nicht automatisch zu einem Genie, nur weil man den Sargdeckel über ihm zuklappt.

Der amerikanische Philosoph Prentice Mulford (1843 bis 1891) meinte: »Der Verlust des Körpers macht den Schurken nicht zum Heiligen, so wenig wie der Dieb, der seinen Überrock verliert, dadurch zum ehrlichen Manne wird. Jeder findet sich im Jenseits in der gleichen moralischen, mentalen und geistigen Verfassung wieder, in der er das Diesseits verließ.«

Auch Goethe hat zum Beispiel zu seinen Lebzeiten sehr viel bedeutendere Dinge gesagt, als jetzt sein so genannter Geist aus dem Munde von Medien verlauten lässt. Es ist genug Weisheit in den Äußerungen zu finden, die große Menschen ausgesprochen haben, als sie noch hier in einem Körper lebten. Und es ist uns mehr von dieser Weisheit überliefert, als man gewöhnlich in einem Leben verkraften kann.

Außerdem bin ich der Meinung, dass jeder Mensch selbst erkennen muss, was für ihn gut ist. Und ich halte es für sinnvoller, auf die eigene innere Stimme zu hören als auf irgendwelche Gurus oder Geister, die von Medien herbeizitiert werden. Und ich halte es für besser, die eigene Intuition zu trainieren, als sich der Intuition anderer auszuliefern. Das wäre etwa so, als ob man den eigenen Fernsehapparat ausschaltet, um dann am nächsten Tag zum Nachbarn zu gehen und sich von ihm erzählen zu lassen, was es im Fernsehen zu sehen gab.

Eine Sache, die unbedingt erwähnt werden muss, wenn es um Spiritismus geht, ist die so genannte Geistheilung. Geistheilung, das bedeutet zum einen Heilung durch geistig-seelische Kräfte, durch den Glauben, zum anderen Heilung durch die Hilfe von Geistern, die sich des Heilers als Medium bedienen.

Letzteres, auch »psychic surgery« – Geistchirurgie – genannt, ist vor allem im spiritistischen Umfeld auf den Philippinen und in Brasilien zu finden. Der brasilianische Landarbeiter Zé Arigó hat als Trancemedium eines verstorbenen deutschen Arztes »Dr. Fritz« Tausende von erfolgreichen Operationen unter abenteuerlichen Umständen durchgeführt, beispielsweise Augenoperationen mit einem unsterilisierten Taschenmesser. Nach Arigós Tod hat der Arzt Dr. Edson Queiroz diese Arbeit als Trancemedium des »Dr. Fritz« weitergeführt. In einem Dokumentarfilm des ZDF war unter anderem zu sehen, wie er einer Frau bei vollem Bewusstsein ein Geschwür aus der Brust herausschnitt. Viele Ärzte haben sowohl Arigó als auch Queiroz beobachtet, aber eine wissenschaftlich stichhaltige Erklärung für ihre Erfolge konnten sie bislang nicht liefern.

Weniger blutig, aber ebenso spektakulär im Ergebnis waren viele Beispiele der Heilung durch den Glauben, durch Gebet oder Handauflegen. Jesus von Nazareth und seine Jünger haben dies häufig praktiziert, und es hat wohl auch zu den Gepflogenheiten der ersten christlichen Gemeinden gehört. Später waren es dann hauptsächlich die Heiligen, wie der heilige Franziskus beispielsweise oder der heilige Antonius, die auf diese Weise Wunder wirkten. Heute wird regelmäßige Geistheilung unter anderem durch eine Reihe von christlichen Gruppen in Amerika praktiziert, wie zum Beispiel »Christian Science«, »Unity« oder »Science of Mind«.

In England gibt es seit etlichen Jahren eine überregionale Vereinigung, welche die Arbeit der Geistheiler kontrolliert, Nachwuchs ausbildet und Zertifikate ausstellt – die National Federation of Spiritual Healers. Auf Anregung von Prinz Charles dürfen die Mitglieder dieser Organisation seit einigen Jahren mit Ärzten zusammenarbeiten und ihre Patienten auch bei Krankenhausaufenthalten besuchen und behandeln.

Im Haus der Spiritualist Association of Great Britain am Belgrave Square ist das gesamte obere Stockwerk für Geistheilung reserviert, und etwa achtzig Heilerinnen und Heiler sind dort tätig. Sie kommen aus den unterschiedlichsten Kreisen und arbeiten dort freiwillig und ohne Bezahlung, jeweils an einem oder einem halben Tag in der Woche. Ich sprach, als wir dort Filmaufnahmen machten, mit Milly, einer jungen Frau, die als Patientin dort war, und mit der Heilerin Louise, die sie behandelte.

»Im März bekam ich plötzlich Asthma«, erzählte Milly. »Ich konnte kaum mehr atmen und kam hierher. Louise behandelte mich und es ging mir besser. Ich war dann eine Woche im Krankenhaus und kam anschließend regelmäßig her, und mein Asthma ist inzwischen fast verschwunden.«

Louise, die Heilerin, ist seit einiger Zeit pensioniert und lebt außerhalb von London. Einmal in der Woche kommt sie für einen Tag ins Haus der SAGB, um dort zu heilen. Unentgeltlich, wie alle anderen auch. Auch die Patienten müssen nichts bezahlen, aber Spenden sind natürlich gern gesehen.

»Was ich betonen und in aller Deutlichkeit aussprechen möchte«, sagte Louise, »ist, dass die Patienten keine sofortigen Wunder erwarten sollen. Diese Dinge brauchen Zeit. Wir Heiler bemühen uns, die Leute dazu zu bringen, dass sie sich selbst helfen.«

»Aber es gehört auch der Glaube dazu«, warf Milly ein. »Wenn ich nicht an diese Art von Medizin glauben würde, wäre ich nicht hier. Die Leute die hierher kommen, glauben an Geistheilung, und so wirken diese beiden Dinge zusammen.«

»Es kommen natürlich auch Leute«, meint Louise, »die sich keine rechte Vorstellung machen können, und die sagen, dass sie keinen Glauben haben. Aber ich sage dann, das macht nichts, ich habe genug Glauben für uns beide zusammen.«

»Ob es mit den Augen zusammenhängt«, sagt Milly, »oder Kopfschmerzen sind, es verschwindet einfach. Es wirkt da eine Kraft, eine Energie.«

Ob sie glaube, dass da auch in ihr selbst eine Kraft sei, die durch die Geistheilung angeregt wird, fragte ich sie.

»Ja natürlich«, war Millies Antwort. »Es ist eine zweigleisige Sache.« Und Louise bestätigte: »Ja. Es ist eine zweigleisige Sache.«

Dass die Geistheilung etwas bewirkt, lässt sich nicht leugnen. Welches die Ursache dieser Wirkung ist, kann man zur Zeit nicht mit Bestimmtheit sagen. Die Einstellung, der

Glaube des Patienten spielt sicherlich eine wesentliche Rolle. Wir haben in den vorangegangenen Kapiteln reichlich Beispiele dafür gegeben, wie der Mensch durch Hypnose oder durch Autosuggestion, durch die Kraft seines Bewusstseins, seiner Vorstellung in einem veränderten Bewusstseinszustand seine inneren Heilkräfte aktivieren und Heilungen erleben kann, die teilweise an ein Wunder grenzen. Und auch Jesus von Nazareth, der wohl größte Geistheiler aller Zeiten, hat immer wieder die Wichtigkeit des Glaubens betont: »Dir geschieht, wie du glaubst«, oder: »Dein Glaube hat dir geholfen«, oder: »Alle Dinge sind möglich dem, der da glaubt.«

Dies ist offenbar der wichtigste Faktor. Aber ist es der Einzige? Geistheilung war auch bei Tieren erfolgreich und bei Kleinkindern, wo man eine Wirkung zumindest bewusster Autosuggestion oder bewussten Glaubens wohl nicht annehmen kann. Ist es also auch etwas, das vom Heiler ausgeht?

An der kanadischen McGill University hat man schon vor Jahren wissenschaftlich kontrollierte Versuche mit dem Geistheiler Oscar Estabany durchgeführt. Mäuse, denen man kleine Stücke der Rückenhaut entfernt hatte, wurden in zwei Gruppen eingeteilt. Die eine blieb als Kontrollgruppe unbehandelt, auf die andere sollte Estabany heilend einwirken. Er durfte dabei nur die Käfige der Mäuse berühren, nicht aber die Tiere selbst, weil man aus Erfahrung wusste, dass körperliche Berührung wie Streicheln oder Hätscheln den Heilungsverlauf bei verletzten Mäusen positiv beeinflusst. Auch das ist ein Sachverhalt, den man in Bezug auf Menschen und Tiere nicht aus dem Auge verlieren sollte! Tatsächlich stellte sich am Ende heraus, dass die Wunden bei den von Estabany behandelten Mäusen erheblich rascher geheilt waren, als die der Kontrollgruppe. In einer Serie anderer Experimente sollte der Heiler die Aktivität von Enzymen beeinflussen, und auch hier war er erfolgreich.

Von Versuchen im »Institut für wissenschaftliche Fotografie« in Weißenstein, bei denen Dr. Evrard das Wachstum von Mikroorganismen beeinflusste, haben wir schon im sechsten Kapitel berichtet, und ähnliche Ergebnisse erzielte der Parapsychologe Dr. Elmar Gruber im Biozentrum Basel mit der Engländerin Joan Clark.

Dass diese Behandlungen erfolgreich waren, auch unter kontrollierten Bedingungen, und dass dabei eine Beeinflussung physischer Prozesse stattgefunden hat, ist nicht zu leugnen. Aber was steckt dahinter, was wird hier übertragen? Energie? Information? Oder beides zusammen?

Der Spiritismus sagt, es geschieht mit Hilfe von Geistern. Wiederum: Ob dies so ist, lässt sich weder beweisen noch ausschließen. Sicher ist allerdings, dass bei der Geistheilung Zuwendung weitergegeben wird und Liebe – im Sinne von Nächstenliebe. Wenn man die Ebene der Geistwesen einmal beiseite lässt, dann bleibt die Feststellung, dass es Zuwendung und Liebe sind, die – nebst dem Glauben – eine heilende Wirkung haben. Und dies ist eine Konsequenz, eine Anregung, die uns alle betrifft, nicht nur Menschen mit einer speziellen, medialen Begabung.

Einer der bekanntesten und erfolgreichsten englischen Geistheiler ist Tom Johanson. Er war viele Jahre Generalsekretär der Spiritualist Association of Great Britain (SAGB) und verdiente mit dieser Tätigkeit seinen Lebensunterhalt. Für seine Heilbehandlungen nahm er, wie die anderen Heiler auch, kein Honorar. Er begann seine berufliche Laufbahn als Porträtmaler, wurde Mitglied der Royal Academy of Art und ging dann als Illustrator und Texter in die Werbung. Später wechselte er in die Industrie über, zu einer Firma, die wissenschaftliche Instrumente herstellte. Zur SAGB kam er durch einen außergewöhnlichen Mann, Harold Sharp, einen ehemaligen Mönch, der eine starke mediale Begabung besaß. Sharp erkannte Johansons heilerische Fähigkeiten und überredete ihn, es wenigstens probeweise einmal mit Geistheilung zu versuchen. Johanson tat ihm den Gefallen, obwohl er überzeugt war, keinen Erfolg zu haben. Dass seine Patienten sich nach der Behandlung wohler fühlten, hielt er für ein psychologisches Phänomen.

Eines Tages brachte man auf einer Tragbahre einen etwa zwölfjährigen Jungen zu ihm, der nicht laufen konnte. Ärzte hatten ihn untersucht, aber die Ursache für seine Krankheit nicht finden können. Tom Johanson hatte keine große Hoffnung, etwas für den Jungen tun zu können, aber er wollte es wenigstens versuchen. Also legte er ihm die Hände auf, an Kopf, Brust, Bauch, Knien und Fußgelenken, und betete. Und er bemühte sich mit aller Kraft, in ihm den Willen zur Gesundung wachzurufen, ohne dabei mit ihm zu sprechen. Nach einer Viertelstunde wollte Johanson aufgeben und suchte bereits in Gedanken nach einer Entschuldigung für die Eltern, als der Junge mit einem Mal sagte: »Mister Johanson, ich habe das Gefühl, dass ich aufstehen könnte.« Und dann stand er ganz mühelos auf und spazierte im Zimmer umher.

»Ich habe nie herausgefunden, was dem Jungen eigentlich gefehlt hat«, erzählte Tom Johanson, als wir ihn in London besuchten und filmten. »Aber allein der Ausdruck im Gesicht der Eltern, die völlig überwältigt waren von der Reaktion ihres Jungen, sprach Bände. Und von dem Augenblick an war mir klar, da waren wirklich Heilkräfte und eine Energie, die wir bis heute nicht völlig verstehen können.«

Während unserer Dreharbeiten trafen wir auch eine junge Frau aus Deutschland, die bei Tom Johanson in Behandlung war. Er hatte sie auf einem Seminar kennen gelernt, das er in Todtmoos abgehalten hatte. Sie hatte eine langjährige Krebsbehandlung hinter sich, mit mehreren Operationen, die zunächst erfolgreich waren. Aber dann hatte eine Computertomografie Metastasen in der Lunge gezeigt, und Tom Johanson hatte sie eine Woche lang täglich behandelt. Eine weitere Computertomografie erwies später, dass keine Metastasen mehr zu sehen waren. Aber sie hatte noch Wasser in der Lunge und war deshalb zu einer zweiten Behandlung nach London gekommen.

Vier Monate später besuchten wir die junge Frau in ihrer Heimatstadt in Deutschland und fragten nach dem Erfolg der Behandlung. »Ich kam nach London mit Wasser hinter der rechten Lunge«, erzählte sie, »und nach 14 Tagen in London und einer Woche zu Hause hat sich das Wasser völlig abgebaut, und ich bin wasserfrei bis heute.« Sie war zuversichtlich und machte für sich selbst eine Reihe von Entspannungs- und Visualisierungsübungen.

Dass die Geistheilung hier etwas bewirkt hatte, war offensichtlich. Und ich habe noch andere erstaunliche Besserungen durch Geistheilung gesehen. Ich habe aber auch erlebt, dass die eine oder andere Besserung nicht von Dauer war. Es kommt also auch hier darauf an, dass der Mensch selbst sich ändert, dass er die Denk- oder Verhaltensweisen, die zur Krankheit geführt haben, ablegt. Wenn er das nicht tut, wird er irgendwann wieder dort landen, wo er vor der Geistheilung war. Es genügt nicht, zum Heiler zu gehen und sich dort ein Wunder tun zu lassen. Solche Wunder verflüchtigen sich rasch, wenn man nicht lernt, sie täglich in sich selbst neu zu erwecken. Aber auch hier gibt es Grenzen. Wo genau diese liegen, ist schwer zu erkennen. Ob Schicksal der richtige Begriff dafür ist? Ich weiß es nicht.

Auch die junge Frau, die wir bei Tom Johanson trafen, ist inzwischen leider gestorben. Wir neigen immer dazu, »leider« zu sagen, wenn es um den Tod geht. Aber vielleicht denken wir da in die falsche Richtung. Wenn die Seele unsterblich ist, dann sollte der Verlust des Körpers keine so große Bedeutung haben. In der *Bhagavadgita* heißt es: »Die Seele unverletzbar, ewig ist, in eines jeden Leib, darum die Wesen allesamt darfst du betrauern nimmermehr.« Aber ist die Seele unsterblich? Aus den Erscheinungen, die der Spiritismus hervorbringt, lässt sich ein eindeutiger Beweis dafür jedenfalls nicht ableiten. Gibt es noch andere Indizien? Ich denke schon.

Kapitel 12

Des Körpers leuchtende Hülle

Von der Aura zum morphogenetischen Feld

Die Idee von der Unsterblichkeit der Seele gehört zu den Grundgedanken der meisten Religionen und Philosophien der Welt. Man denkt sich den Menschen als ein aus verschiedenen physischen und metaphysischen, irdischen und überirdischen Elementen zusammengesetztes Wesen.

Der griechische Philosoph Plato und der Apostel Paulus sprachen von einer Dreiteilung des Menschen in Körper, Seele und Geist.

Der persische Religionsstifter Zarathustra und die jüdische Geheimlehre der Kabbala teilten den mittleren, seelischen Bereich noch in zwei Instanzen, von denen die eine für Form und Gestalt des Körpers verantwortlich ist, die andere für die seelischen Eigenschaften, Talent und Charakter.

In der altgriechischen Anschauung wurde unterschieden zwischen »Thymos«, einer beim Tode verfliegenden Lebenskraft – und »Psyche« als einem unsterblichen Ebenbild der Person. Bei den Juden nannte man diese beiden Aspekte »nephesch« und »ruach«.

Einige esoterische Schulen differenzieren die Einteilung des Menschen weiter und nehmen sieben, teilweise auch neun verschiedene leiblich-seelisch-geistige Ebenen an.

Gemeinsam ist all diesen Auffassungen die Grundannahme, dass der Mensch eine Mischung aus sterblichen und unsterblichen Anteilen ist – und dass der unsterbliche Teil sich für eine gewisse Zeit mit dem sterblichen Teil, dem stofflichen Körper, verbindet.

Eine sehr eindrucksvolle Schilderung dieses Vorgangs gab die heilige Hildegard von Bingen um die Mitte des 12. Jahrhunderts. Im Alter von 42 Jahren war ihr in einer Vision ein Lichtwesen erschienen – sie nannte es das »lebendige Licht« –, und dieses Wesen diktierte ihr eine Reihe von Werken. Das erste war *Scivias* – Wisse die Wege. Darin heißt es:

»Und dann sah ich einen übergroßen, hellen Glanz, der wie in zahllosen Augen flammte und seine vier Winkel nach den vier Himmelsgegenden richtete. Inmitten dieses Glanzes erschien ein anderer Glanz, gleich dem Morgenrot in Purpurblitzen leuchtend. Gleichzeitig sah ich eine Frau, die die volle Gestalt eines Menschen in ihrem Schoße trug.

Und siehe, nach der geheimen Verfügung des himmlischen Schöpfers regte sich diese Gestalt in erwachender Lebensbewegung, und eine Feuerkugel, die nicht die Umrisse des menschlichen Körpers hatte, nahm das Herz der Gestalt in Besitz, berührte ihr Gehirn und ergoss sich durch alle ihre Glieder.

Nachdem nun also die belebte Menschengestalt aus dem Schoße der Frau hervorgegangen war, wechselte sie je nach den Bewegungen, die die feurige Kugel in ihr hervorbrachte, ihre Farbe.«

Die Seele als eine feurige Kugel, deren Bewegung dazu führt, dass die Farbe des Menschen sich ändert – diese Schilderung der heiligen Hildegard erinnert an einen Begriff, der sehr alt ist und in vielen verschiedenen Kulturen auftaucht: die sogenannte Aura – eine farbige Lichterscheinung, die den menschlichen Körper umgibt und von Mystikern, Visionären und Medien oft beschrieben wurde. Auch auf vielen Heiligenbildern ist sie abgebildet, als eine Art Strahlenkranz – oft allerdings geschrumpft bis auf den kopfumrandenden Heiligenschein, den so genannten Nimbus.

Nach Ansicht esoterischer Lehren ist die Aura ein Bestandteil des feinstofflichen Ätherkörpers, der als eine Art Bildner, Baumeister oder Organisationsprinzip des stofflichen Körpers angesehen wird.

Aus eigener Erfahrung kennen wir den Eindruck, dass unser Körper nicht mit der Haut aufhört. Man spürt gelegentlich, ohne es zu sehen, dass jemand hinter einem steht, man wahrt eine gewisse Distanz zu anderen Menschen und fühlt sich unbehaglich, wenn sie unterschritten wird. Nur bei Menschen, die uns sehr vertraut oder besonders sympathisch sind, machen wir eine Ausnahme. In unserer Umgangssprache ist oft von der positiven oder negativen Ausstrahlung eines Menschen die Rede, und es gibt Hinweise dafür, dass dies nicht nur im übertragenen Sinne zu verstehen ist.

Seit alters her kennt man Menschen, denen die Fähigkeit gegeben ist, die Aura zu sehen. Bei den Dreharbeiten zu meinem Dokumentarfilm *Licht ist Leben* lernte ich einen davon kennen: die Geistheilerin Pamela Sommer-Dickson. Als Tochter eines Arztes in der Nähe von Den Haag aufgewachsen, hatte sie schon als Kind übersinnliche Erlebnisse, die sie aber verdrängte, weil sie damit unangenehm auffiel. Sie heiratete später und führte ein ganz normales Leben als Hausfrau und Mutter, bis sie kurz nach der Geburt ihres zweiten Kindes plötzlich ohnmächtig wurde. Man brachte sie ins Krankenhaus und versuchte, sie wieder aufzuwecken – ohne Erfolg. Aber nach drei Tages kam sie mit einem Mal wieder zu sich. »Und plötzlich war alles wieder da, ich konnte alles wieder sehen: Aura, Geister, alles.«

Als sie einige Zeit später ein krankes Kind auf den Arm nahm und sich dessen Zustand daraufhin deutlich besserte, wurde ihr bewusst, dass sie auch heilerische Fähigkeiten hatte. Seither ist sie als Geistheilerin tätig, ohne Honorar zu fordern. Spenden allerdings nimmt sie an, die der von ihr gegründeten Hilfsorganisation »Help to Help« zugute kommen. Außerdem hält sie Seminare in der Schweiz ab, wo sie in der Nähe von Bern wohnt, die sehr gefragt sind.

Gelegentlich gibt sie ihren Klienten Sitzungen, bei denen sie die Aura zeichnet und interpretiert. Obwohl diese Aurazeichnungen voller farbiger Details sind, meint Pamela Sommer-Dickson, dass sie kein realistisches Bild der Aura vermitteln könne.

»Wenn man die Aura sieht«, sagt sie, »das ist so strahlend und so klar, und manchmal sind da Farben, die man auf der Erde gar nicht sieht oder wahrnehmen kann, die haben eine ganz hohe oder klare Schwingung. Und mit Farbstiften kann man nur versuchen, das ein bisschen zu übersetzen, hier auf der materiellen Ebene, aber irgendwie habe ich das Gefühl, man ist der Aura nicht gerecht mit der Zeichnung, es ist immer strahlender, tiefer, oder die Farben sind vielleicht doch noch ein bisschen anders.«

Während sie zeichnet, sieht Pamela Sommer-Dickson auf unterschiedlichen Ebenen, sowohl als äußere als auch als innere Sicht. »Ich sehe«, so sagt sie, »in Medialität die Aura subjektiv und objektiv. Ich sehe also die Farben um die Person, und das sieht fast aus wie eine Flüssigkeit – wenn man sich bewegt, dann bewegt sich das auch alles so mit. Und dann sehe ich auch mental – wenn ich zeichne, bin ich auf beide Ebenen konzentriert.«

In ihren Zeichnungen finden sich oft bestimmte Symbole – bei einer Klientin zum Beispiel die Mutter als Kaktus, das heißt, sie ist nah, aber doch »unnahbar«. Sind solche Symbole etwas, das sie äußerlich oder innerlich sieht?

»Innerlich«, meint Pamela Sommer-Dickson. »Die kommen dann innerlich. Und manchmal höre ich auch etwas. Und hin und wieder wird mir auch etwas äußerlich gezeigt, ein Symbol. Dann kommt plötzlich ein Bild, ein Baum oder ein Ozean oder so. Aber sehr oft ist das ein innerliches Bild.«

Pamela Sommer-Dickson sieht in der Aura nicht nur Energiestörungen oder sich anbahnende Krankheiten, sie findet auch die Charakterzüge der Klienten dort und viele biographische Details. Für den, der die Aura nicht selbst sehen kann, sind Pamela Sommer-Dicksons Visionen schwer nachzuvollziehen. Aber die Klienten bestätigen immer wieder, dass ihre Aussagen zutreffend sind.

Meine Frau Lieselotte, die sich von Pamela Sommer-Dickson eine Aurazeichnung hat machen lassen, meinte: »Also ich kann ja jetzt nur das nachvollziehen, was aus der Vergangenheit gesagt wurde, und da muss ich sagen, es stimmt alles bis auf den i-Punkt.« Pamela Sommer-Dickson erkannte beispielsweise auch, dass sie schwanger war, wobei davon im ersten Monat nicht das Geringste zu sehen war.

Die Aurazeichnungen sind alle unterschiedlich, sie zeigen ein hohes Maß an individueller Farbigkeit. Wie vertragen sich nun diese Farben mit den vielen Farben, die uns umgeben? Gibt es eine Wechselwirkung zwischen den Aurafarben und den Farben unserer Kleidung beispielsweise?

»Ja, das ist ganz spannend«, meint Pamela Sommer-Dickson. »Also man sieht, wenn Leute eine bestimmte Farbe tragen, die sehr stark in der Aura vorhanden ist, vor allem wenn es harmonisch ist in der Aura, dass das die Persönlichkeit ganz stark unterstützt und die Leute irgendwie noch mehr strahlen. Und dann hören die sehr oft: Ah, das steht dir gut, oder: Wie siehst du gut aus. Und auch umgekehrt kann man zum Beispiel durch bestimmte Farben seine ganze Aura dumpf machen. Leider achten die Leute zuwenig darauf und folgen einfach einer Modefarbe und vergessen, dass sie als Person vielleicht irgendwo ganz anders stehen.«

Die meisten Modeschöpfer denken wohl kaum darüber nach, ob ihre Kreationen mit der inneren Farbe des Menschen übereinstimmen. Jedenfalls drängt sich diese Vermutung auf, wenn man die Kleidung in den Schaufenstern der Modehäuser betrachtet. Da findet man wenig klare Farben, stattdessen viel Braun und Grau, Farben, die die menschliche Ausstrahlung dämpfen, vor allem aber Schwarz, das sie fast gänzlich zurückhält.

Das Licht, das durch unsere Kleidung hindurchgeht, wird durch ihre Farbe beeinflusst, eingefärbt sozusagen. Und farbiges Licht auf unserer Haut kann die Körperenergie und damit unser Wohlbefinden beeinflussen. Das ist ein Aspekt, der heute bei uns leider völlig vergessen wird. In unserer materialistisch orientierten Gesellschaft ist so etwas wie eine Aura für die meisten Menschen ohnehin nur ein esoterischer Hokuspokus, ein Überbleibsel alten Aberglaubens.

Bei unseren Vorfahren galt die Aura seit jeher als Ausstrahlung einer Lebensenergie, die von den alten Ägyptern »Ka«, von den Indern »Prana« und von den Chinesen »Chi« genannt wurde. Nach Auffassung der traditionellen chinesischen Medizin zirkuliert diese Lebensenergie in bestimmten Leitbahnen, so genannten »Meridianen«, auf der Körperoberfläche. Diese Meridiane werden bestimmten Funktionskreisen zugeordnet, die verschiedene Organbereiche umfassen. Unregelmäßigkeiten im Energiefluss stehen mit

Störungen in den betreffenden Organbereichen in Zusammenhang. In der Akupunktur versucht man durch Nadelung verschiedener Punkte auf den Meridianen, die Störungen im Energiefluss auszugleichen, und damit auch auf die Organbereiche einzuwirken. Die Endpunkte der Meridiane liegen in den Finger- beziehungsweise in den Zehenspitzen.

Diese Körperenergie ist kein esoterisches Phantasiegebilde, man kann sie messen und sogar bildlich festhalten: durch ein spezielles Verfahren der Hochfrequenzfotografie, das der sowjetische Ingenieur Semjon Davidovitsch Kirlian entwickelt hat. Als die Kirlianfotografie im Westen bekannt wurde, erregte sie großes Aufsehen, denn die Objekte, die Kirlian in einem Hochfrequenzfeld fotografierte, zeigten an den Rändern seltsame Leuchterscheinungen, feingliedrige Abstrahlungen, auch »Lumineszenzen« genannt, deren Herkunft man sich damals nicht so recht erklären konnte. Bei toten Objekten sind die Abstrahlungen gleichmäßig, während sie sich bei lebenden Objekten in dynamischer Weise verändern. Inzwischen weiß man, was diese Lumineszenzen zu bedeuten haben. Mit wissenschaftlichen Mitteln kann man heute messen, dass unser Körper elektromagnetische Wellen verschiedener Stärke und Frequenz ausstrahlt und dass die elektrische Ladung der Haut an verschiedenen Stellen eine unterschiedliche Stärke hat. Und diese Unterschiede bilden sich auch in der Kirlianfotografie ab.

»In erster Näherung ist es das Bild der Oberflächenladungsverteilung auf der Hautoberfläche«, erklärt der Biophysiker Dr. Fritz Popp, ein Spezialist auf diesem Gebiet. »Die Ladungsverteilung auf der Hautoberfläche sagt etwas aus über gewisse Feldverteilungen auch im Organismus selbst. Diese Feldverteilung im Organismus wiederum steuert und kontrolliert biochemische Prozesse, so dass wir hier auch die Anbindung an die Funktionen im Organismus haben. Das ist auch insofern interessant, als man heute weiß, dass in kannibalischen Tierstämmen jene Tiere immer Opfer sind – also von den anderen aufgefressen werden –, deren Ladungsverteilung auf der Oberfläche pathologisch verschoben ist.«

Wenn Tiere offenbar Veränderungen im Energiefeld ihrer Artgenossen wahrnehmen können – sollte uns Menschen dies dann nicht auch möglich sein? Haben wir vielleicht nur verlernt, darauf zu achten? Und wenn dieses Energiefeld über die Befindlichkeit unseres Körpers Auskunft gibt, sollte sich dies dann nicht auch für diagnostische Zwecke nutzen lassen?

Der Heilpraktiker Peter Mandel hat seit 1973 aufgrund der Kirlianfotografie ein Verfahren entwickelt, das er »Energetische Terminalpunktdiagnostik« nennt. Dabei werden Finger- und Fußspitzen der Patienten fotografiert und die Lumineszenzen, die Abstrahlungen an den Endpunkten der Akupunkturmeridiane, in ihrer Bedeutung für die zugehörigen Organe interpretiert.

»Der Ausgangspunkt«, so erinnert sich Peter Mandel, »war die Überlegung, das ganze System der Meridiane auf ein Fotopapier zu bringen und es gegenüberzustellen, um so eventuelle Hinweise zu bekommen. Und das ist geglückt. Schon nach einem halben Jahr hatten wir eine Topographie, die sich auf klinische Befunde stützte, und die zeigte, welche Form von Lumineszenz zu welcher Störung gehört. Und das hat sich mit den Jahren natürlich enorm verbessert. Wir haben inzwischen auch Statistiken, die beweisen, dass die Phänomene, die man dort sieht, mit bestimmten

Erkrankungen in Zusammenhang stehen. Und aus den Phänomenen bekommt man nicht nur Hinweise auf die jeweilige Erkrankung, sondern auch gleichzeitig Therapiehinweise – was muss ich tun für diese Erkrankung, die nicht unbedingt ihre Ursache an dem Ort haben muss, wo sie in Erscheinung tritt. Das sieht man auch – den Weg zurück zur Ursache. Und dann therapieren wir entsprechend, und in den meisten Fällen klappt das recht gut. Natürlich kann diese Fotografie nicht alles, das muss man also auch sagen.«

Besonders interessant ist bei diesem Verfahren, dass man damit Störungen bereits erkennen kann, bevor sie Organe in Mitleidenschaft gezogen haben, und so bereits vorbeugend eingreifen kann. Ich habe dieses Verfahren selbst ausprobiert, als wir es filmten, und konnte bestätigen, dass die Befunde, die Peter Mandel mir nannte, zutreffend waren. Ich kannte sie schon – allerdings aufgrund sehr viel umständlicherer und aufwendigerer Untersuchungen. Insofern hat mich dieses einfache und preiswerte Diagnoseverfahren, das nur wenige Minuten in Anspruch nimmt, schon überzeugt. Und es wäre zu wünschen, dass es sich – zumindest als Ergänzung – auch im Bereich der Schulmedizin ein wenig mehr verbreiten würde.

Peter Mandel arbeitet seit vielen Jahren mit Dr. Fritz Popp zusammen, der sich auf die Erforschung so genannter »Biophotonen« spezialisiert hat. Darunter versteht man eine sehr schwache Lichtstrahlung, mit der die Zellen in einem Organismus ihre Stoffwechselprozesse steuern und sich untereinander verständigen. Um diese ultraschwache Zellstrahlung zu messen, hat er vor Jahren ein Gerät entwickelt, das so empfindlich ist, dass man damit noch das Licht einer Kerzenflamme in zwanzig Kilometern Entfernung registrieren könnte.

»Wir wissen«, erklärt Dr. Popp, »dass die Pflanzen von Licht leben. Und wir wissen, dass die Zellstruktur dem Licht angepasst ist. Und wir können annehmen, dass Licht für die Regulation der vielfältigen chemischen Reaktionen, die in der Zelle stattfinden, eine wesentliche Rolle spielt.«

Wenn zum Beispiel eine Zelle sich teilt, müssen dabei unzählige chemische Reaktionen möglichst schnell und präzise gesteuert werden. Und wie könnte man Steuerbefehle schneller und genauer übertragen als durch Licht? Wenn ein Lebewesen heranwächst, müssen sich seine Zellen genau zur richtigen Zeit an der richtigen Stelle teilen, damit die gewünschte Form entsteht. Dass dies zufällig und ungesteuert ablaufen könnte, ist – angesichts der Komplexität und Effizienz dieser Prozesse – eine völlig absurde Vorstellung. Die einzelnen Zellen müssen ihre Aktivität dabei durch gezielte Information koordinieren. Und so, wie der Mensch bei bestimmten Anlässen Briefe schreibt, ein anderes Mal aber zum Telefonhörer greift, benutzen auch die Zellen nicht nur chemische Botenstoffe wie zum Beispiel Hormone, sondern auch Licht als Informationsmittel.

Dieses Licht zu erforschen ist die Hauptaufgabe der Mitarbeiter in Dr. Popps Institut für Biophysik in der Nähe von Neuß. Es werden aber auch praktische Untersuchungen durchgeführt, zum Beispiel von Nahrungsmitteln. Wenn man eine beliebige Substanz mit Licht bestrahlt, kann man an der Art und Weise, wie sie dieses Licht wieder von sich gibt, ihren inneren Ordnungszustand ablesen, der auch ein Maß für Lebendigkeit und Gesundheit ist. Man findet dabei nicht nur Unterschiede zwischen Lebenden und Toten oder gesunden und kranken Organismen, sondern beispielsweise auch zwischen verschiedenen Obstsorten. Dr. Popp und sein Team fanden bei ihren Untersuchungen heraus, dass biologisch angebautes Obst ein höheres Maß an Ordnung aufweist als das konventionell erzeugte.

Gelegentlich liest man Berichte über Untersuchungen von Chemikern, die behaupten, es gäbe keinen wesentlichen Unterschied zwischen konventionellem und ökologischem Gemüse. Auf einer atomaren Ebene mag das vielleicht zutreffen. Aber auf dieser Ebene gibt es auch keinen wesentlichen Unterschied zwischen einem toten Holztisch und einem lebendigen Baum. Oder zwischen keimfähigen Weizenkörnern und dem Mehl, zu dem sie vermahlen werden. Aber das Weizenkorn bringt in der Erde eine neue Pflanze hervor, es ist lebendig – das Mehl nicht. Und Dr. Popp kann mit seiner Biophotonenmessung keimfähige Weizenkörner von nicht keimfähigen unterscheiden. Ein Chemiker kann das nicht – er muss ja das Weizenkorn erst vermahlen und damit »töten«, um es zu analysieren. Mit Hilfe der Biophotonenmessung kann der Ordnungsgehalt und die Lebendigkeit von Nahrungsmitteln festgestellt werden – und die ist bei ökologischem Obst und Gemüse oder auch bei Eiern von freilaufenden Hühnern messbar höher. Bedeutet das nun aber auch eine höhere Nahrungsqualität?

»Diese Ordnung überträgt sich auf den Verbraucher«, meint Dr. Popp. »Erwin Schrödinger, Nobelpreisträger in der Quantentheorie, der auch über Leben geforscht hat, sagte bereits in den 50er Jahren, dass wir nicht nur Kalorien zu uns nehmen, sondern mit den Lebensmitteln letztlich deren Ordnung aufnehmen. Und diese Ordnung wird durch das Licht übertragen, so wie wir das bei der Pflanze eben vom Sonnenlicht her kennen. Wir nehmen mit den Lebensmitteln das gespeicherte Licht auf, das dann die vielfältigen Ordnungsprozesse im Organismus steuert und durchführt.«

In der Bibel heißt es: »Der Mensch lebt nicht vom Brot allein, sondern von einem jeden Worte, das aus dem Munde Gottes geht.« Wie ist das zu verstehen? Im griechischen Text wird das »Wort« hier mit dem Begriff »rhymati« bezeichnet – was auf etwas Rhythmisches, Schwingendes hindeutet. Könnte damit eine bestimmte Art von Licht gemeint sein? Erscheint uns das Wort Gottes in einer Sprache aus Licht? Und ist dieses Licht eine nichtstoffliche Form von Nahrung?

»Ich bin sogar überzeugt davon, dass wir letztlich vom Licht leben«, sagt Dr. Popp. »Denken wir doch einfach an die Glykolyse. Zucker besteht aus Kohlendioxyd und Wasser, das beides wird durch Licht zusammengeschweißt zu Glukose. Im Organismus wird bei diesem Prozess, der letztlich die Grundlage der Ernährung bildet, das Kohlendioxyd durch die Lungen wieder ausgeschieden. Auch das Wasser wird ausgeschieden – und zurück bleibt letztlich das Licht, das die Glukose erzeugt hat. Wir leben also im Grunde genommen von Licht.«

Wir nehmen Licht auf, und wir strahlen es auch wieder ab, wie alles Lebendige – solange wir lebendig sind. Inzwischen hat Dr. Popp eine spezielle Dunkelkammer entwickelt, in der man diese Lichtausstrahlung des menschlichen Körpers messen kann. Er hat hier auch die Ausstrahlungen von Geistheilern untersucht und festgestellt, dass ihre Hände beispielsweise eine besonders intensive Lichtstrahlung abgeben. Durch weitere Forschungen wird man vielleicht eines Tages klären können, inwieweit die Erfolge der Heiler auf solche Biophotonen zurückzuführen sind.

Mit seinen Messungen bestätigt Dr. Popp auch das, was medial begabte Menschen, welche die Aura sehen können, gesagt haben: dass sich nämlich die Gesundheit eines Menschen in ihr widerspiegelt. Denn ebenso wie beim Obst kann man auch beim Menschen das Maß seiner inneren Ordnung an dieser Ausstrahlung ablesen. Bei gesunden Menschen ist sie anders als bei Kranken. Bei den Gesunden ist die Lichtmenge, die ausgestrahlt wird, auf beiden Körperseiten gleich groß. An der rechten Hand beispielsweise ebenso groß wie an der linken. Oder am linken Ohr ebenso groß wie am rechten.

»Andererseits ist uns aufgefallen«, meint Dr. Popp, »dass kranke Menschen – Tumorpatienten, Patienten mit Aids oder multipler Sklerose – häufig Asymmetrien aufweisen, und zwar erhebliche Asymmetrien. Dass also beispielsweise der Wert vom rechten Ohr dreißig Einheiten beträgt, der vom linken Ohr 400 Einheiten. Solche Unterschiede treten auf. Und wir ziehen daraus den Schluss, dass normalerweise die rechte Hand weiß, was die linke tut, und dass dann, wenn eine Desorganisation im Organismus auftritt, diese Regulationsprozesse blockiert werden und dass man das dann eben auch an dieser Lichtemission erkennen kann.«

Wenn genügend Erfahrungswerte zur Verfügung stehen, welche die Daten der Biophotonenmessung mit den herkömmlichen, weit aufwendigeren Diagnosemethoden vergleichen, wird man hier vielleicht eines Tages zu einer einfachen und effizienten Diagnosemöglichkeit kommen, mit der man Krankheiten bereits im Anfangsstadium erkennen kann.

In dem Zusammenhang, um den es hier in diesem Buch geht, interessiert aber weniger der medizinische Aspekt, sondern die Frage, ob die Ausstrahlungen, die Dr. Popp in seiner Dunkelkammer messen kann und die mit dem Kirlian-Verfahren fotografiert werden, etwas mit der unsterbliche Seele zu tun haben.

Der Begriff »Seele« ist schwer zu fassen, die Definitionen sind fließend und es ist leicht, hier mit den gleichen Worten aneinander vorbeizureden. Wenn wir aber die Seele als eine Instanz betrachten, die für die Form, für die Eigenschaften und Merkmale unseres Körpers und unseres Charakters verantwortlich ist, dann wird klar, dass sie vor allem eine informative, eine organisatorische, Ordnung schaffende Funktion hat. Energie allein kann aber keine Ordnung schaffen, und Materie allein ebensowenig. Und so muss die Seele wohl etwas sein, das weder dem energetischen, noch dem stofflichen Bereich zuzuordnen ist. Aber welchem Bereich dann?

Ende des 19. und Anfang des 20. Jahrhunderts glaubte die Wissenschaft noch, mit den Begriffen Kraft (Energie) und Stoff (Materie) auskommen und die Beschaffenheit des Universums erklären zu können. Aber das Vorhandensein selbstständiger, lebendiger Einheiten – im Sinne ganzheitlicher Systeme, die in der Bewegung und im Austausch von Materie und/oder Energie ihre Form aufrechterhalten – erfordert zwangsläufig die Annahme einer dritten Komponente, die man als »Information«,»Intelligenz« oder »Geist« bezeichnen könnte. Diese Komponente ist die wesentliche, das heißt: die oberste in der Hierarchie von Ursache, Wirkkraft und Bewirktem. Sie liegt jenseits von Energie und Materie, ist unsichtbar, unwägbar, unmessbar, und für unseren Verstand nur aus den Wirkungen heraus, deren Ursache sie ist, erkennbar. Wer sie sehen will, muss die Augen schließen und mit dem Herzen sehen, so wie es der Fuchs in Saint Exupérys Geschichte vom Kleinen Prinzen empfohlen hat: »Man sieht nur mit dem Herzen gut. Das Wesentliche ist für die Augen unsichtbar.«

Energie allein ist nicht schöpferisch und sie kann, je nach

Art der Nutzung, entweder konstruktiv oder destruktiv sein. Wer – dieses hübsche Beispiel verdanke ich Dr. Fritz Popp – eine Stradivari nimmt und ihr nur Energie zuführt, indem er sie in einen Backofen steckt und den Strom einschaltet, der bekommt als Ergebnis allenfalls eine kaputte Geige, aber keine Musik. Um Musik zu bekommen, muss zwar auch Energie aufgewendet werden – aber auf eine ganz besondere, kunstvolle und vom Geist gesteuerte Art und Weise: mit Hilfe eines Geigenbogens und sehr viel Übung.

Auch Materie allein ist nicht schöpferisch. Wenn man einen Klumpen Ton auf die Töpferscheibe klatscht und sonst nichts weiter tut, dann wird beim besten Willen daraus kein Topf entstehen – selbst wenn er zehn oder zwanzig Milliarden Jahre dort liegen bleibt. Und auch wenn nur bloße, nichtgeordnete Energie hinzukommt, zum Beispiel indem man die Töpferwerkstatt in Brand steckt, wird aus dem Ton kein Topf, sondern nur aus dem rohen ein gebrannter Tonklumpen. Und der hat ein noch niedrigeres Ordnungsniveau, denn in ihm steckt nicht einmal mehr die Möglichkeit, ein Topf zu werden. Es gehören auch hier ein steuernder Geist, Kenntnis und Geschicklichkeit dazu – personifiziert durch die Töpferin oder den Töpfer –, damit ein Topf entstehen, oder besser gesagt: geschaffen werden kann.

Diese drei Komponenten: Stoff, Kraft und steuernder Geist – oder Materie, Energie und Information – finden sich in allen lebendigen, selbst organisierten Systemen, die ihre Gestalt durch Energieaustausch oder Stoffwechselvorgänge aufrechterhalten. Und es spielt dabei im Prinzip keine Rolle, ob es sich um eine Amöbe handelt oder einen Elefanten.

Wir können also davon ausgehen, dass es eine von Materie und Energie unabhängige Ordnungsinstanz gibt, die mit Hilfe der Energie die Materie ordnet und – zum Beispiel – zu einem menschlichen Körper aufbaut. Und diesen Körper dann auch – trotz des ständigen Wandels der materiellen Bestandteile durch den Stoffwechsel – in seiner Form erhält.

Die Biophotonen oder die Energieausstrahlungen, die mit dem Kirlian-Verfahren fotografiert werden, sind also sozusagen nur das Werkzeug dieser Organisationsinstanz, aber nicht die Organisationsinstanz selbst. Sie sind nur eine Äußerung der Seele, aber nicht die Seele selbst. Naturwissenschaftler sprechen heute, wenn sie diese Ordnungsinstanz meinen, nicht mehr von Seele, sondern vom morphogenetischen Feld.

Anfang der 1980er Jahre schrieb der englische Biologe Rupert Sheldrake ein Buch über morphogenetische Felder, das heftiges Aufsehen erregte: *Das schöpferische Universum.* Sein Ausgangspunkt war dabei die Frage, wie im biologischen Bereich Formen entstehen. Warum zum Beispiel die gleiche Art von Zellen mit den gleichen Genen und aus den gleichen Eiweißbausteinen an einer Stelle des Körpers eine Hand aufbauen, an einer anderen ein Bein, links ein linkes und rechts ein rechtes Ohr und so weiter. Auf einer rein chemisch-physikalischen Ebene ist dies nicht zu erklären. 1984 habe ich mit Rupert Sheldrake ein längeres Interview geführt, in dem er sehr klar und präzise seine Ansichten erläuterte. Zu Beginn fragte ich ihn, wie er auf die Theorie des morphogenetischen Feldes gekommen sei.

»Ich beschäftigte mich an der Universität von Cambridge mit der Form von Pflanzen und deren Entwicklung«, erzählte Rupert Sheldrake. »Das Problem der Form ist in der Biologie bis heute nicht zufriedenstellend geklärt – das Problem, wie eine bestimmte Form entsteht. Wir wissen eine Menge über die chemischen Vorgänge im Organismus, in der DNS und anderen Verbindungen. Aber die Ursache, weshalb ein Arm ein Arm oder ein Bein ein Bein wird, weshalb Blätter oder Blüten ihre Gestalt bekommen, ist noch nicht bekannt. Und das hat mich zur Frage der Entstehung von Formen in der Biologie geführt. Es gibt in diesem Bereich seit über hundert Jahren eine ganzheitliche Denkrichtung, die versucht, neue Vorstellungen über die Entstehung von Formen zu entwickeln. Und aus dieser Tradition heraus entstand die Idee des morphogenetischen Feldes, die 1922 zum erstenmal vorgestellt wurde. Und ich versuche, diese Gedankengänge weiterzuentwickeln.«

»Woraus«, so wollte ich wissen, »besteht ein morphogenetisches Feld? Was hat es für eine Struktur und wo befindet es sich?«

»Morphogenetisches Feld«, so meinte er, »bedeutet soviel wie: formbildendes Feld. Es gestaltet die Form des Organismus, der während seines Wachstums durch dieses unsichtbare Feld geformt, geprägt wird. Das Feld bildet eine Art unsichtbares Muster in und um den Organismus. So wie zum Beispiel ein magnetisches Feld im Magneten und darum herum ein Muster bildet, das in den Raum hineinwirkt. In gleicher Weise bildet das morphogenetische Feld eine Form oder ein Muster, das den Organismus umhüllt. Das Problem bei diesen Feldern ist ihre Unsichtbarkeit. Aber das trifft auch für alle anderen Felder in der Physik zu, ob es nun Gravitationsfelder, elektromagnetische Felder oder Quantenfelder sind. All diese Felder sind unsichtbare Strukturen – und meine Theorie besagt, dass wir es hier mit einer solchen unsichtbaren Struktur zu tun haben, die an der Formung der Materie beteiligt ist.«

»Und wo«, fragte ich Rupert Sheldrake, »kommt das Feld

her? Entsteht es vor dem Organismus oder zusammen mit dem Organismus? Wie entwickelt es sich?«

»Das morphogenetische Feld verbindet sich mit der Eizelle, die ihrerseits bereits Teil eines lebenden Organismus ist«, sagte er. »Bei der geschlechtlichen Fortpflanzung kommen Eizelle und Sperma zusammen und beide stammen von lebenden Organismen derselben Gattung, so dass das Leben immer aus dem Lebendigen entsteht und nie aus dem Leblosen oder Ungeformten. Nach meiner Theorie bezieht das morphogenetische Feld seine Struktur aus den morphogenetischen Feldern von anderen Angehörigen der gleichen Gattung – mit Hilfe von unsichtbaren Verbindungen durch Zeit und Raum.«

»Und dieses Feld trägt die Information des Körpers«, fragte ich, »seines Wesens, seiner Beschaffenheit?«

»Ja«, meinte Rupert Sheldrake. »Alles, was mit Form und Struktur zu tun hat. Der Grund, weshalb das Ei oder der wachsende Organismus den Einfluss des morphogenetischen Feldes aufnimmt, ist seine Ähnlichkeit mit früheren Artgenossen. Und diesen Einfluss von Gleichartigem auf Gleichartiges nenne ich morphische Resonanz.«

»Wie geht das vor sich?«

»Durch raumzeitliche Verbindungen aufgrund der Gleichartigkeit der morphogenetischen Felder. Die morphogenetischen Felder kommunizieren miteinander durch morphische Resonanz. Man könnte einwenden: Dies sind nur Worte und es hilft nicht, die Sache zu klären. Aber der Wert einer wissenschaftlichen Theorie hängt von den Voraussagen ab, die sie ermöglicht. Alle wissenschaftlichen Theorien führen sichtbare Wirkungen auf unsichtbare Ursachen zurück. Niemand hat je ein Quantenfeld gesehen oder ein Gravitationsfeld oder ein elektrostatisches Feld.

Wir können diese unsichtbaren theoretischen Gebilde nur an ihren Wirkungen messen. Die Voraussagen einer Theorie beziehen sich auf solche messbaren Wirkungen, und meine Theorie erlaubt eine ganze Reihe von Voraussagen.«

»Können Sie uns ein Beispiel geben«, fragte ich, »wie morphische Resonanz wirkt? Wie kann man sie nachweisen?«

»Die einfachste Methode«, sagte Rupert Sheldrake, »besteht darin, die Voraussagen zu überprüfen. Die Theorie besagt, dass jede Gattung über ein gemeinsames Sammelgedächtnis verfügt, eine Art kollektiver Erinnerung. Und dies sollte zum Beispiel auch für Ratten gelten. Wenn man Ratten in Deutschland ein Kunststück beibringt, dann müssten, so sagt die Theorie, Ratten in irgendeinem anderen Land das gleiche Kunststück schneller erlernen können. Und man kann experimentell nachprüfen, ob dies der Fall ist oder nicht. Es sind in der Vergangenheit bereits etliche Experimente dieser Art mit Ratten gemacht worden, nicht um meine Theorie zu prüfen, sondern aus anderem Anlass. Und dabei hat sich in der Tat herausgestellt, dass Ratten in der ganzen Welt ein neues Kunststück im Laufe der Zeit schneller lernten. Dies wurde in Amerika, Schottland und Australien festgestellt, und zwar nicht nur bei Ratten, deren Eltern dies gelernt hatten, sondern bei allen Ratten aus der gleichen Zucht. So gibt es etliche Hinweise dafür, dass diese Wirkung vorhanden ist. Wenn nun Ratten etwas gelernt haben und andere Ratten in anderen Erdteilen dies dann schneller lernen, dann würde ich meinen, dass dafür die morphische Resonanz verantwortlich ist. Man könnte aber auch sagen, das ist nicht morphische Resonanz, sondern Rattentelepathie. Dann könnte man fragen: Was ist der Unterschied zwischen Rattentelepathie und morphischer Resonanz? Ich weiß es nicht. Ich meine, dieser Bereich sollte erforscht werden. Aber sicherlich findet man in dieser Richtung eher eine Erklärung für Telepathie als aus der Sicht einer konventionellen und mechanistischen Biologie.«

»Hat das morphogenetische Feld«, so wollte ich von Rupert Sheldrake wissen, »etwas mit dem zu tun, was wir Seele nennen?«

»Das kommt darauf an«, meinte er, »was man unter Seele versteht. Die Seele, so wie Aristoteles, das Mittelalter oder der große deutsche Embryologe Hans Driesch sie verstanden haben, war das, was den Körper formte. Plato sagte: Die Seele ist nicht im Körper, der Körper ist in der Seele. Alle Gattungen von Pflanzen und Tieren hatten eine Seele, die ihnen ihre Form gab. Und im Englischen nennt man Tiere ›animals‹, weil sie eine Seele, ›anima‹, besitzen; und leblose Dinge nennt man ›inanimate‹, das heißt seelenlos. Man war der Ansicht, dass jedes lebendige Wesen eine Seele hat. In diesem alten und allgemeinen Sinne verstanden, entspricht die Seele in gewisser Weise dem morphogenetischen Feld, da dieses dem Körper seine Form gibt, so wie nach Auffassung von Aristoteles und den scholastischen Philosophen des Mittelalters die Seele dem Körper seine Form gab. Seit dem 17. Jahrhundert ist allerdings der Begriff Seele auf den Menschen beschränkt worden, und man verwandte ihn im Sinne einer spirituellen, geistigen Seele. Aber Form, Instinkt und Bewegung gelten seit dem 17. Jahrhundert nicht mehr, wie in den alten Philosophien, als Eigenschaften der Seele. Und dadurch hat dieser Begriff eine andere Bedeutung bekommen.«

»Nehmen Sie an«, fragte ich, »dass das morphogenetische Feld den Körper überlebt – und wenn ja, in welcher Weise?«

»Sein Überleben besteht nach meiner Theorie vorwiegend darin, dass es auf zukünftige Artgenossen Einfluss ausübt«, meinte Rupert Sheldrake. »Es gibt eine Art kollektiver Erinnerung, ein gemeinsames Gedächtnis, an dem alle Mitglieder einer Gattung teilhaben. Sie bringen dort Informationen ein und beziehen Informationen von dort. Und auf diese Weise können die Erfahrungen eines Lebewesens weiterleben. Was aber das individuelle menschliche Überleben angeht, so spricht die Theorie weder dafür noch dagegen. Sie lässt diese Frage offen.«

1985 habe ich in der ersten Staffel meiner Sendereihe *Die Erde, der Himmel und die Dinge dazwischen* ein Fernsehexperiment durchgeführt, um Rupert Sheldrakes Theorie von der morphischen Resonanz zu überprüfen. Es wurde dabei ein Vexierbild gezeigt, in dem man, mit viel Fantasie, eine Frau mit Sonnenschirm erkennen konnte. Vor der Sendung wurde getestet, wie viele Menschen diese Figur erkannten. Dann zeigte ich das Bild in der Sendung und erklärte, was es darstellt. Anschließend wurde der Test mit anderen Versuchspersonen – die die Sendung nicht gesehen hatten – wiederholt. Gemäß der Theorie hätten jetzt mehr Menschen die Figur erkennen müssen – aber dies war nicht der Fall, es waren weniger. Keine Bestätigung also für die morphische Resonanz. Inzwischen hat es eine Reihe anderer Experimente gegeben, die positiv ausgegangen sind, aber ob darin ein Beweis für die Richtigkeit der Theorie zu sehen ist, darüber streiten sich noch die Gelehrten.

Aber auch wenn man annimmt, dass sie richtig ist, spricht dies lediglich für die Existenz einer Art von kollektiver Erinnerung der Menschheit – ähnlich dem, was der Schweizer Psychologe C. G. Jung als das »kollektive Unbewusste« bezeichnet hat – nicht aber für eine mögliche Unsterblichkeit der Seele.

Aber ist das morphogenetische Feld überhaupt das, was wir Seele nennen? Ich glaube, es könnte hilfreich sein, wenn wir einmal zurückkehren zu jener alten Vorstellung, wie sie bei Zarathustra, in der Kabbala und bei den Griechen herrschte – der Vorstellung von den zwei Seelen. Dies ist natürlich eine reine Spekulation. Aber nehmen wir einmal an, dass es zwei Seelen gäbe, eine Körperseele (oder Gattungsseele) und eine Geistseele (oder Individualseele). Die Körperseele entspräche etwa dem, was Sheldrake als morphogenetisches Feld bezeichnet (beziehungsweise »thymos«/»anima«/»nephesch« der Antike) – und ist die Instanz, die für Form und Gestalt des Körpers verantwortlich ist. Diese Körperseele wäre mit der Eizelle verbunden und gestaltet den Körper mit Hilfe der genetischen Bausteine, die sie in der DNS vorfindet. Man könnte annehmen, dass die Geistseele hier bei der Auswahl der Chromosomen und ihrer Zusammenstellung beteiligt ist. Die Körperseele könnte sozusagen als der Architekt, die Geistseele als der Bauherr betrachtet werden, und beide stimmen sozusagen Form und Einrichtung der körperlichen Seelenbehausung miteinander ab.

Die Geistseele (im Sinne von »psyche«/»spiritus«/»ruach« der Antike) zieht in den Körper ein, sobald dieser fertiggestellt ist – entsprechend der Vision der heiligen Hildegard zu Anfang dieses Kapitels. Als zusätzlichen Hinweis für diesen Vorgang könnte man das Erscheinen der Handlinien betrachten, das etwa um diese Zeit, Ende des dritten Schwangerschaftsmonats, stattfindet. Außerdem werden auch die Gehirnwellenmuster des heranwachsenden Kindes von dieser Zeit an immer individueller.

Die Handlinien sind ein einmaliges und unverwechselbares Zeichen unserer Individualität, und sie geben dem

Kundigen Auskunft über unseren Charakter. Es wird auch berichtet, dass nach dem Tod eines Menschen die Handlinien allmählich verschwinden. Und der Biologe Lyall Watson zitiert in seinem Buch *Geheimes Wissen* den Fall eines Anstreichers, der nach einem Sturz aus großer Höhe zwei Wochen bewusstlos war. Während dieser Zeit verschwanden seine Handlinien, »als hätte man sie mit einem Schwamm weggewischt«. Nachdem er wieder zu Bewusstsein gekommen war, kehrten auch die Handlinien langsam wieder zurück.

Die Annahme einer Körperseele könnte die Gestaltung unseres Körpers erklären, die nicht gänzlich auf chemische und physikalische Vorgänge zurückzuführen ist. Sie könnte auch eine Erklärung liefern für Phänomene wie den Phantomschmerz, den wir am Beispiel des Taxifahrers Harold Librach im zweiten Kapitel beschrieben haben. Denn als ein Teil der Körperseele wäre ja auch ein amputiertes Bein immer noch vorhanden.

Die Geistseele könnte eine Erklärung liefern für die spezielle Art unserer Eigenschaften, unseres Charakters, unserer Talente und so weiter, deren Beschaffenheit weder durch biologische und physiologische, noch genetische oder soziale Faktoren allein zu erklären ist.

Dieses Denkmodell mag unvollkommen sein, die Benennungen ungenau, aber die Annahme solcher Prinzipien, die für die Gestaltung des körperlichen und des geistig-seelischen Menschen verantwortlich sind, erscheint mir immer noch plausibler als die Behauptung, all das sei lediglich ein Produkt des blinden Zufalls, die ich schlicht für absurd halte.

Die Körperseele muss, zumindest solange die Person lebt, untrennbar mit dem Körper verbunden sein, denn sie organisiert und steuert die Körpervorgänge. Der Körper wäre ohne sie nicht lebensfähig. Paracelsus meinte vielleicht etwas Derartiges, als er sagte: »Der himmlische Leib in uns hält den irdischen Leib zusammen, und wenn dieser Leib der Gnade nicht wäre, so stürbe der irdische Leib in der ersten Stunde seines Daseins.«

Die Geistseele ist zwar auch mit dem Körper verbunden, aber sie könnte sich, da sie nicht mit der Organisation der körperlichen Lebensvorgänge beschäftigt ist, für einige Zeit vom Körper entfernen. Und wenn man annimmt, dass sie unser Bewusstsein enthält, würde dies bedeuten, dass sich auch unser Bewusstsein für einige Zeit vom Körper entfernen kann. Dies wäre zum Beispiel eine Erklärung für die hellseherischen Fähigkeiten des Polizisten Pat Price, von dem, wie wir im achten Kapitel berichtet haben, Russell Targ sagte: »Es war, als ob er sich von einer großen Höhe rasch auf den Zielort hinunterbewegte (...).«

Was wäre nun, nach einem solchen Denkmodell, der Tod? Man könnte annehmen, dass beide Seelen den Körper verlassen und seine materielle Substanz, die jetzt von keinem ordnenden Prinzip mehr zusammengehalten wird, der Unordnung und dem Zerfall preisgegeben ist.

Was wird nun aber aus den beiden Seelen, die übrig bleiben?

Die Körperseele könnte zum Beispiel als eine Art Gattungsseele in einer kollektiven Menschheitsseele aufgehen. Sie könnte dabei die individuellen Erfahrungen und Anpassungen des Menschen in die Kollektivseele mit einbringen und sie dadurch verändern und bereichern. Von dort könnten dann solche Veränderungen wieder auf den einzelnen Menschen zurückwirken. Auf diese Weise ließen sich sehr einleuchtend die Wandlungen und Entwicklungen erklären, die im Verlauf der Evolution stattgefunden haben.

Die Geistseele hingegen, als Individualseele, könnte als geistig-seelische Struktur auf einer nicht materiellen Ebene erhalten bleiben und hätte dann von dort aus die Möglichkeit, sich aufs Neue mit einem anderen Körper zu verbinden.

Dies sind natürlich abenteuerliche Spekulationen. Und ein solches Konzept ist allein deshalb, weil es sich der Sprache bedient und man die Wirklichkeit eines kosmischen Geschehens auf so unvorstellbar vielen Seinsebenen mit Hilfe der Sprache nicht angemessen beschreiben kann, unzureichend und bestenfalls eine Annäherung an das, was wirklich ist. Aber solche Überlegungen sind dennoch berechtigt. Denn es gibt nicht nur Grund zu der Annahme, dass unser Bewusstsein, in welcher Form auch immer, sich für einige Zeit vom Körper trennen kann – es gibt dafür mittlerweile sogar wissenschaftliche Beweise.

Das Stichwort: »außerkörperliche Erfahrung«, kurz AKE.

Kapitel 13

Tunnel in die Ewigkeit

Außerkörperliche Erfahrung und Reisen im Jenseits

Unter außerkörperlicher Erfahrung versteht man einen veränderten Bewusstseinszustand, in dem der Mensch sich als außerhalb seines Körpers befindlich erlebt. Er ist dabei in der Lage, seinen eigenen Körper und dessen Umgebung zu sehen, sich körperlos an entfernte Orte zu begeben und beispielsweise die Unterhaltung anderer Menschen zu belauschen oder Gegenstände wahrzunehmen.

Gut und umfangreich dokumentiert sind heute außerkörperliche Erfahrungen im Zusammenhang mit so genannten Sterbeerlebnissen oder Nahtoderfahrungen von Menschen, die klinisch tot waren und wiederbelebt wurden. Zahlreiche Wissenschaftler, Mediziner und Psychologen haben sich inzwischen mit dieser Thematik beschäftigt, wie Raymond Moody, Michael Sabom, Kenneth Ring, Melvin Morse, Elisabeth Kübler-Ross, Michael Schröter-Kunhardt und andere. 1977 wurde die International Association for near Death Studies gegründet, und es entstand die »Thanatologie«, die Todes- oder Nahtodforschung, als neuer Forschungszweig.

Einer ihrer großen Pioniere ist unbestritten Raymond Moody, Doktor der Philosophie und der Medizin. Mitte der 1960er Jahre hatte er als Student an der Universität von Virginia einen Vortrag des Psychiaters Dr. George Ritchie gehört. Ritchie war 1943 als junger Soldat während einer schweren Lungenentzündung ungefähr 15 Minuten klinisch tot gewesen und hatte dabei eine sehr eindrucksvolle Nahtoderfahrung gemacht. Später, nach dem Krieg, war er einer der Ersten, die den Mut hatten, in der Öffentlichkeit darüber zu berichten.

Während einer Röntgenuntersuchung hatte Ritchie das Bewusstsein verloren. Als er später wieder aufwachte, erinnerte er sich daran, dass er zu einer weiteren Ausbildung abkommandiert war und am frühen Morgen abreisen sollte. Verwirrt und in Eile machte er sich auf den Weg zum Bahnhof, durchschritt dabei geschlossene Türen und Wände – was ihn noch mehr verwirrte. Während er an sein Reiseziel dachte, hob er sich sogar in die Luft und bewegte sich mit hoher Geschwindigkeit über die dunkle Landschaft. Als ihm nach einer Weile klar wurde, dass er körperlos und als eine Art Geist unterwegs war, kehrte er in Gedankenschnelle zum Krankenhaus zurück, um zu sehen, was aus seinem Körper geworden war. Nach einigem Suchen fand er schließlich einen reglosen, mit einem Laken zugedeckten Leichnam, der an der Hand seinen Ring trug – und da begriff Ritchie, dass er tot war.

Er begegnete dann einem Lichtwesen, das ihn mit ungeheurer, bedingungsloser Liebe umfing und ihm einen Lebensrückblick präsentierte. In Begleitung des Lichtwesens besuchte er verschiedene diesseitige und jenseitige Ebenen der Realität, sah ein höllisches Inferno von danteskem Format, geisterte durch die Räume einer kosmischen Universität, wo das gesamte Wissen des Universums gesammelt war, sah aus der Ferne eine strahlende Stadt, die aus Licht erschaffen schien, wollte zu ihr hinfliegen – und fand sich wieder in seinem schweren, engen und schmerzenden Körper im Krankenbett. Der befehlshabende Militärarzt nannte später seine Wiederbelebung »den erstaunlichsten medizinischen Fall, der mir je begegnet ist«.

Moody war von Ritchies Schilderungen beeindruckt, aber das war auch alles. Vier Jahre danach, als er selbst bereits Philosophieprofessor war, hörte Moody jedoch von einem seiner Studenten ein ganz ähnliches Erlebnis, und nun begann er, sich ernsthaft für Nahtoderfahrungen zu interessieren. Er sammelte und untersuchte 150 Fälle und veröffentlichte seine Erkenntnisse 1975 in einem Buch mit dem Titel *Life after Life.* (Die deutsche Fassung trägt, etwas abweichend, den Titel *Leben nach dem Tod.*)

Zu seiner Überraschung fand Moody heraus, dass die Nahtoderfahrungen, ungeachtet individueller Abweichungen und Details, ein gemeinsames Grundmuster haben.

»Wir kennen dieses Grundmuster heute durch Untersuchungen aus der ganzen Welt«, sagte Moody in einem Interview, das ich für meinen Film *Licht ist Leben* mit ihm führte. »Die Menschen berichten, dass sie in dem Augenblick, wo ihr Herz stillsteht, ihren Körper zu verlassen scheinen und dann von oben auf die Ärzte und Schwestern herunterschauen, dic mit ihrer Wiederbelebung beschäftigt sind.

Nach einer Weile nehmen sie dann eine Art Durchgang wahr, den viele als einen Tunnel beschreiben, durch den sie hindurchgehen in ein unglaublich strahlendes Licht. In diesem Licht fühlen sie sich von Liebe umhüllt, von Frieden, Wohlbehagen und einer überwältigenden Freude. Oft treffen sie in diesem Licht verstorbene Freunde oder Verwandte, die ihnen beim Übergang behilflich sind.

Im weiteren Verlauf dieser Erfahrung erleben viele einen umfassenden Lebensrückblick, in dem sie sozusagen gleichzeitig, in einem Panorama, alle Ereignisse ihres bisherigen

Lebens vor sich sehen. Dabei wird ihnen klar, dass das Wichtigste in unserem Leben als Menschen darin besteht, dass wir lernen, einander zu lieben.

Schließlich müssen sie zurückkehren. Einigen wurde gesagt, dass ihre Zeit noch nicht gekommen sei, dass sie noch Dinge zu erledigen hätten. Und die meisten behaupten, dass sie nicht zurückkommen wollten, sondern lieber dort geblieben wären. Aber sie kommen zurück, und es zeigt sich, dass eine tiefgreifende Veränderung ihrer Persönlichkeit stattgefunden hat. Sie sagen, dass die Liebe unser wertvollstes Gut sei, sie haben keine Angst vor dem Tod mehr und sie sind davon überzeugt, dass das, was wir Tod nennen, nur der Übergang in eine andere Wirklichkeit ist.«

Moodys Buch wurde ein Bestseller mit großer Wirkung. Unter anderem veranlasste es den Herzspezialisten Dr. Michael Sabom, eine eigene Untersuchung über Nahtoderfahrungen durchzuführen. Sabom wollte ursprünglich den »Unfug«, den er bei Moody gelesen hatte, widerlegen. Er befragte über hundert Patienten, die klinisch tot gewesen waren – und musste am Ende feststellen, dass seine Untersuchung Moodys Berichte bestätigte. Und er war ehrlich und mutig genug, dieses Ergebnis auch zu veröffentlichen.

Sabom hatte als Kardiologe mehrere Wiederbelebungen mitgemacht und war mit ihrem Ablauf vertraut. Er verglich daher in seiner Studie die Aussagen der Patienten über ihre außerkörperlichen Wahrnehmungen mit den Operationsberichten der Ärzte. Vierzig Prozent der Befragten konnten mit zum Teil verblüffender Genauigkeit berichten, was sich während ihrer Wiederbelebung im Operationssaal abgespielt hatte, welche Geräte eingesetzt, und zum Teil sogar, was dabei gesprochen wurde. Über die Hälfte berichtete, dass sie nach ihrer Trennung vom Körper durch einen langen dunklen Tunnel in ein helles Licht hineingeflogen waren. Sabom fand erstaunliche Übereinstimmungen im Detail zwischen den Schilderungen der Patienten und den jeweils individuellen Operationsabläufen – Details, die medizinische Laien normalerweise nicht wissen. So kam er am Ende zu dem Schluss, dass es sich hier tatsächlich um reale Beobachtungen handelte und nicht um Halluzinationen oder Fantastereien.

»Ich musste schließlich annehmen«, sagte er in einem Fernsehinterview, »dass sie diese Informationen auf einem noch nicht nachvollziehbaren Weg bekommen hatten. Und es war eben nicht so, dass sie etwas Ähnliches vielleicht einmal im Fernsehen gesehen, und es dann mit dem eigenen Herzstillstand vermischt hatten. Es war mehr. Die ganz spezifischen Einzelheiten, die sie wiedergeben konnten, überzeugten mich einfach. Es war mehr als Phantasie. Das Bewusstsein ist getrennt von Körper und Gehirn und es kann sozusagen von außen wahrnehmen, was mit dem Körper geschieht. Mit meiner Studie habe ich zeigen können, dass es solche Erfahrungen während des Sterbevorgangs wirklich gibt.«

Saboms sachlicher und nüchterner Bericht hat einiges dazu beigetragen, die Nahtoderfahrung auch in wissenschaftlichen Kreisen gesellschaftsfähig zu machen. Als Beweis für ein Leben nach dem Tod hat Sabom seine Ergebnisse allerdings nicht betrachtet. Die Menschen, von denen seine Studie berichtet, waren nicht tatsächlich, sondern nur klinisch tot, und das bezeichnet einen Zustand tiefer Bewusstlosigkeit, in dem beim Patienten keine äußeren Lebenszeichen – Atmung, Reflexe oder Herztätigkeit – mehr vorhanden sind, der Organismus als Ganzes aber noch nicht tot ist. Sie waren an der Schwelle des Todes – ob sie sie wirklich überschritten haben, kann man so nicht sagen.

Raymond Moody, der heute in einer alten Wassermühle in landschaftlich reizvoller Umgebung in Alabama lebt, hat in den vergangenen dreißig Jahren Tausende von Menschen befragt, die klinisch tot waren und wiederbelebt wurden. Und er ist der gleichen Meinung wie Michael Sabom: Einen Beweis für die Unsterblichkeit der Seele sieht er in seinen Forschungen nicht.

»Wenn jemand eine Studie machte«, meint er, »und in einem Operationsraum, wo Menschen wiederbelebt werden, eine Zahl oder einen Gegenstand oben auf einem Schrank platziert, und dann hundert Leute, die wiederbelebt wurden, exakt angeben können, was es war – wäre das ein Beweis dafür, dass es ein Leben nach dem Tod gibt? Ich denke nicht. Denn was heißt das? Dass die Leute aus ihrem Körper ausgetreten sind? Was bedeutet das: außerhalb des Körpers zu sein? Was bedeutet es denn überhaupt, innerhalb eines Körpers zu sein? Es ist immer noch eine der großen Streitfragen der Philosophie, worin eigentlich die Verbindung zwischen Bewusstsein und Körper besteht. Und solange wir das nicht verstanden haben, helfen uns die Nahtoderfahrungen – was die Frage der Unsterblichkeit angeht – auch nicht weiter. Was zählt, ist die persönliche Erfahrung. Man kann noch so viele Berichte aus zweiter Hand hören – das ist spannend, das macht dich an und gibt dir ein gutes Gefühl – aber vom Standpunkt der Logik oder der Wissenschaft aus bringt uns das nicht weiter. Wenn man es aber aus erster Hand erlebt, dann ist es etwas ganz anderes. Dann wird man völlig verwandelt – und hat gar nicht mehr das Bedürfnis, das auf einer intellektuellen Ebene zu analysieren.«

Einer, der diese Erfahrung aus erster Hand gemacht hat, ist der Amerikaner Dannion Brinkley. Am 17. September 1975, gegen sieben Uhr abends, telefonierte Dannion mit einem Freund, und als er es draußen donnern hörte, sagte er: »Tommy, ich muss jetzt Schluss machen. Meine Mutter sagte immer, dass man während eines Gewitters nicht telefonieren soll.« Das waren für lange Zeit seine letzten Worte, denn im gleichen Augenblick traf ein Blitz die Telefonleitung, raste durch Dannions Körper in den Boden, verschweißte die Nägel in seinen Schuhen mit den Nägeln im Fußboden, schleuderte ihn in die Luft und warf ihn quer übers Bett.

»Mit einem Mal stand ich in Flammen«, erzählte Dannion mir zwanzig Jahre später auf der Terrasse seines Hauses in Aiken, South Carolina. »Ich brannte, ohne zu wissen warum, aber ich dachte, in Erinnerung an meine militärische Vergangenheit, dass mir jetzt jemand das angetan hat, was ich vorher so vielen anderen angetan hatte.« Dannion Brinkley war Marineinfanterist mit Spezialausbildung, hatte in Vietnam Geheimaufträge ausgeführt, hatte Häuser, Brücken und Menschen in die Luft gesprengt. Nach Ende des Krieges hatte er für den Geheimdienst Waffen nach Südamerika transportiert. Als ihn der Blitz traf, war er gerade von einem solchen Regierungsauftrag zurückgekommen. Dannion Brinkley war, wie er selbst sagt, ein Schläger, ein Bulle – jene Art von Mensch, bei dem »du lieber auf die andere Straßenseite wechselst, damit du ihm nicht begegnen musst«. Er war alles andere als spirituell, und von einer Nahtoderfahrung hatte er noch nie etwas gehört. Jetzt erlebte er eine.

»Die Schmerzen waren unerträglich. Ich brannte, ich konnte mich nicht bewegen, ich war blind. Und dann, mit einem Mal, waren die Schmerzen verschwunden. Ich befand mich in einer blaugrauen, stillen und friedlichen Umgebung, ich fühlte mich sicher und geborgen. Dann drehte ich mich um und sah mich selbst unten auf dem Bett liegen. Ich sah, wie meine Frau hereinkam und sich um mich kümmerte, dann kam Tommy, der Freund, mit dem ich gerade telefoniert hatte, und bemühte sich ebenfalls um mich. Ich sah von oben zu, ohne Schmerz und Angst, wie aus der Sicht einer dritten, unbeteiligten Person.

Das Seltsame dabei war – ich sah, dass alles eine Art Energiefeld um sich hatte, jeder Gegenstand, jede Person. Und wenn meine Frau und Tommy miteinander sprachen, dann bewegten und berührten sich ihre Energiefelder, als ob sie ebenfalls miteinander kommunizierten. Und ich konnte ihre Gedanken lesen. Ich sah Tommys Trauer darüber, einen Freund zu verlieren und wie er sich Sorgen machte, wie er es meinen Eltern beibringen sollte, ich fühlte seine Verzweiflung. Und ich war wacher, bewusster und lebendiger als je zuvor.«

Aber er atmete nicht mehr, und sein Herz hatte bereits aufgehört zu schlagen. Der Krankenwagen kam, den seine Frau gerufen hatte, die Sanitäter luden Dannion ein und versuchten ihn wiederzubeleben, während der Wagen mit Blaulicht zum Krankenhaus raste.

»Ich war zum ersten Mal in einem solchen Krankenwagen. Ich schaute mich um und sah mir die ganzen Geräte an, und dann hörte ich den Sanitäter sagen: Er ist tot, er ist tot. Ich sah ihm über die Schulter und sah mich an und fand, dass ich gar nicht so gut aussah, wie ich immer gedacht hatte. Ich sah das alles aus der Distanz, ohne Angst, ohne Schmerz, so als ob es mich eigentlich nichts anginge. Und dann sah ich, wie sich vor mir, über mir, eine Art Tunnel bildete, eine seltsame, wunderbare Form von Energie, die sich spiralförmig auf mich zubewegt und mich einsaugt. Und während ich durch diesen Tunnel fliege, habe ich dass Gefühl, wie eine Zwiebel zu sein, die geschält wird. Und mit jeder Schale, die verschwindet, werde ich leichter und immer sensibler für meine neue Umgebung. Und ich sehe ein Licht vor mir und ich fliege in dieses Licht, das heller und schöner ist als jedes Licht, das ich jemals zuvor gesehen habe. Und dieses Licht durchdringt mich, ich werde eins mit dem Licht, und es wird eins mit mir.«

Der Weg durch den Tunnel ins Licht gehört zu den Grundelementen der Nahtoderfahrung. Hieronymus Bosch hat dieses Motiv in einem seiner Bilder gemalt – und unzählige Menschen, die Ähnliches erlebten wie Dannion Brinkley, haben es auch erlebt. Ebenso wie das außerkörperliche Erlebnis, das er zuvor beschrieben hat, wo der Sterbende oder klinisch Tote auf seinen physischen Körper herabschaut.

»Dann sah ich mit einem Mal«, so erzählte Dannion Brinkley weiter, »in einem Winkel von etwa vierzig Grad über mir ein Lichtwesen. Es ist schwer zu beschreiben – es war wie der Umriss einer Gestalt in langem Gewand, die von Energiefeldern in schönen, sanften Farben umgeben war und von innen heraus leuchtete. Dieses Wesen kam auf mich zu und ich fühlte unglaubliche Ruhe, Kraft und Wohlbefinden. Ich denke, es sollte jeder wissen, dass unser Abschied von dieser Welt nicht nur sehr sicher und gut organisiert ist, sondern auch wunderbar und zutiefst spirituell, und dass es ein Fehler ist, davor auch nur die geringste Angst zu haben.«

Als das Lichtwesen sich Dannion näherte, begann er, kindliche Gefühle zu empfinden, und diese Gefühle verbanden sich mit Erinnerungen, und mit einem Mal erlebte er eine Art Lebensrückblick – vom Augenblick seiner Geburt an mit allen Einzelheiten, allen Orten, allen Ereignissen und allen Gefühlen, die dazugehörten.

»Und ich fühlte nicht nur meine eigenen Gefühle, sondern auch die aller anderen Menschen, denen ich jemals begegnet war. Ich fühlte den Schmerz, die Erniedrigung und das Leid, das ich so vielen Menschen zugefügt hatte – ich war als Soldat in vier Kriegen und ich war für den Tod von mehr als einem Dutzend Menschen verantwortlich. Und wie ich das fühlte, was all die Menschen, denen ich jemals begegnet war, durch mich gefühlt hatten, verstand ich, dass wir auf einer spirituellen Ebene alle miteinander verbunden sind. Und ich verstand den Sinn der Worte: ›Liebe deinen Nächsten wie dich selbst‹ und ›Was du willst, dass ein anderer dir tue, das tue du ihm auch‹. Denn es ist wirklich so, dass wir das, was wir anderen antun, uns selbst antun.

Einige der Ereignisse aus meinem Leben gingen sehr schnell vorüber, andere musste ich wieder und wieder erleben – bis ich begriff, was ich falsch gemacht hatte. Und das alles waren keine Halluzinationen, die aus einer Geistesstörung stammten – das ist die Art und Weise, wie wir alle – jeder von uns – diese Welt verlassen.«

Der Lebensrückblick, von dem Dannion Brinkley hier spricht, gehört ebenfalls zu den Grundelementen einer Nahtoderfahrung. Solche Lebensfilme sind auch aus Situationen bekannt, wo Menschen in äußerster Lebensgefahr waren, abstürzende Bergsteiger beispielsweise oder Menschen, die in einen Autounfall verwickelt waren. Skeptiker, die nicht an die Realität von Nahtoderfahrungen glauben, haben immer wieder auf solche Fälle hingewiesen. Aber diese Rückblicke aus einer nur psychischen Todesnähe unterscheiden sich erheblich von denen, die in der physischen Todesnähe der Nahtoderfahrungen auftreten. Vor allem fehlt die emotionale Komponente, das intensive Erleben der eigenen Gefühle, wie auch der Gefühle der anderen. Es fehlt auch die »ethische Bewertung aller eigenen Gedanken, Worte und Taten, nach dem Maßstab der Liebe«, so der Nahtodforscher Dr. Michael Schröter-Kunhardt, die jeder Einzelne für sich selbst vornimmt. Und es fehlt auch die starke – in verschiedenen Untersuchungen statistisch signifikant nachgewiesene – persönlichkeitsverändernde Wirkung der Lebensrückblicke in einer Nahtoderfahrung. Fast alle Menschen, die Derartiges erlebten, haben ihr Leben und ihre Lebensauffassung drastisch verändert, wurden bewusster, spiritueller, liebevoller und sozial positiver in ihrem Umgang mit anderen Menschen. Diejenigen, bei denen ein Lebensfilm nur im Verlauf einer gefährlichen Situation ablief, lebten hingegen fast alle weiter wie bisher.

Nach dem Ablauf seines Lebensrückblicks erwartete Dannion Brinkley von dem Lichtwesen, das ihn dabei begleitet hatte, Kritik oder Tadel. Aber alles, was er empfand, war ein Gefühl von Liebe und Verständnis, das von diesem Wesen zu ihm hinströmte. Es überließ die Bewertung seines Lebens Dannion selbst, vermittelte ihm lediglich, durch eine Art Gedankenübertragung, die Botschaft: »Menschen sind mächtige spirituelle Wesen, deren Aufgabe es ist, das Gute auf Erden zu schaffen. Dieses Gute entsteht in der Regel nicht durch große Taten, sondern durch einzelne liebevolle Handlungen unter den Menschen. Die kleinen Dinge zählen, denn diese sind spontan und zeigen, wer man wirklich ist.«

Dannion war nun entschlossen sich zu ändern und in Zukunft ein besseres Leben zu führen – da realisierte er, dass er ja tot war und kein irdisches Leben mehr vor sich hatte. Er begann nun, in Begleitung des Lichtwesens, mit einer Reise in eine unbekannte Dimension.

»Wir stiegen auf und bewegten uns durch verschiedene, ich möchte es mal Bewusstseinsebenen nennen – mit verschiedenen Farben und Tönen und Klängen –, bis wir an einen unglaublich schönen Ort kamen. Es war eine Stadt aus Kristall, schwer zu beschreiben – mit Gebäuden, wie aus Glasziegeln erbaut, die von innen heraus leuchteten. Ich bewegte mich in eines der Gebäude hinein und fand mich in einem großen, leeren Raum, ähnlich einem Vortragssaal. Ich wusste, dass dies ein Ort des Lernens war, und ich spürte auch die Anwesenheit anderer Menschen, körperlos, wie ich selbst, obwohl ich niemanden sehen konnte. Das Lichtwesen, das mich bisher begleitet hatte, war verschwunden.

Aber dann erschienen mit einem Mal vor mir 13 andere Lichtwesen, noch schöner und kraftvoller als jenes erste. Sie waren von pulsierenden, farbigen Energiefeldern umgeben und jedes hatte seine eigene, besondere Ausstrahlung. Eines erschien ernst und leidenschaftlich, ein anderes künstlerisch und gefühlvoll, ein weiteres mutig und energisch. Aus menschlicher Sicht betrachtet, ähnelte der Charakter, den zwölf dieser Lichtwesen ausstrahlten, dem unserer Tierkreiszeichen – aus spiritueller Sicht aber waren sie viel mehr als das. Und das dreizehnte Wesen war ganz besonders. Seine Farben leuchteten noch intensiver und es erschien mir mächtiger und bedeutender als die anderen. Ich spürte dann, wie mir von diesen Wesen Wissen vermittelt wurde. Ich brauchte nur an eine Frage zu denken, und schon hatte ich die Antwort. Ich war wie ein Wassertropfen in einem Ozean des Wissens oder wie ein Lichtstrahl, der weiß, was Licht alles weiß.«

Dieses Gefühl der Allwissenheit wird von den meisten Menschen geschildert, die eine Nahtoderfahrung gemacht haben. Allerdings sind die Umstände, unter denen dieses Einswerden mit einer überragenden kosmischen oder göttlichen Intelligenz geschieht, von Fall zu Fall verschieden. Häufig wird diese Intelligenz nur in einer einzigen Lichtgestalt personifiziert, die entsprechend dem Glaubenshintergrund der betreffenden Person als Engel, Jesus Christus oder Gott bezeichnet wird. Oft erscheint sie auch einfach nur als ein besonderes, überirdisches und allwissendes Licht.

Der Schweizer Musiker Bo Katzman beispielsweise schilderte mir vor einigen Jahren in einem Interview für die ZDF-Sendung *Datenbank Kosmos* ein ähnliches Allwissenheitserlebnis. Er ist Sänger, Komponist und leitet außerdem den größten Gospelchor Europas. 1972 war er mit seinem Motorrad unterwegs, fuhr, wie er heute zugibt, viel zu schnell und prallte gegen ein stehendes Auto. Mit schweren inneren Verletzungen wurde er ins Kantonsspital in Basel eingeliefert und kam gleich auf den Operationstisch.

»Und bei der Operation«, so erzählte er, »war ich plötzlich bei hellstem Bewusstsein, ich spürte, dass ich mich über meinem Körper befand, und sah meinen aufgeschnittenen Körper da auf dem Operationstisch liegen. Und was das Erstaunlichste war: Ich hörte die Gedanken der Umstehenden wie Gespräche. Und ich begriff, dass ich jetzt tot war – ich begriff das – und ging zu dem operierenden Chirurgen und zupfte ihn am Ärmel und war ganz aufgeregt, dass der nicht merkt, dass ich tot bin.«

Bo Katzman entfernte sich dann in andere Sphären, die er wie einen riesigen Nebel empfand.

»Und dieser Nebel, das war nicht einfach Nebel, sondern – jetzt muss ich ganz vorsichtig sein, damit ich mich richtig ausdrücke – er war das gesammelte Wissen. Und ich hatte so einen Nebelkörper und verschmolz mit diesem Nebel, hatte aber immer noch Konturen. Und durch diese Verschmelzung war ich ein Teil des Wissens. Und schlagartig wurde mir alles klar. Ich wusste, wie die Materie aufgebaut ist. Ich wusste, warum die Welt erschaffen worden ist. Ich wusste einfach alles, weil – das war vorhanden, und ich war ein Teil davon. Wie wenn man einen Tropfen ins Meer spritzt und er ist so ein Teil vom Meer – so war ich ein Teil von diesem Allwissen.«

Wo ist dieses Wissen, wo sind diese Informationen angesiedelt? Schon in den Lebensrückblicken werden zum Teil Erlebnisse abgerufen, an die sich die meisten Menschen im normalen Wachbewusstsein gar nicht mehr erinnern können. Woher kommen diese Informationen? Da sie hier so klar in Erscheinung treten, müssen sie ja irgendwo gespeichert sein – aber wo? Im eigenen Gehirn? Dies erscheint eher unwahrscheinlich.

Zu einem Zeitpunkt, wo das Herz stillsteht, das Gehirn nicht mehr mit Sauerstoff versorgt wird und sich in einem Zustand akuter Bedrohung befindet, kann man wohl kaum annehmen, dass es sich die Mühe macht, alte Erinnerungen auszugraben und zu einer hollywoodreifen Filmvorführung zusammenzustellen. Wenn es für das Gehirn überhaupt in einer solchen Situation eine sinnvolle Strategie gibt, dann müsste sie logischerweise darin bestehen, möglichst jede Aktivität zu vermeiden und alle Stoffwechselprozesse auf ein Minimum zu reduzieren – eine Art Winterschlafprogramm vielleicht, wie es zum Beispiel mein Notebook-Computer aufruft, wenn seine Batterieladung zur Neige geht.

Hinzu kommt, dass die betreffenden Personen bereits zu Beginn ihrer Nahtoderfahrung sehr klar und deutlich eine Trennung von ihrem physischen Körper empfunden haben, die im Nachhinein nicht als traumhaftes, sondern als eindeutig reales Erlebnis beschrieben wird. Das Ich-Bewusstsein, die eigene individuelle Identität, bleibt auch nach der Trennung von Körper und Gehirn erhalten. Wenn also der betreffende Mensch – oder seine Seele, wenn man es so nennen will – sich nun außerhalb des Körpers befindet –, liegt dann nicht die Annahme nahe, dass sich auch seine Erlebnisse außerhalb des Körpers abspielen? Und dass seine Erinnerungen dementsprechend auch außerhalb des physischen Gehirns gespeichert sind?

Für diese Annahme sprechen der Augenschein, die Logik und auch die Tatsache, dass die Naturwissenschaftler bis heute kein schlüssiges Konzept entwickelt haben, das erklären könnte, wo und wie in unserem Gehirn unsere Erinnerungen gespeichert sind. Aber wenn sie nicht im Gehirn gespeichert sind, wo dann?

Rudolf Steiner und andere (H. P. Blavatsky zum Beispiel) haben gelegentlich den Begriff der »Akasha-Chronik« benutzt. »Akasha« war in der alten indischen Philosophie eine Bezeichnung sowohl für den Raum, als auch für eine feinstoffliche, den Raum erfüllende Substanz, in der alle Dinge ihren Ursprung haben. Alle unsere Gedanken und Taten – so das Denkmodell von der Akasha-Chronik – sollen sich dieser Substanz einprägen wie Fußspuren im feuchten Sand. Sie sollen dort erhalten bleiben und als Akasha-Chronik abgelesen werden können.

Wenn diese Annahme richtig ist, dann sollten sich dort aber nicht nur menschliche Gedanken und Taten wiederfinden, sondern die aller Lebewesen im Kosmos. Das gesamte Wissen, die gesamte Geschichte des Kosmos, müsste in dieser Chronik gespeichert sein.

Das Gefühl vieler Menschen, die eine Nahtoderfahrung gemacht haben und sich dabei in einer Sphäre kosmischen Wissens oder sogar Allwissens glaubten, ließe sich leicht erklären, wenn man annimmt, dass sie Zugang zu dieser Akasha-Chronik hatten beziehungsweise ein Teil davon waren.

Die Amerikanerin Betty J. Eadie schrieb in einem Buch über ihre Nahtoderfahrung: »Da erfüllte Sein Licht meinen Geist, und meine Fragen wurden beantwortet, noch bevor ich sie richtig gestellt hatte. Sein Licht war Wissen. (...) Wissen durchdrang mich, ja in gewisser Weise wurde ich selbst das Wissen, und ich war fasziniert von meiner Fähigkeit, die Geheimnisse des Universums einfach dadurch zu verstehen, dass ich über sie nachdachte.«

Leider bleibt dieses Wissen, wenn die Menschen wiederbelebt werden und in ihren physischen Körper zurückkehren, gewöhnlich im Jenseits – oder wo auch immer – zurück. Oft spürt der betreffende Mensch, wie ihm dieses Wissen entgleitet, ohne etwas dagegen tun zu können. Es bleibt ihm nur noch die Erinnerung daran, alles gewusst zu haben.

Bei Dannion Brinkley war es anders. Er brachte zwar auch nicht alles Wissen mit zurück, das er in der Kristallstadt erfahren hatte, aber immerhin eine Reihe von höchst bemerkenswerten Zukunftsvisionen – und einen ganz speziellen Auftrag.

»Als ich die Lichtwesen vor mir voller Bewunderung anstarrte, da bewegte sich je eine Art Schachtel oder Kasten von zwölf von ihnen auf mich zu. Als sie mich erreicht hatten, öffneten sich die Kästen nacheinander und zeigten einen Bildschirm, auf dem ein Film ablief. Und ich wurde dann sozusagen in diesen Film hineingezogen und erlebte die Handlung mit. Damals wusste ich nicht, dass diese zwölf Filme Zukunftsereignisse zeigten – das wurde mir erst später im Laufe der Zeit klar, als sie sich nach und nach verwirklichten.«

Dannion Brinkley sah unter anderem Auseinandersetzungen zwischen Israelis und Palästinensern, den Zusammenbruch der Sowjetunion mit Lebensmittelknappheit und endlosen Schlangen von Menschen vor den Läden, er sah Bilder eines Wüstenkrieges und dazu die Zahl 1990, er sah eine Explosion in einem Atomkraftwerk, verbunden mit der Jahreszahl 1986 und dem Wort »Wermut«, auf das er sich keinen Reim machen konnte. Erst als 1986 der Reaktor in Tschernobyl durchbrannte, wurde ihm die Bedeutung dieses Wortes klar. Denn Wermut heißt im Russischen: Tschernobyl. Er sah Kriege und Umweltkatastrophen, Wirtschaftskrisen und zwei gewaltige Erdbeben in den USA, die das Ende seiner Weltmachtstellung einleiteten. Er konnte die Gegend nicht identifizieren, er sah nur, dass sie noch vor dem Ende des 20. Jahrhunderts stattfanden.

Das Problem bei vielen Zukunftsvisionen ist, dass sie erst veröffentlicht werden, wenn das vorhergesagte Ereignis bereits stattgefunden hat. Dannion Brinkley allerdings hat seine Visionen aufgezeichnet, sobald er sich soweit erholt hatte, dass er wieder schreiben konnte. Und er hat sie auch anderen Menschen zugänglich gemacht, die heute bestätigen können, dass er sie lange vor Eintritt des Ereignisses darüber informiert hat. Einer davon ist Dr. Raymond Moody.

»Dannion hat mir einiges davon schon 1976 erzählt«, berichtet Moody. »Ich erinnere mich an eine Sache ganz besonders – da saßen wir in meinem Esszimmer in der Lovellstreet in Augusta, Georgia, wo ich damals wohnte. Und Dannion sagte mir – und ich erinnere mich noch genau an seine Worte, und seinen Gesichtsausdruck, wie er das sagte – dass 1990 die Sowjetunion zusammenbrechen und dass es Unruhen wegen fehlender Nahrungsmittel geben würde. Ich erinnere mich deshalb so genau daran, weil es mir damals so völlig unmöglich erschien, dass ich dachte: Das ist ein Zeichen dafür, dass dieser Mann nicht mehr ganz bei Verstand ist. Denn 1976 hatte niemand von uns geahnt, dass so etwas geschehen könnte – und ich war sehr verblüfft, als es dann doch geschah, so wie er gesagt hatte.«

Nicht alles, was Dannion Brinkley in seinen Visionen gesehen hat, ist eingetreten. Und von dem, was eingetreten ist, ist nicht alles exakt so abgelaufen, wie er es gesehen hat. Auf die Frage, ob er an eine vorbestimmte Zukunft glaube, schüttelte Dannion den Kopf.

»Nichts ist in Stein gemeißelt – so haben mir jedenfalls die Lichtwesen gesagt. Wir haben die Fähigkeit, uns und unser Verhalten zu ändern, wir können die Schöpfung mitgestalten, wir sind nicht nur Instrumente, die benutzt werden. Wir sind sicherlich an einen bestimmten Entwicklungsrahmen gebunden, aber innerhalb dieses Rahmens können wir die Dinge, die geschehen, beeinflussen.«

Nachdem die zwölf Filme mit Zukunftsvisionen beendet waren, richtete sich das dreizehnte Lichtwesen an Dannion Brinkley und gab ihm durch Gedankenübertragung zu verstehen, dass man ihn zurückschicken werde, um eine bestimmte Aufgabe zu erfüllen. Er sollte Zentren aufbauen, die den Menschen einen Abbau von Angst und Stress ermöglichen und zur Einsicht in ihre wahren spirituellen Eigenschaften verhelfen sollten. Räume für Gesprächstherapie, Massage, Entspannung und Biofeedback sollten diese Zentren enthalten, in denen die Menschen in einen Zustand versetzt werden, der ihnen außerkörperliche Erfahrungen und ein den Nahtoderfahrungen ähnliches Erlebnis ermöglicht.

»Ich erfuhr, dass die Welt, in der wir leben, sich zwischen 1989 und 2004 sehr rasch verändern würde. Mächtige Staaten würden stürzen, neue Staaten mächtig werden, das Kräftegleichgewicht würde sich verändern und Institutionen, an die wir glauben und denen wir vertrauen, würden zusammenbrechen. Und ich sollte zurückkehren – und das war für mich ein fürchterlicher Gedanke, denn verglichen mit dem, wo ich mich da befand, war die Erde ein trauriger und schrecklicher Ort –, ich sollte zurückkehren, um diese Zentren zu bauen, in denen die Menschen einen Platz finden, wo sie sich geistig erholen können. In einer Welt, die sich so schnell und dramatisch verändert, wo Religionen und Regierungen, denen die Menschen vertraut haben, zusammenbrechen, braucht man neue Überzeugungen, an die man glauben kann. Und dazu ist es wichtig, dass die Menschen sich in den kommenden Jahren über ihre wahre spirituelle Herkunft und Beschaffenheit klar werden. Und die Lichtwesen schickten mich zurück, um durch den Bau dieser Zentren dabei zu helfen, und mit einem Mal war ich wieder im Krankenhaus und suchte nach meinem Körper. Das war schon wirklich sehr komisch. Da hatte man mich mit dieser großen Aufgabe betraut und ich stand da und wusste nicht, wie ich meinen Körper wiederfinden und in ihn hineinkommen sollte.«

Auf der irdischen Zeitebene war inzwischen nicht ganz eine halbe Stunde vergangen. Die Ärzte hatten versucht, Dannion Brinkley wiederzubeleben – ohne Erfolg. Sie hatten ihn schließlich für tot erklärt, seinen Körper bedeckt und auf den Flur geschoben. Man hatte nach Pflegern geschickt, die ihn in die Leichenkammer bringen sollten. Dannions Freund Tommy war neben die Bahre getreten, um von ihm Abschied zu nehmen. Als Dannion, der körperlos durch das Krankenhaus irrte, ihn sah, wusste er, dass er seinen Körper gefunden hatte. Und als er sich darauf konzentrierte, kehrte er in seinen Körper zurück, in einen schmerzenden, zerstörten, fast völlig gelähmten Körper. Die einzige Möglichkeit, die ihm blieb, um sich bemerkbar zu machen, war – gegen das Laken zu blasen. Tommy sah die leichte Bewegung und schrie: »Er lebt noch, er ist noch am Leben!« Und das Karussell der Intensivmedizin begann sich erneut zu drehen, um Dannion Brinkley endgültig in diese Welt zurückzuholen.

»Die Ärzte sagten meinen Eltern, dass ich die Nacht wahrscheinlich nicht überleben würde. Sie gaben mir Minuten zu leben, nicht Tage, Monate oder Jahre. Aber sie wussten nicht, dass ich 13 Lichtwesen gesehen hatte und die Wunder des Jenseits – und zurückgekommen war. Jetzt konnte mich nichts mehr daran hindern, meine Mission zu erfüllen. Ich war sechs Tage lang völlig gelähmt und sieben Monate lang teilweise. Es dauerte zwei Jahre, bis ich gelernt hatte wieder richtig zu gehen und selbstständig zu essen. Ich habe über 69 Pfund an Gewicht verloren. Also – es war eine ganz schön harte Zeit.«

Als er wieder einigermaßen reden konnte, begann Dannion Brinkley, seinen Mitmenschen zu erzählen, was er erlebt hatte – aber er erntete nur ungläubiges Kopfschütteln. Man hielt ihn für ein bisschen geistesgestört – kein Wunder, wenn jemand vom Blitz getroffen wurde. Und langsam begann Dannion selbst, an seinem Verstand zu zweifeln. Da las er in der Zeitung den Hinweis auf einen Vortrag von Dr. Raymond Moody über Menschen, die klinisch tot waren und über deren Erlebnisse, die so genannten Nahtoderfahrungen. Überflüssig zu sagen, dass Dannion hinging – oder, besser gesagt, humpelte –, denn zu jener Zeit konnte er sich nur mit Krücken vorwärts bewegen. Bei diesem Vortrag erfuhr Dannion, dass er mit seinem Erlebnis nicht allein war, dass viele andere Menschen Ähnliches erlebt hatten. Und an diesem Abend begann seine Freundschaft mit Raymond Moody, die bis heute angehalten hat.

Dr. Moody hat in den vergangenen Jahren Tausende von Menschen befragt, die ein Nahtoderlebnis hatten. Dennoch ist er der Meinung, dass die eigentliche Erforschung dieser Phänomene noch gar nicht richtig begonnen hat.

»Ich denke, wir werden in der Nahtodforschung nicht weiterkommen, wenn wir nicht ganz grundsätzlich die Art und Weise ändern, wie wir an die Dinge herangehen. Wir im Westen bleiben bei unseren Untersuchungen passiv. Wir befragen Menschen, die eine Nahtoderfahrung hatten, und sie erzählen uns, was sie durchgemacht haben, und wir versuchen uns daraus ein Bild zu machen. Aber das ist eine unbefriedigende Situation, denn wir sind gänzlich darauf angewiesen, herauszufinden, was eine andere Person erlebt hat. Der einzig vernünftige nächste Schritt für die Nahtodforschung besteht meiner Meinung nach darin, Methoden zu finden, mit denen man diese Erlebnisse hervorrufen kann, so dass wir alle sie aus erster Hand erfahren können.«

Dannion Brinkley hat es inzwischen geschafft, ein Grundelement der Nahtoderlebnisse für die Lebenden nachvollziehbar zu machen: die außerkörperliche Erfahrung. Während seiner Nahtod-Visionen hatten die Lichtwesen ihm eine Entspannungsliege gezeigt, die er bauen sollte, um sie in seinen Zentren einzusetzen. Sie sollte mit elektronischen Bauelementen ausgestattet sein, die durch elektrische Felder, Vibrationen und Klänge den Menschen in eine so tiefe Entspannung versetzen, dass er – beziehungsweise sein Bewusstsein – sich aus seinem Körper entfernen kann. Weil Dannion damals zu wenig von Elektronik verstand, um die Einzelheiten seiner Vision zu begreifen, brauchte er Jahre und zahllose Experimente, bis er endlich einen Prototyp dieser Liege bauen konnte.

Er musste sich nach seinem Unfall wieder eine neue Existenz aufbauen und seinen Lebensunterhalt verdienen, denn die Krankenhauskosten hatten all seine Ersparnisse aufgezehrt. Zu allem Überfluss bekam er dann auch noch eine Herzklappenentzündung und musste eine schwere Herzoperation überstehen. Dabei kam es wieder zu einem Herzstillstand, und Dannion durfte seine zweite Nahtoderfahrung erleben. Sie war der Ersten sehr ähnlich, nur der Lebensrückblick fiel anders aus. Er war viel erfreulicher und befriedigender, denn Dannion Brinkley hatte inzwischen seine Lebenshaltung – wie es bei Nahtodlern gewöhnlich der Fall ist – gründlich geändert. Er hatte sich sozial engagiert, hatte in Hospizen Sterbebegleitung gemacht, hatte versucht, möglichst vielen Menschen möglichst viel Gutes zu tun. Und so war es diesmal für ihn ein Vergnügen, die Gefühle, die er anderen bereitet hatte, selbst zu erleben.

All diese Dinge hatten ihn von seiner eigentlichen Mission abgehalten, und als ich ihn besuchte, war es ihm noch nicht gelungen, ein Zentrum, wie es ihm die Lichtwesen bei seiner ersten Nahtoderfahrung gezeigt hatten, zu schaffen. Aber er war gerade dabei, sein Haus in Aiken umzubauen, und es etwa in der Weise einzurichten, wie es für die Zentren geplant ist. In einem Anbau hat er die Entspannungsliege untergebracht, und er hat schon einige Menschen durch sein Programm geführt.

Er beginnt dabei mit einem Gespräch, in dem er seine Fähigkeit, Gedanken zu lesen, einsetzt, über die er seit seiner ersten Nahtoderfahrung verfügt. Er steht damit übrigens nicht allein, denn die Nahtodforschung hat erwiesen, dass die Rate an übersinnlichen Fähigkeiten bei Menschen mit Nahtoderlebnissen dreimal so hoch ist, wie bei Menschen, die dies nicht erlebt haben. Dann setzt er ein Gerät zur Synchronisation der Großhirnhemisphären ein sowie farbige Folien und Aromaöle, um einen veränderten Bewusstseinszustand zu erzielen, bei dem die Gehirnwellenmuster beider Hemisphären im Gleichklang sind. Nun folgt als letzter Schritt die Behandlung auf der Entspannungsliege, bei der, wie Dannion mir erzählte, die meisten Behandelten eine außerkörperliche Erfahrung erlebten.

»Es waren etwa 85 bis 90 Prozent, die ein außerkörperliches Erlebnis hatten. Einige reisten durch spirituelle Welten, andere sprachen mit Engeln, wieder andere trafen Verwandte, die verstorben waren. Und das waren keine New-Age-Leute, sondern Menschen, die 75 oder 80 Jahre alt und im Begriff waren, an Krebs zu sterben. Und ich denke, das sind die Letzten, die einem etwas vorlügen, was ihre Erfahrungen anbetrifft. Sie erzählen davon, wie sie ihre Angehörigen treffen, wie sie in andere Bewusstseinsebenen aufsteigen, wie sie ihre Geistführer treffen, das heißt, Wesen, die mit ihnen auf anderen Ebenen arbeiten. Und ich fand es großartig, dies von mehr als zwanzig Leuten, die vorher noch nie von derartigen Dingen gehört hatten, gesagt zu bekommen. Es ist tröstlich zu sehen, dass die Distanz zwischen diesem und dem darauf folgenden Leben – womit ich sagen will, dass es keinen Tod gibt – sehr kurz ist, und es ist sehr hilfreich, schon bevor man geht, zu wissen, was einen erwartet. Das macht es viel einfacher, mit dem

Schmerz und der Trauer umzugehen, die man fühlt, wenn man selbst – oder eine nahestehende Person – diese Welt verlassen muss.«

Es ist nichts Neues, dass solche außerkörperlichen Erfahrungen auch möglich sind, ohne dass man sich dabei in einem klinisch toten Zustand befindet. Und man braucht dazu auch nicht unbedingt äußere Hilfsmittel, wie Dannion Brinkleys Entspannungsliege.

Es scheint sich hier um eine sehr alte und ursprüngliche Erfahrung des Menschen zu handeln, die sich in vielen Märchen und Mythen widerspiegelt. Das Motiv des fliegenden Teppichs beispielsweise ließe sich als eine außerkörperliche Erfahrung interpretieren, die in einem Trancezustand erfolgte, der durch konzentriertes Betrachten bestimmter geometrischer Muster auf einem Teppich hervorgerufen wurde. Auch die Flugreisen von Schamanen und Hexen könnte man in diese Kategorie einordnen. Untersuchungen der Rezepte von »Flugsalben«, mit denen sich die Hexen vor ihren Flügen einzureiben pflegten, haben ergeben, dass hier Substanzen verwendet wurden, die eine bewusstseinsverändernde oder bewusstseinserweiternde Wirkung haben.

Jemand, der auch ohne solche Hilfsmittel außerkörperliche Erfahrungen gemacht hat, ist die österreichische Schriftstellerin Lotte Ingrisch. Sie hat darüber in einem ihrer Bücher, dem *Nächtebuch*, berichtet.

»Ich bin«, so erzählte sie mir vor Jahren in einem Interview, »seit ich zurückdenken kann, nachts immer wieder aufgewacht, auch bei Tag, wenn ich mich einmal hinlegte, in einem Zustand der totalen Lähmung, und ich dachte immer, ich hätte irgendeine entsetzliche Krankheit. Ich konnte mich nicht bewegen, das Einzige, was ich machen konnte, war ganz leise zu zirpen. Mein erster Mann wusste schon, dass man mich dann rütteln musste, und irgendwann kehrte ich dann zu mir selbst zurück, aber ich hatte keine Erinnerung. Mein zweiter Mann, Gottfried von Einem, hat mir erzählt, dass er mich manchmal bis zu zwanzig Minuten gerüttelt und geschüttelt hat, und dachte, jetzt ist die Alte tot, denn ich war auch ohne Atem – oder fast ohne Atem, ganz weiß im Gesicht, aber ich kehrte immer wieder zurück.

Durch einen glücklichen Zufall – es gibt keine Zufälle – ging ich eines Tages in ein Antiquariat und nahm aus dem Regal zwei Bücher, ohne sie anzuschauen, bezahlte sie, ging nach Hause und schlug sie auf – und da fand ich alle diese Zustände beschrieben. Dann wusste ich also: Ich bin nicht krank, ich habe nur eine vagabundierende Seele, die muss man nur loslassen, dann ist alles in Ordnung. Und dann ging diese Seele auf die abenteuerlichsten Reisen. Dann kehrte sie immer wieder mit einem kleinen Klick, manchmal sanft, manchmal unsanft, in mich zurück. Ich kann diese Zustände nicht willkürlich herbeiführen, möchte es auch nicht. Aber wenn es passiert, ist es sehr schön.«

Ich wollte gerne wissen, wohin diese Reisen gegangen sind.

»Am Anfang rund ums Haus. Ich besuchte meinen Mann, der mich als ungeheures Licht – er dachte, die Sonne geht auf, aber es war mitten in der Nacht – sah, später auch manchmal als kleinere Lichter. Ich ging in den Schafstall. Die Schafe haben sich sehr vor mir gefürchtet, auch die Katzen. Und dann fing ich an, weiter zu reisen. Nach Wien, vom Waldviertel aus, zu Freunden. Ich wurde von manchen gesehen, gespürt. Und später fuhr ich dann ganz, ganz schnell meistens nur mehr hinein in die Sterne. Ich flog einfach davon. Oder manchmal in den Erdboden hinein, ganz, ganz tief. Manchmal rücklings, manchmal mit den

Beinen nach vorn, kopfüber, kopfunter. Die Richtungen im Raum scheinen dann nicht mehr zu existieren und auch nicht mehr die Richtungen der Person. Es gibt kein Oben, kein Unten, kein Links und Rechts mehr, das ist sehr schön.«

Solche Erfahrungen wurden oft auch während schamanischer Sitzungen gemacht, oder bei Initiationsriten, warf ich ein.

»Ich kenne inzwischen auch die gesamte Schamanenliteratur«, meinte Lotte Ingrisch, »von Eliade angefangen, und weiß: Das hat es immer schon gegeben. Nur in unserer sehr rational ausgerichteten Kultur hat man diese Zustände vergessen, verschwiegen. Und später habe ich mit vielen Menschen gesprochen, die gesagt haben: Ja, das ist mir auch passiert. Auch gar keine besonderen Leute – ich glaube, jeder kann's, nur verdrängt er sofort die Erinnerung daran –, und die sagten, Gott sei Dank, ich hab immer geglaubt, ich bin krank oder wahnsinnig. Aber wenn sie mir sagen, es ist ganz normal, wunderbar. Es ist ganz normal.«

Zahlreiche Mystikerinnen und Mystiker haben von ähnlichen Erlebnissen berichtet. Und dabei gibt es ganz bemerkenswerte Übereinstimmungen mit den Grundelementen der Nahtoderfahrung. Vor allem: das Gefühl, den eigenen Körper zu verlassen, und die Begegnung mit einer liebevollen, wissenden Lichterscheinung.

Hildegard von Bingen (1098–1179) hat von jenem wissenden Licht nicht nur ihre großartigen, auch heute, nach fast 900 Jahren, noch hochgeschätzten Werke diktiert bekommen, sondern auch viele einfache und konkrete Anweisungen für Menschen, die sie um Hilfe baten. »Ich schaute zu dem Lichte auf«, schrieb sie beispielsweise, und: »Es gab mir folgende Antwort für Dich (...)«

Sie hat auch zukünftige Ereignisse vorhergesagt – unter anderem dem Kaiser Friedrich Barbarossa. Was es genau war, ist nicht überliefert, aber der Brief, in dem Barbarossa die Prophezeiung bestätigt, ist uns erhalten geblieben.

Immer wieder betont Hildegard, dass ihr Wissen nicht aus ihr selbst stammt, sondern aus dem wissenden Licht: »Was Es mir nicht sagt, das weiß ich nicht.« Sie sieht sich als Instrument und vergleicht sich mit einer »Posaune, die zwar die Töne gibt, aber selbst nichts dazu tut. Ein anderer bläst hinein, damit sie töne.«

Sie berichtet von außerkörperlichen Erfahrungen während ihrer Visionen, die sie »Gesichte« nennt: »Und meine Seele steigt, wie Gott es will, in diesem Gesichte zur Höhe des Firmaments und in den Wechsel verschiedener Lüfte und breitet sich zu mannigfachen Völkern hin, die in weiten Ländern und Räumen mir entfernt sind (…).«

Und sie erwähnt auch, dass sie sich dabei nicht in Trance befindet: »Die Gesichte, die ich schaue, empfange ich nicht in traumhaften Zuständen, nicht im Schlafe oder in Geistesgestörtheit, nicht mit den Augen des Körpers oder den Ohren des äußeren Menschen und nicht an abgelegenen Orten, sondern wachend, besonnen und mit klarem Geist, mit den Augen und Ohren des inneren Menschen, an allgemein zugänglichen Orten, so wie Gott es will.«

Diese Fähigkeit hatte sie bereits als kleines Kind: »Die Kraft und das Mysterium verborgener, wunderbarer Gesichte erfuhr ich (…) seit meinem fünften Lebensjahr.« Und die Begegnung mit dem wissenden Licht liegt noch weiter zurück: »Im dritten Jahre meines Lebens sah ich ein so großes Licht, dass meine Seele erzitterte, doch konnte ich meines jugendlichen Alters wegen nichts darüber äußern.« Und die Ursache für ihre Visionen verlegt sie sogar noch weiter zurück, bis in die Zeit vor ihrer Geburt: »Bei meiner ersten Gestaltung, als Gott mich im Schoße meiner Mutter durch den Hauch des Lebens erweckte, prägte er meiner Seele dieses Schauen ein.«

Was Hildegard zu dieser Auffassung bewogen hat, wissen wir nicht. Hat sie es in einer Lichtvision erfahren? Gibt sie einfach eine gängige Ansicht ihrer Zeit über angeborene Eigenschaften wieder? Oder hatte sie vielleicht sogar eine pränatale Nahtoderfahrung? Dass es etwas Derartiges gibt, hat der amerikanische Nahtodforscher Dr. Melvin Morse bei seinen Untersuchungen über die Nahtoderfahrungen von Kindern herausgefunden. Hildegard von Bingen hatte ihre Fähigkeit, sich mit einer höheren Informationsebene zu verbinden, offenbar bereits auf diese Welt mitgebracht und nicht erst später, durch bestimmte Techniken beispielsweise, erworben.

Bei Teresa von Avila (1515–1582) war es anders. In ihrem Buch *Die Innere Burg* beschreibt sie, wie sie durch bestimmte Formen des Gebets – das »Gebet der Worte«, das »Innere (wortlose) Gebet«, das »Gebet der Vereinigung« – in der Zurückgezogenheit der Klosterzelle den Zugang zu einer höheren Wirklichkeit fand. Und auch bei ihrer Schilderung ist die Ähnlichkeit mit den Nahtoderfahrungen offensichtlich.

»Doch kehren wir«, so schreibt sie beispielsweise, »zurück zu diesem jähen Hingerissensein des Geistes. Es scheint dabei wirklich so, als verlasse er den Leib, wobei es andererseits keinen Zweifel gibt, dass die betreffende Person nicht tot ist; zumindest einige Augenblicke lang aber kann sie selbst nicht sagen, ob sie im Körper ist oder nicht. Es scheint ihr, als sei sie mit ihrem ganzen Wesen in einer fremden Region gewesen, die ganz anders ist als die, in der wir leben. Dort zeigt sich ihr ein anderes Licht, das so verschieden von dem hiesigen ist, dass es ihr unmöglich wäre, auch wenn sie sich ihr ganzen Leben lang darum bemühte, es sich mit all den anderen Dingen auszudenken. In einem Augenblick wird ihr da eine solche Unzahl von Dingen gezeigt, dass sie in vielen Jahren der Mühe mit ihrer Phantasie und ihrem Denken nicht ein Tausendstel davon zusammenbrächte. Dies ist keine Vision des Verstandes, sondern eine bildhafte Schau, die man mit den Augen der Seele viel besser aufnehmen kann, als wir hier mit denen des Körpers sehen; und ohne Worte werden ihr da mancherlei Dinge klar.«

Sie schreibt an anderer Stelle von einem »dröhnenden Geräusch«, das auch in einigen Nahtoderfahrungen beschrieben wurde, sie nennt jenes in fast allen Nahtoderfahrungen erwähnte wunderbare Gefühl, eine »göttliche Wonne«, der gegenüber »die Freuden der Welt nur Kehricht sind«. Und sie ist sich, wie alle diejenigen, die eine Nahtoderfahrung gemacht haben, sicher, dass ihr Erlebnis kein Traum war: »Ich sage, dass dies kein Traumzustand ist.«

Der Gnostiker Allogenes hatte schon vor fast 2000 Jahren eine außerkörperliche Erfahrung, wobei er »heilige Kräfte« sah, von denen er eine besondere Unterweisung empfing. »Und ich freute mich über die Maßen«, schrieb er, »denn ich war in einem großen Licht und auf gesegnetem Pfad (...).«

Aegidius von Assisi, ein Jünger des heiligen Franziskus, hatte im 13. Jahrhundert während eines inbrünstigen Gebets ein ähnliches Erlebnis. Dabei wurde »diese sehr heilige Seele zum Schauen der himmlischen Geheimnisse hinweggeführt«. Er sei durch dieses Ereignis »neu geboren worden«, meinte Aegidius, weigerte sich aber, Einzelheiten zu berichten. Er sprach nur gelegentlich von einem »Licht der göttlichen Weisheit«, das ihm verborgene Dinge offenbare.

Anna Katharina Emmerich (1774–1824), eine stigmatisierte Nonne, hatte eine Reihe bemerkenswerter Visionen, die der Dichter Clemens Brentano aufzeichnete. Sie erlebte dabei, wie sie von einem Engel auf außerkörperliche Reisen zu fernen Orten und Ereignissen mitgenommen wurde. Und auch hier war wieder das himmlische Licht im Spiel.

»Wenn er [der Engel] zu mir kommt, mich auf irgendeine Reise zu leiten«, so berichtete sie, »sehe ich meist zuerst einen Glanz und dann tritt eine Gestalt plötzlich leuchtend aus der Nacht, wie etwa wenn eine Blendlaterne auf einmal in der Nacht geöffnet wird.« Der Engel, der sie ständig begleitet, sei, so sagte sie, »durchsichtig und glänzend, oft ganz ernst, oft mit Liebe gemischt«.

Sie sah und hörte viele unaussprechliche Dinge, und es erschien ihr »wie eine Welt außer mir, in welche ich durch eine Lichtöffnung hinausschauen konnte«. Offensichtlich genoss sie ihre Reisen – in welche anderen Welten auch immer – und war davon ähnlich hingerissen wie Teresa von Avila. »Dieses Leben«, so sagte sie, »in welchem einen nichts hindert, nicht Zeit, nicht Raum, kein Körper, keine Verschwiegenheit, wo alles spricht und alles leuchtet, scheint so vollkommen frei, dass die blinde, lahme, stammelnde Wirklichkeit ein leerer Traum darin erscheint.«

Die Methoden der Mystikerinnen und Mystiker sind auch heute noch nachvollziehbar – Gebet, Versenkung, Zurückgezogenheit, Gottesbetrachtung. Dies ist nicht weit entfernt von Meditation oder sensorischer Deprivation, mit der man heutzutage veränderte Bewusstseinszustände hervorruft, oder von dem Yogaweg, wie er in den Sutren des Patanjali beschrieben wird. Aber auch wenn man die Klosterzelle mit dem »Samadhi-Tank« vertauscht – derartige Wege zu beschreiten kostet Zeit. Mehr Zeit, als der moderne Mensch gewöhnlich aufzuwenden bereit ist. Kein Wunder also, dass man nach Abkürzungen gesucht hat.

Ende der 1950er Jahre hatte der amerikanische Geschäftsmann Robert A. Monroe unversehens eine spontane außerkörperliche Erfahrung. Er fand sich plötzlich unter der Decke schwebend, während sein Körper unter ihm im Bett lag. Nachdem er sich vom ersten Schreck erholt hatte, begann Monroe mit seinem neuen Zustand zu experimentieren. Er verließ das Zimmer, machte Ausflüge in irdische und außerirdische Gegenden, in Bereiche, die man als Jenseits oder Astralwelt bezeichnen könnte. Er traf dabei auf »nichtmenschliche Wesen«, die, ähnlich wie bei den Nahtoderfahrungen, eine liebevolle Wärme ausstrahlten und ihm als Führer und Helfer dienten.

Monroe lernte im Laufe der Zeit, seinen Körper bewusst und willentlich, sozusagen auf Kommando zu verlassen. Als er später versuchte, diese Fähigkeit anderen Menschen zu vermitteln, fand er heraus, dass sich durch Tonbänder mit speziellem Klangmuster dieser Vorgang der außerkörperlichen Reisen schneller und einfacher herbeiführen ließ. Monroe nannte das Verfahren Hemi-Sync, weil durch die Tonimpulse in beiden Gehirnhälften gleichzeitig identische Hirnstromwellen erzeugt wurden – und dadurch eine Hemisphärensynchronisation erreicht wurde. Auf diese Weise verhalf er zahlreichen Menschen zu außerkörperlichen Erfahrungen und fantastischen Begegnungen der dritten Art – ohne den langen Umweg der Mystiker über jahrelange Askese und Meditation. Aber ist dieser Weg wirklich der bessere? Ist der Umweg wirklich ein Umweg? Bei den chinesischen Zen-Meistern galt der Satz: »Der Weg ist das Ziel, nicht die Herberge.« Eine Weisheit, über die nachzudenken es sich lohnt.

Aber wie auch immer – all diese Beispiele zeigen, dass die Seele, das Bewusstsein oder die geistige Essenz des Menschen, sich vom lebenden oder klinisch toten Körper trennen kann, ohne ihre Identität und ihr Bewusstsein zu verlieren. Sollte man aber dann nicht auch annehmen können, dass sie im Augenblick des Sterbens ebenso leicht den Körper verlässt? Und dabei nicht in ein dunkles Nichts oder eine ewige Bewusstlosigkeit verschwindet, sondern lebendig, wenn auch auf andere Weise, weiterexistiert?

Für unsere Vorfahren war ein solcher Gedanke selbstverständlich, aber heute tut man sich schwer damit. Man verlangt Beweise, möglichst von der Qualität eines Wunders, oder zumindest eine wissenschaftliche Absicherung. Aber die moderne Wissenschaft hat mit dem Geist nicht viel am Hut. Zwar vertritt niemand mehr ernsthaft die allzu plumpe Auffassung der Materialisten des 19. Jahrhunderts, dass »unser Gehirn Bewusstsein absondert, wie die Niere Urin«. Aber allzuweit entfernt davon haben sich viele noch nicht. Jean Pierre Changeux, ein französischer Neurobiologe, den ich eingangs schon zitiert habe, schrieb zum Beispiel: »Wozu von Geist reden? Unser Verhalten, unsere Gedanken, unsere Gefühle sind Ergebnisse physikalischer und chemischer Vorgänge im Gehirn.« Allerdings konnten er und seine Kollegen, die der gleichen Ansicht sind, bislang noch nicht erklären, wie unsere Gehirnzellen nun eigentlich unser Bewusstsein produzieren.

Und mir kommt diese Sichtweise so vor, als würde man, in Bezug auf unser Lieblingsmedium Fernsehen, sagen: »Wozu von Sendeanstalten reden – das Programm ist ein Ergebnis der elektrischen Vorgänge im Fernsehapparat.«

Und dann die Gebührenzahlung einstellen mit dem Hinweis, das sei doch mit der Stromrechnung schon erledigt. Jeder, der mit einem Computer arbeitet, weiß, dass man außer der Hardware auch Software braucht. Und die Software stammt von einer anderen Ebene, sie ist weder eine automatische Eigenschaft der Hardware, noch entsteht sie zufällig beim Zusammenbau ihrer Einzelteile. Sollte das mit unserer »Gehirnsoftware« anders sein?

Der amerikanische Neurophysiologe Karl Lashley wollte vor Jahren herausfinden, an welcher Stelle im Gehirn Erinnerungen gespeichert werden. Er trainierte als Erstes Ratten ein bestimmtes Verhalten an, um über einige Hindernisse an ihr Futter zu kommen. Nachdem sie ihre Lektion gelernt hatten, verstümmelte er die Gehirne der Ratten, schnitt Teile heraus oder verbrannte sie mit der Lockenschere seiner Frau. Aber selbst, als er mit dieser barbarischen Methode den größten Teil ihrer Gehirne zerstört hatte, erinnerten sie sich immer noch an das, was sie gelernt hatten. Lashleys Veröffentlichung seiner Versuchsergebnisse faszinierte den Neurochirurgen Karl Pribram, der sein Schüler wurde und in der gleichen Richtung weiterforschte. Pribram kam schließlich zu dem Ergebnis, dass unser Gedächtnis nicht an einer bestimmten Stelle im Gehirn lokalisiert ist, sondern sich als eine Art holographisches Wellenmuster über das gesamte Gehirn verteilt. Diese Ansicht hat sich zwar noch nicht durchgesetzt, aber sie wird immerhin ernsthaft diskutiert. Und man kann sich natürlich fragen, ob es einen großen Unterschied macht, wenn man statt vom holographischen Wellenmuster nun zum Beispiel vom morphogenetischen Feld oder von der Seele sprechen würde.

Die Nahtoderfahrungen zeigen, dass unser Bewusstsein auch dann noch wach und aktiv sein kann, wenn das Gehirn sozusagen ausgeschaltet, wenn der Mensch klinisch tot ist. Am anderen Ende unserer Existenz belegen die Erkenntnisse der pränatalen Psychologie, die sich mit den Erlebnissen und Erfahrungen des Menschen vor seiner Geburt befasst, dass unser Bewusstsein offenbar bereits vor der Entstehung des physischen Gehirns vorhanden ist.

Auf dem gepolsterten Boden des Therapieraums liegt ein etwa vierzigjähriger Mann. Er wimmert und krümmt sich vor Schmerzen. Während einer Regressionstherapie erlebt er in allen Einzelheiten die Szene wieder, die sich abspielte, als seine Mutter sich und ihn mit Rattengift umbringen wollte. So zu sehen auf einem Videoband, das der Psychiater Wolfgang Holweg aufgenommen hat. Das besondere an dieser Situation ist, dass der Patient sich damals noch im Mutterleib befand, im embryonalen Zustand. Wie kommt er zu dieser Erinnerung? Eine spätere Befragung seiner Mutter, die ihm davon nichts erzählt hatte, bestätigte jedenfalls, dass seine Schilderung der Wahrheit entsprach.

Wolfgang Holweg hat diesen und andere ähnliche Fälle untersucht, und bei einigen konnte die Richtigkeit der Erinnerungen durch Recherchen bestätigt werden. Es zeigt sich hier, dass Menschen sich an Ereignisse – vor allem dramatische wie zum Beispiel Abtreibungsversuche – erinnern können, die im embryonalen Stadium stattfanden, zu einer Zeit, als das physische Gehirn noch gar nicht ausgebildet war. Wie dies geschieht, ist noch ungeklärt. Aber auch dieser Sachverhalt legt die Vermutung nahe, dass unser Bewusstsein mehr ist als nur ein Produkt elektrischer Aktivitäten im Gehirn.

Zwar sind sie noch in der Minderheit, aber es gibt mittlerweile eine Reihe hochkarätiger Wissenschaftler, die den

Geist nicht leugnen, sondern respektieren. Öffentlich davon zu reden, wagen sie allerdings oft erst, wenn sie im Ruhestand sind oder zumindest den Nobelpreis erhalten haben. Wie Professor Dr. George Wald, der 1984 auf einer Tagung der Medizinnobelpreisträger in Lindau am Bodensee davon sprach, »dass der Geist nicht als Spätfolge in der Evolution des Lebens entstanden ist, sondern schon immer als Matrix, Quelle und Bedingung der physikalischen Realität da war, dass der Stoff, aus dem die physikalische Realität besteht, Geist ist. Der Geist hat ein physikalisches Universum zusammengefügt und erzeugt so schließlich Geschöpfe, die wissen und erschaffen (...).«

In der Physik gibt es den Satz von der Erhaltung der Energie, der besagt, dass Energie weder erzeugt noch vernichtet, sondern nur umgewandelt werden kann. Da Masse und Energie, wie die Formel $E = mc^2$ besagt, gleichgesetzt werden können, muss es also auch ein Gesetz von der Erhaltung der Masse geben, so dass auch die Materie weder erzeugt noch vernichtet, sondern nur verwandelt werden kann. Und zwar auch, in einer Art Selbsttranszendierung, in Energie.

Und sollte es dann nicht, wenn der Geist bereits vor der Materie da war und eine Art Ordnungsinstanz im Kosmos darstellt, auch einen Satz von der Erhaltung des Geistes geben? Dem entsprechend dem Geist ebenfalls weder erzeugt noch vernichtet werden kann, sondern sich allenfalls verwandelt?

Und wenn in diesem Geist unser Bewusstsein enthalten ist – sollte es dann nicht auch einen Satz von der Erhaltung des Bewusstseins geben? So dass Bewusstsein ebenfalls weder erzeugt noch vernichtet, sondern nur verwandelt werden kann?

Dann aber bedeutet sterben nicht verschwinden, sondern nur: sich wandeln. Der Tod der Raupe ist die Geburt des Schmetterlings. Aber die Raupe ist nicht wirklich tot – sie hat sich verwandelt, sie ist der Schmetterling.

Wo ist das Kind, das wir vorzeiten waren? Es ist nicht tot, aber es ist auch nicht mehr da: Es hat sich verwandelt, entpuppt zu einem Erwachsenen. Und warum sollte es nicht noch mehrere solcher Wandlungen, solcher Entpuppungen geben, von denen manche uns als Tod erscheinen, solange sie noch nicht vollzogen sind?

Kapitel 14

Kein Tod ist in der Schöpfung

Unsterblichkeit – Realität oder Illusion?

Vor gut zwanzig Jahren – ich war damals Redakteur beim NDR – bekam ich Thorwald Dethlefsens Buch *Schicksal als Chance* zugeschickt. Es ging darin um die Frage, ob wir mehr als einmal auf der Erde leben, um Karma und Reinkarnation. Ich begann es zu lesen, war erst irritiert, dann interessiert. Kurz darauf traf ich in Zürich den Architekten Stefan von Jankovich. Er wurde in Ungarn geboren, hatte nach dem Volksaufstand 1956 das Land verlassen müssen und war in die Schweiz gegangen, wo er als Architekt und Städteplaner Karriere machte. 1964 war er bei einem Autounfall aus dem Wagen – und aus seinem Körper herausgeschleudert worden: Herzstillstand nach dem Aufprall verhalf ihm zu einer außerkörperlichen Erfahrung. Er berichtete darüber in seinem Buch *Ich war klinisch tot,* das den Untertitel trägt: *Der Tod – mein schönstes Erlebnis.* Jankovichs Nahtoderfahrung war nicht so intensiv wie die von Bo Katzman beispielsweise oder Dannion Brinkley, weil er sehr rasch wiederbelebt wurde, aber sie überzeugte ihn doch von seiner eigenen Unsterblichkeit. Und diese Überzeugung war so echt, dass er mich damit ansteckte. Ich beschloss, diese Thematik genauer zu erforschen und in meinen Sendungen zu behandeln.

Ich sah mir Filmmaterial von Kollegen an, von spiritistischen Phänomenen in Brasilien, unterzog mich einer Rückführung in frühere Leben, besuchte die PSI-Tage in Basel und zahlreiche Seminare und Workshops, sprach mit Professor Bender im Institut für Grenzgebiete in Freiburg und mit Menschen, die eine Nahtoderfahrung gemacht hatten, machte Interviews mit Kenneth Ring und Raymond Moody, mit Stanislav Grof und Rupert Sheldrake, mit Tom Johanson und Lotte Ingrisch, filmte Medien und Geistheiler in London und Dutzende von Rückführungshypnosen – und las Bücher über Bücher, über Jenseitsreisen von Gilgamesch bis Robert Monroe, über multiple Persönlichkeiten und pränatale Psychologie, las Schriften der Yogis, Sufis und Mystiker, die *Bhagavadgita* und das *Bardo Thödol* und vieles andere mehr.

Und während ich über die Jahre so viel las und sah, hörte und erlebte, festigte sich in mir die Vorstellung, dass es so etwas wie den Tod – im Sinne einer Vernichtung unserer geistigen Existenz, unserer Identität und Individualität – gar nicht gibt. Es gibt nur das Leben – in unendlichen Abstufungen und Verwandlungen. Und ich kam schließlich zu der Überzeugung, dass der deutsche Philosoph und Dichter Johann Gottfried Herder (1744–1786) zu Recht schrieb: »Unsere Seele muss sterben, sagst du, wenn der Körper stirbt? Hast du eine innere Kraft je sterben sehen? Nur das Äußere, Zusammengesetzte sahst du zerfallen. Was in mir lebt, mein Lebendigstes, mein Ewiges, kennt keinen Untergang. Kein Tod ist in der Schöpfung, nur Verwandlung. Wenn die Hülle beim Tode wegfällt, bleibt die Kraft, die schon vor dieser Hülle existierte.«

Allerdings meine ich, man sollte heute in diesem Zusammenhang eher von Information sprechen oder vielleicht von informativem Kraftfeld und nicht mehr einfach von Kraft.

Wenn unsere geistige Essenz gänzlich verschwinden soll,

dann müsste sie sich in Nichts auflösen. Wenn sie sich in Nichts auflösen soll, dann müsste es ein Nichts erst einmal geben. Es kann aber kein Nichts geben, denn wenn es ein Nichts gäbe, wäre es automatisch Etwas und nicht mehr Nichts.

»Nur das Seiende ist«, befand der griechische Philosoph Parmenides, »das Nichtseiende ist nicht und kann auch nicht gedacht werden.« Als Konsequenz daraus ergibt sich die Annahme, dass Etwas weder aus Nichts entstehen, noch wieder ins Nichts verschwinden kann. »Es gibt kein Werden aus dem Nichts, noch wird zu Nichts das Seiende«, heißt es in der *Bhagavadgita*, einer der großen heiligen Schriften Indiens.

Wenn es aber kein Nichts geben kann, dann können wir – oder sonst irgendetwas – auch nicht vernichtet werden: »Kein Tod ist in der Schöpfung, nur Verwandlung.«

Das klingt wie Wortklauberei – ist es auch –, aber wenn man hört, was Friedrich der Große (1740–1786) kurz vor seinem Tode schrieb, möchte man annehmen, dass er ähnliche Überlegungen angestellt hat.

»Ich fühle nun«, so schrieb er, »dass es mit meinem irdischen Leben bald aus sein wird. Da ich aber überzeugt bin, dass nichts, was einmal in der Natur existiert, wieder vernichtet werden kann, so weiß ich gewiss, dass der edlere Teil von mir darum nicht aufhören wird zu leben. Zwar werde ich wohl im künftigen Leben nicht König sein, aber desto besser: Ich werde doch ein tätiges Leben führen, und noch dazu ein mit weniger Undank verknüpftes.«

Und sein zeitweiliger Freund Voltaire (1694–1778), der große französische Philosoph der Aufklärung, meinte: »Es ist nicht erstaunlicher, zweimal geboren zu werden, als einmal. Alles in der Natur ist Auferstehung.«

Und wenn der Geist sich einmal mit einem Körper verbinden kann, warum dann nicht auch ein zweites, ein drittes, ein ich-weiß-nicht-wievieltes Mal?

Wenn das so ist, dann haben allerdings jene Recht, die sagen: Du lebst nur einmal. Ja – und zwar für immer.

In der *Bhagavadgita* sagt Krishna zu Arjuna: »Nie war die Zeit, da ich nicht war, und du und diese Fürsten alle, noch werden jemals wir nicht sein, wir alle, in zukünftiger Zeit!«

Ist das ein angenehmer Gedanke? Wenn unser Leben nie aufhört, hört auch unsere Verantwortung nie auf, unsere Pflicht, uns zu wandeln und zu vervollkommnen, hört nie auf, für immer und ewig sind wir zur Teilnahme an der Evolution des Kosmos – ja, was? Verurteilt? Verpflichtet? Berechtigt? »In meines Vaters Haus sind viele Wohnungen«, hat Jesus von Nazareth gesagt. Viele, ja unendlich viele Wohnungen – es fehlt offenbar nur das Schild »Ausgang«. Und nicht nur das Schild, sondern auch die dazugehörige Tür.

Ist das ein angenehmer Gedanke? Das Leben: ein ständiger Umzug von einer kosmischen Behausung in die andere, ein ständiges Pendeln vom Diesseits ins Jenseits, vom Jenseits ins Diesseits, bis in alle Ewigkeit?

Aber was bedeutet überhaupt Jenseits? Wo liegt es? Jenseits von was?

Lotte Ingrisch hat ein Buch geschrieben mit dem schönen Titel *Reiseführer ins Jenseits*. Demnach scheint sie offenbar zu wissen, wo es liegt. Als ich sie vor Jahren interviewte, habe ich sie danach gefragt.

»Ich bin sogar überzeugt davon, dass Diesseits und Jenseits zwei Zustände eines einzigen Bewusstseins sind«, sagte sie. »Ich glaube nicht, dass wir wirklich von ihm getrennt sind.«

»Das heißt also«, fragte ich, »das Jenseits ist praktisch auch jetzt im Diesseits da?«

»Das Jenseits ist im Diesseits da«, bestätigte Lotte Ingrisch. »Vielleicht ist sogar das Jenseits die eigentliche Wirklichkeit, vielleicht ist der Schatten die Wirklichkeit, den der Körper ins Licht wirft, auch das wäre möglich. Aber ich bin davon überzeugt, wir haben eine große Skala unseres Bewusstseins, und auf der steigen wir auf und ab, und Leben und Tod sind sicher nicht die einzigen Grade dieses Bewusstseins, sondern es geht nach beiden Seiten vielleicht sogar unendlich weiter.«

»Und wie ist das«, wollte ich wissen, »mit dem Leben nach dem Tod? Dem so genannten Tod des Körpers, oder Wiedergeburt?«

»Nun ja«, meinte Lotte Ingrisch, »jeder träumt nachts – ich glaub, das hat die Traumforschung ergeben – sechs Träume. Und ich denke, wenn wir aus einem Leben herausgehen, ich meine, es ist ein altes Bild, dass das Leben ein Traum ist, wir träumen viele Träume in einer Nacht, und dann wachen wir auf und sind ein anderer.«

»Das heißt, Sie können sich vorstellen«, fragte ich, »dass wir eines Tages aus diesem Leben aufwachen und dann in einem anderen Raum ein anderer sind?«

»In einem ganz anderen Raum ein ganz anderer. Aber dieser Raum und dieser Traum und dieses Ich sind in diesem größeren Ganzen enthalten, glaube ich. So wie wir die Summe aller Träume sind, die Summe all unserer Gedanken, Erlebnisse, Gefühle, so gibt es sicher einen Zustand, der die Summe aller bisherigen Zustände ist. Wir sind einfach, jeder von uns, jedes Individuum, ein Teil – und zwar ein teilbarer Teil, gar nicht unteilbar –, und es gibt ein Ganzes, in dem wir enthalten sind. Und manchmal finden wir

Zugang zu diesem Ganzen, Mystiker zum Beispiel, die geraten dann in einen Zustand jenseits dieses Zustandes. Auf der Skala des Bewusstseins steigen sie unendlich hoch auf oder unendlich tief hinunter, das ist dasselbe. Ich glaube, wir sollten uns nicht fürchten, auf der Skala auf und abwärts zu steigen, wir sollten uns nicht fürchten, zu sterben. Wir sind ohnedies unsterblich.«

Seit Jahrtausenden schon gibt es zahlreiche eindrucksvolle Schilderungen von Menschen über die Begegnung mit Verstorbenen, vorzugsweise nahen Verwandten. Sie werden gehört, gesehen, manchmal auch nur gefühlt. Sie kommen, um Trost zu spenden, um zu sagen, dass es ihnen gut geht, gelegentlich auch, um vor Gefahren oder falschen Entscheidungen zu warnen. Manchmal erscheinen sie im Augenblick ihres Todes, zum Teil an weit entfernten Orten, manchmal nach Tagen, oder sogar erst nach Jahren.

Die Thanatologin Dr. Elisabeth Kübler-Ross erzählte zum Beispiel, dass ihr eines Tages, als ihr die Arbeit mit Sterbenden zuviel wurde und sie sich entschloss, damit aufzuhören, im Flur ihres Krankenhauses eine ehemalige Patientin begegnete. Die Frau begleitete sie in ihr Büro und bat sie eindringlich, ihre Arbeit fortzuführen. Als Dr. Kübler-Ross ihr dies versprach, ging sie wieder. Das klingt nicht besonders ungewöhnlich, aber die Patientin war bereits ein Jahr zuvor gestorben und begraben worden.

Häufig werden solche Erfahrungen – natürlich nicht von den Betroffenen – als Fantasie, Einbildung oder Halluzination abgetan. Aber eine solche Benennung ist keineswegs schon eine Erklärung. Die Menschen sehen oder hören etwas, das zwar nicht im physischen Sinne, aber doch als Information durchaus real ist. Und diese Information muss von irgendwoher kommen – aus dem Diesseits, aus dem

Jenseits, woher auch immer. Es ist durchaus denkbar, dass unser Unterbewusstsein zum Beispiel eine Warnung, die es uns zukommen lassen will, in eine Geschichte kleidet – aber wie steht es mit den zahlreichen Fällen, wo mehrere Menschen die verstorbene Person gesehen haben, oder wo Haustiere auf sie reagierten?

Bill und Judy Guggenheim, die über 3000 solcher Nachtodkontakte dokumentiert haben, zitieren in ihrem Buch *Trost aus dem Jenseits* folgenden Bericht einer Lehrerin über die Begegnung mit ihrem verstorbenen Bruder:

»Ich war gerade in der Küche am Werkeln. Plötzlich kam unsere Katze aus dem Wohnzimmer in die Küche geschossen. Ihr standen die Haare zu Berge und sie fauchte. Gleichzeitig verdrückte sich unser kleiner Hund bellend und mit ebenfalls gesträubtem Fell rückwärts aus dem Wohnzimmer. Ich ging nachsehen, was los war, und da saß mein Bruder Rudy im Schaukelstuhl! Er lächelte mich an. Ich war so froh, ihn zu sehen! Er saß da in seinen Bluejeans und einem rotkarierten Hemd, wie er oft dagesessen hatte, als er noch lebte. Ich war ganz ruhig, ich wusste, dass es Rudy gut ging. Dann löste er sich vor meinen Augen wieder in Luft auf. Ich war früher eine eingefleischte Skeptikerin, bis ich dieses Erlebnis hatte. Nie hätten ich gedacht, dass so etwas wirklich passieren kann. Wenn die Tiere nicht so reagiert hätten, hätte ich wohl angenommen, meine Phantasie wäre mit mir durchgegangen.«

Das eine ist derzeit so wenig erklärbar wie das andere – aber was ist wohl wahrscheinlicher? Nehmen wir eine verstorbene Person wahr, weil unser Unterbewusstsein sie sich erschafft, oder ist sie tatsächlich da?

Eine Frage die oft gestellt wird, wenn es um Unsterblichkeit und Wiedergeburt geht, ist: Wenn wir schon mehrfach gelebt haben, warum erinnern wir uns dann normalerweise nicht mehr daran?

Weil die Hüterinnen des Schicksals der Seele vor ihrer Wiederverkörperung einen Trank aus der Quelle des Vergessens verabreichen, meinte der griechische Philosoph Platon. Spätere Anhänger der Reinkarnationslehre haben weniger mythische Erklärungen bevorzugt, so zum Beispiel die einfache Feststellung, dass die Fülle der Erinnerungen aus früheren Existenzen uns in der gegenwärtigen am Denken und Handeln hindern würde. Gotthold Ephraim Lessing (1729–1781), auch ein Anhänger der Reinkarnationslehre, schrieb zum Beispiel: »Wohl mir, dass ich das vergesse. Die Erinnerung an meine vorigen Zustände würde mir nur einen schlechten Gebrauch des gegenwärtigen zu machen erlauben. Und was ich auf jetzt vergessen muss, habe ich denn das auf ewig vergessen?«

Tatsächlich sind diese Erinnerungen ja offenbar nicht gänzlich verschwunden, denn man kann sie sich durch entsprechende meditative Übungen wieder zugänglich machen. Buddha sei hier als Beispiel genannt, und auch die Yoga-Sutren des Patanjali, wo solche Methoden der Rückerinnerung beschrieben werden.

Allerdings hat es auch eine Reihe von Fällen gegeben, in denen Menschen – vor allem Kinder – sich ohne irgendwelche Hilfe spontan an frühere Existenzen erinnerten. Bemerkenswert sind hier vor allem die Untersuchungen des amerikanischen Arztes Dr. Stevenson, der eine Fülle solcher Reinkarnationserinnerungen von Kindern gesammelt hat. Dabei zeigten sich auch eindrucksvolle Übereinstimmungen von Muttermalen bei den Kindern und Wunden, die in ihrem früheren Leben zum Tod geführt hatten. Ein Kind, das mit narbenartigen Kerben auf dem Rücken zur

Welt kam, erinnerte sich beispielsweise daran, dass es in seiner vorigen Inkarnation durch Axthiebe in den Rücken getötet wurde. Stevenson hat über 200 solcher Fälle dokumentiert.

Stevensons Arbeit, deren wissenschaftliche Kompetenz auch von seinen schulmedizinischen Gegnern anerkannt wurde, zeigt genügend Beispiele, bei denen man die Annahme einer persönlichen Reinkarnation als einfachste und logischste Erklärung akzeptieren muss. Natürlich kann man die Erinnerungen der Kinder auch auf PSI-Phänomene wie Hellsehen oder Telepathie zurückführen, wenn man möchte – aber was ist mit den »Muttermalen«?

Hier bleibt wieder einmal nur der berühmte Zufall als Erklärung – und das ist keineswegs befriedigend, denn, wie der Mathematiker Henri Poincaré es ausdrückte: »Der Zufall ist nichts als das Maß unserer Unwissenheit.«

Wenn Kinder bisweilen ihre Erinnerungen aus früheren Inkarnationen mitbringen, wie es die Untersuchungen von Stevenson berichten, wäre es dann vielleicht ebenso möglich, dass sie auch Fähigkeiten mitbringen, die sie im Vorleben erworben haben? Ich denke dabei an die so genannten Wunderkinder.

William Rowan Hamilton (1805–1865), einer der bedeutendsten irischen Wissenschaftler, konnte bereits mit drei Jahren lesen, mit fünf sprach er Lateinisch, Griechisch und Hebräisch und mit sieben auch noch Italienisch und Französisch. Als er neun war, lernte er Arabisch, Chaldäisch Syrisch und Sanskrit, danach neben anderen Sprachen Malaiisch und Bengalisch und schließlich auch noch Chinesisch.

Christian Hernaker konnte bereits wenige Stunden nach seiner Geburt sprechen und kannte mit 14 Monaten die

Bibel auswendig. Geschichte, Geographie und Anatomie lernte er mit zweieinhalb Jahren und zur gleichen Zeit las er bereits Deutsch, Französisch und Latein fließend. Ein halbes Jahr später konnte er addieren, subtrahieren und multiplizieren.

Woher stammen solche außergewöhnlichen Fähigkeiten bei Kindern, zu denen natürlich auch Mozart und andere musikalische Wunderkinder zählen? Ihre Beispiele zeigen, dass es offenbar Menschen gibt, die in dem einen oder anderen Bereich bereits sozusagen ausgebildet auf die Welt kommen. Aber wie lässt sich dieses Phänomen erklären? Wie und wo wurden diese Kinder ausgebildet?

Die Schulwissenschaft hat hierfür keine schlüssige Erklärung. Aber was spricht denn gegen die Annahme, dass dieses Können, das da scheinbar aus dem Nichts kommt, in einer früheren Inkarnation erworben wurde? Wenn Mozart mit vier Jahren schon so gut Klavier spielen konnte, wie ein anderer erst nach zwanzigjähriger Übung, warum sollte er dann nicht in einem früheren Leben zwanzig Jahre lang geübt haben? Warum lernen wir manche Dinge leicht und manche schwer?

Offensichtlich kommen wir nicht als unbeschriebenes Blatt zur Welt, und wir bringen nicht nur einen bestimmten Charakter mit und bestimmte Vorlieben und Abneigungen, sondern auch eine Prädisposition für bestimmte Tätigkeiten. Wir sprechen dann gewöhnlich von Talent. Aber wie entsteht ein solches Talent?

In den Genen liegt es wohl nicht, denn sonst wäre Talent allgemein vererbbar, was nach aller Erfahrung aber nicht der Fall ist. Wie viele große Philosophen waren Kinder von Philosophieprofessoren? Ich habe trotz langem Suchen keinen gefunden. Sokrates war der Sohn einer Hebamme und eines Steinmetzen, und Immanuel Kants Vater war Sattlermeister. Die Eltern ebenso wie die Kinder der Genies sind nur in den seltensten Fällen ebenfalls Genies. Die einfachste und nahe liegendste Erklärung für diesen Sachverhalt ist die, dass man in einem früheren Leben bereits das gelernt hat, was man jetzt in dieses Leben als Talent mitbringt. Beweisen lässt sich diese Annahme nicht, aber sie lässt sich auch nicht ausschließen. Und das Fehlen jeder anderen befriedigenden Erklärung rückt sie durchaus in die engere Wahl.

Erinnerungen an das, was man als frühere Inkarnationen ansehen kann, sind, wenn sie nicht spontan auftauchen wie bei Stevensons Kindern, immer wieder auf anderem Wege zu Tage gefördert worden, durch bestimmte Techniken oder auch durch bestimmte Drogen. Der Psychologe Stanislav Grof ist zum Beispiel bei seinen Experimenten mit LSD auf Reinkarnationserinnerungen gestoßen. Chris Griscom erreichte dies durch eine besondere Art von Akupunktur. Eine weitere, häufig angewendete Methode ist die Rückführung durch Hypnose oder verschiedene Entspannungstechniken. Wir haben Dutzende solcher Rückführungen gefilmt.

Eine junge Frau liegt in einem halbdunklen Raum auf einer Liege, sie atmet schwer, jammert und weint – sie ist verzweifelt, weil gerade ihr Kind gestorben ist. Allerdings nicht hier und jetzt, sondern vor 500 Jahren, im Mittelalter. Die junge Frau erlebt gerade, in Hypnose auf der Couch eines Psychologen, Szenen aus einer früheren Inkarnation. Die Emotionen, die hier zutage treten, sind – soviel ist sicher – nicht gespielt, sie sind echt und tief empfunden. Ob auch die Erinnerungen »echt« sind, ist eine andere Frage. Was meine eigenen Rückführungserlebnisse angeht, so bin ich mir da nicht sicher. Ich erlebte mich in der einen als Negerin in einer steinzeitlichen Gesellschaft, in einer anderen als griechischer Fischer, der bei einem Tauchunfall ums Leben kam. Zumindest im zweiten Fall erinnerten mich einige der Bilder, die ich dabei sah, an einen Film über Schwammtaucher, den ich Jahre zuvor gesendet hatte. Ganz offensichtlich aber hatte die Thematik der Rückführungen einen klaren Bezug zu Problemen, die mich damals in der Gegenwart beschäftigten. Hat also das Unterbewusstsein hier vielleicht seine Botschaften in einen privaten Spielfilm gekleidet? Hat es dabei vergessene Erinnerungen aus verschiedenen Quellen als Versatzstücke benutzt, ähnlich wie es bisweilen Tageseindrücke in seine Traumspiele hineinwebt?

Die Psychologin Dr. Helen Stewart Wambach hat Tausende von Menschen in frühere Zeiten und Leben zurückgeführt und sie anschließend Fragebögen über ihre Erlebnisse ausfüllen lassen, die sie statistisch ausgewertet hat. Es ergaben sich erstaunliche Übereinstimmungen mit historischen Fakten. Die überwiegende Mehrheit, über siebzig Prozent, hatten sich als Angehörige der Unterschicht erfahren, etwa zwanzig bis dreißig Prozent gehörten der Mittelschicht an und nur etwa fünf Prozent der Oberschicht. Unabhängig von der gegenwärtigen Geschlechterverteilung waren die Versuchspersonen in den Rückführungen etwa zur Hälfte Männer und zur Hälfte Frauen. Rassenzugehörigkeit, Kleidung, Nahrung und Gebrauchsgegenstände, die geschildert wurden, entsprachen ebenfalls den historischen Gegebenheiten. Diese Übereinstimmung ist schwer zu erklären, wenn man annimmt, dass es sich bei Reinkarnationserinnerungen um reine Fantasieprodukte handelt.

Andererseits hat sich gezeigt, dass im Detail ein wirklich schlüssiger Nachweis für die Richtigkeit der meisten Reinkarnationserinnerungen bislang nicht zu finden war. Zwar fand man immer wieder Einzelheiten, die sich nachweisen ließen, aber auch immer wieder Irrtümer, und eine hundertprozentige Übereinstimmung gab es in keinem Fall. Ein finnischer Psychologe zeigte hingegen, dass die Inhalte solcher Erinnerungen sich in einer Reihe von Fällen auf Erfahrungen im gegenwärtigen Leben zurückführen ließen, die vergessen wurden, oder auf unbewusst aufgenommene Informationen.

Aber diese Erklärung reicht keineswegs für alle dokumentierten Fälle aus. Wenn zum Beispiel präzise Details von Orten geschildert wurden, die in keinem Reiseführer zu finden sind, und die von den betreffenden Personen in ihrem jetzigen Leben noch nie besucht worden waren, dann kann es sich wohl schwerlich um vergessene Eindrücke handeln.

Das Problem dabei ist, dass eine Erinnerung aus der Vergangenheit nur dann bestätigt werden kann, wenn in der Gegenwart eine Information darüber vorhanden ist. Und dann kann man immer auch argumentieren, dass diese Information durch irgendeine Art von außersinnlicher Wahrnehmung empfangen wurde.

Und natürlich kann man auch von der Überlegung ausgehen, dass es eine kosmische Datenbank, eine Akasha-Chronik oder Ähnliches gibt, wo Informationen über alle Dinge, Ereignisse und Wesen im Universum gespeichert sind, und Informationen über frühere Inkarnationen aus dieser Quelle stammen.

Aber auch hier muss man dann zumindest den paranormalen Zugriff zu Informationen aus der Vergangenheit akzeptieren. Und die Möglichkeit früherer Existenzen wird damit nicht widerlegt – sie kann als Erklärung der beschriebenen Phänomene nach wie vor im Spiel bleiben.

Darüber hinaus ist es eine unbestreitbare Tatsache, dass durch die Reinkarnationstherapie psychische ebenso wie physische Krankheiten geheilt werden konnten, und zwar auch solche, bei denen eine schulmedizinische Behandlung über Jahre hinweg keine Erfolge erzielte. Stanislav Grof berichtet in seinem Buch *Geburt, Tod und Transzendenz* zum Beispiel von einer Patientin, die sich wegen Depressionen und Angstzuständen in psychotherapeutische Behandlung begab. Außerdem litt sie an einer chronischen Nebenhöhlenentzündung, die trotz aller ärztlichen Bemühungen nicht geheilt werden konnte. Während einer der Sitzungen geriet sie in das Erlebnis einer früheren Inkarnation, wo sie als angebliche Hexe von den Bewohnern ihres Dorfes ertränkt wurde. Nachdem sie in einem dramatischen Ausbruch von Gefühlen unter Erstickungsanfällen und starker Absonderung von Nasenschleim diese Szene durchlebt hatte, verschwanden ihre Beschwerden. Grof sah in dieser Erfahrung zwar keinen Beweis für Reinkarnation, aber er musste zugeben: »Dennoch heilte dieses Erlebnis zur Überraschung aller Beteiligten ihre chronische Nebenhöhlenerkrankung, die Tanya zwölf Jahre lang gequält hatte und die auf konventionelle medizinische Behandlungsmethoden nicht ansprechen wollte.«

Inzwischen sind zahllose weitere Fälle ähnlicher Art veröffentlicht worden. Die psychologische Praxis zeigt, dass Beschwerden verschwinden, die mit traumatischen Erlebnissen zusammenhängen, wenn man diese Erlebnisse bewusst macht. Hier sind es nachweislich reale Beschwerden und reale Erlebnisse aus diesem Leben. Wenn andererseits reale Beschwerden aus diesem Leben durch Erlebnisse aus scheinbar früheren Leben ebenso zum Verschwinden gebracht werden – sollte man dann nicht annehmen, dass diese Erlebnisse ebenfalls real sind, beziehungsweise waren?

Trotzdem: Aus wissenschaftlicher Sicht gibt es gegenwärtig keinen objektiven Beweis – weder für die Unsterblichkeit der Seele, noch für eine mögliche Wiedergeburt. Ebensowenig gibt es allerdings einen Beweis dagegen.

Die großen Erleuchteten haben eine Diskussion über frühere Leben meist vermieden. Jesus von Nazareth beispielsweise hat sich nur beiläufig dazu geäußert und stattdessen auf das hingewiesen, was wirklich wichtig ist: »Trachtet am Ersten nach dem Reich Gottes und nach seiner Gerechtigkeit, so wird euch solches alles zufallen.« Allerdings bestand keine Notwendigkeit, ausführlich über Wiedergeburt zu sprechen, da zu seinen Lebzeiten der Glaube daran ein Volksglaube bei den Juden war. Vielleicht hat man auch solche Äußerungen von ihm aus den kanonischen Evangelien entfernt, als die katholische Kirche die Idee der Reinkarnation aus ihren Glaubensgrundsätzen tilgte. In den apokryphen Texten, die 1945 in Nag Hammadi gefunden wurden, finden sich jedenfalls derartige Aussagen noch – zum Beispiel im »Buch von Thomas dem Wettkämpfer«. Hier äußert Jesus unter anderem Gedanken über den Zustand der Menschen nach dem Tod, die sehr stark an indische Vorstellungen erinnern: »Dann aber bereitet ihnen das Feuer der Erscheinungswelt Pein, weil sie vorher, als sie noch in ihrem Körper lebten, in Liebe zu ihren Wahnvorstellungen entbrannt waren. Von neuem werden sie dann in die Erscheinungswelt eintauchen müssen.«

Buddha, für den Wiedergeburt eine Selbstverständlichkeit war, wollte nicht über das, was nach dem Tod geschieht, diskutieren, da solche Fragen für die Suche nach der Wirklichkeit hier und jetzt unbedeutend wären.

Und in der Tat sind wir so oder so, wie wir jetzt hier sind, die Summe aller vorhergegangenen Existenzen – sofern es überhaupt welche gab – und damit in jedem Falle mehr, als wir früher einmal waren. Denn wenn Information nicht verloren geht – und das wäre ja die Voraussetzung dafür, dass es überhaupt eine Wiedergeburt geben kann –, dann muss sie zwangsläufig immer weiter anwachsen. Und wenn ich früher eine ägyptische Prinzessin war und jetzt eine Putzfrau bin, dann muss die Putzfrau heute mehr sein, als die Prinzessin es vorzeiten war. Wozu also nach Beweisen für die Wiedergeburt fahnden? Selbst wenn es sie gäbe, würde das nichts ändern an der Tatsache, dass wir hier und jetzt gefordert sind, unser Leben zu leben.

»Der freie Mensch denkt an nichts weniger als an den Tod«, meinte Spinoza, »und seine Weisheit ist nicht ein Nachsinnen über den Tod, sondern ein Nachsinnen über das Leben.« Und Schleiermacher sagte: »Sorge dich nicht um das, was kommen mag; weine nicht um das, was vergeht – aber sorge, nicht dich selbst zu verlieren, und weine, wenn du dahintreibst im Strome der Zeit, ohne den Himmel in dir zu tragen.«

Es gibt kein objektives Wissen über das, was beim so genannten Tod geschieht, oder danach – es gibt nur eine subjektive Gewissheit. Johann Wolfgang Goethe schrieb: »Den Beweis der Unsterblichkeit muss jeder in sich tragen – von außen kann er ihm nicht gegeben werden. Wohl ist alles in der Natur Wechsel – aber hinter dem Wechsel ruht ein Ewiges.« Und er sagte auch: »Mich lässt der Gedanke an den Tod in völliger Ruhe, denn ich habe die feste Überzeugung, dass unser Geist ein Wesen ist, ganz unzerstörbarer Natur.

Ich bin gewiss, wie sie mich hier sehen, schon tausendmal dagewesen, und hoffe wohl, noch tausendmal wiederzukommen.«

Der Glaube an Wiedergeburt war Bestandteil vieler großer Religionen, und ist es im Osten auch heute noch. Die Inder glaubten daran, die Griechen, die Kelten und Germanen. Und auch bei den Juden, zur Zeit von Jesus von Nazareth, war der Glaube an Wiedergeburt allgemein üblich, dies betont unter anderen der jüdische Historiker Ben Chorin. Das traditionelle rabbinische Judentum geht inzwischen von nur einem Leben aus, aber die jüdische Mystik akzeptiert die Reinkarnation. Kabbalistische Schriften vom Mittelalter bis heute äußern sich ausführlich und detailliert über das Phänomen der Wiedergeburt (»Gilgul« genannt), so zum Beispiel Isaak Lurias (1534–1572) *Buch über die Seelenwanderung*. Hier wird, ähnlich wie bei Pythagoras und Platon, das Prinzip der Läuterung und Vervollkommnung der Seele über mehrere Inkarnationen betont.

Ebenso verhält es sich mit dem Islam. Auch hier lehnt die offizielle Theologie die Reinkarnation ab, während sie bei den islamischen Mystikern als selbstverständlich gilt. Als ein Beispiel von vielen mag diese Aussage von Dschelâleddin Rûmî (1207–1273) stehen: »Ich starb als Stein und wurde Pflanze, als Pflanze starb ich, wurde Tier. Das Tier verging – jetzt bin ich Mensch. Warum sollte ich fürchten, im Tode zu Nichts zu werden? Ich werde weiter hinaufsteigen, ins Reich der Engel, und was ihr euch niemals vorstellen könntet – ich werde es sein (…).«

Zahlreiche Gnostiker waren Anhänger der Reinkarnationslehre – Basileides spricht zum Beispiel vom »Kreis der Geburten«, einem Zyklus fortlaufender Inkarnationen, zu dem die Menschen verurteilt sind, weil sie Sünden begangen haben, die wieder gutgemacht werden müssen. In der *Pistis Sophia,* einem gnostischen Text, der Ende des 18. Jahrhunderts entdeckt wurde, wird von einer Lichtjungfrau berichtet, vor der die Seelen der Toten Rechenschaft ablegen müssen. Wer sich nicht zu Lebzeiten der Einweihung durch die gnostischen Mysterien unterzogen hat, wird wieder auf die Erde zurückgeschickt.

Auch zahlreiche frühe Christen, darunter Kirchenväter wie beispielsweise Origenes, glaubten an Wiedergeburt. Im Jakobusbrief (3,6) ist ebenfalls vom »Rad der Geburten« die Rede – von Luther sehr unpräzise übersetzt mit »allen unserem Wandel«. Erst 553, auf dem Konzil von Konstantinopel, wurde die Reinkarnation aus der offiziellen Kirchenlehre verbannt. Allerdings stellt – so der Theologe Professor Dr. Andreas Resch – die katholische Kirche bis heute den Gläubigen frei, ob sie an Wiedergeburt glauben wollen oder nicht.

Wenn man alle vorhandenen Indizien zusammennimmt, so ist es die Idee der individuellen Unsterblichkeit und Wiedergeburt, die am besten mit allen bekannten Tatsachen übereinstimmt. Man muss nicht unbedingt daran glauben, weil es keinen objektiven Beweis dafür gibt, aber man kann guten Gewissens daran glauben, weil vieles dafür spricht. Und wer daran glaubt, findet sich in bester Gesellschaft.

Viele bedeutende Persönlichkeiten, einige der größten Denker und Dichter der Menschheit, haben an die Wiedergeburt geglaubt. Lessing zum Beispiel, der in seinem Essay von der »Erziehung des Menschengeschlechts« schrieb: »Aber warum könnte jeder einzelne Mensch nicht auch mehr als einmal auf dieser Welt vorhanden gewesen sein? Ist diese Hypothese darum so lächerlich, weil sie die älteste ist? Weil der menschliche Verstand, ehe ihn die Sophisterei der Schule zerstreut und geschwächt hatte, sogleich darauf verfiel? (...) Warum sollte ich nicht so oft wiederkommen, als ich neue Kenntnisse, neue Fähigkeiten zu erlangen geschickt bin? Bringe ich auf einmal soviel weg, dass es der Mühe wiederzukommen etwa nicht lohnet?«

Oder Immanuel Kant: »Der Anfang des Lebens ist die Geburt; dieses ist aber nicht der Anfang der Seele, sondern des Menschen. Das Ende des Lebens ist der Tod; dieses ist aber nicht das Ende des Lebens der Seele, sondern des Menschen. Geburt, Leben und Tod sind also nur Zustände der Seele.«

Und Heinrich von Kleist schrieb in einem Brief von 1806: »Komm, lass uns etwas Gutes tun und dabei sterben. Einen der Millionen Tode, die wir schon gestorben sind und noch sterben werden. Es ist, als ob wir aus einem Zimmer in das andere gehen.«

Der geniale Renaissancephilosoph Giordano Bruno (1548–1600) glaubte ebenfalls an Wiedergeburt und meinte, die menschliche Seele müsse »weiter und weiter das Verhängnis der ewigen Veränderung durchlaufen und je nachdem in andere bessere oder schlechtere Lebensweisen und Schicksale eingehen, als sie sich besser oder schlechter in ihrer nächst vorangegangenen Lebenslage und unter den eben überstandenen Verhältnissen geführt hat«. Und außerdem schrieb er: »Was wir jetzt sterben heißen, ist die Geburt zu neuem Leben – und oft wäre gegen jenes zukünftige Leben wohl das jetzige Tod zu nennen.«

Im letzten Gespräch, das der 82-jährige Gerhart Hauptmann 1944 mit seinem Freund Hans von Hülsen führte, sagte der Dichter: »Ist denn der Tod wirklich das Ende von allem, wie die glauben, die ihn gerade deshalb fürchten?

Ich bin überzeugt, er ist es nicht. Er ist es ebenso wenig wie der nächtliche Schlaf, eins der tausend und abertausend Enden, die wir in einem langen Leben immer wieder durchleben. Haben wir vor der Geburt gelebt, und daran ist für mich kein Zweifel, davon habe ich zuviel Erfahrungen, so werden wir auch nach dem leben, was die Menschen ›Tod‹ nennen. Ich für mein Teil halte es mit der Gita, die sagt, dass dem Geborenen das Sterben so sicher ist wie dem Gestorbenen das Geborenwerden. Und sehen Sie, darum kann mich der Tod nicht schrecken.«

Die Aufzählung lässt sich noch weiter fortsetzen mit Namen wie: Pythagoras, Sokrates und Platon, Plutarch und Jean Paul, Herder und Schopenhauer, Nietzsche und Wagner, Longfellow, Emerson, Thoreau und Whitman, Jack London, Leo Tolstoi, Gustav Mahler, Jean Sibelius, Paul Gauguin, Christian Morgenstern und Wilhelm Busch, Hermann Hesse und Manfred Kyber. Aber auch Benjamin Franklin, William James und C. G. Jung, David Lloyd George, Charles Lindbergh, Henry Ford und sogar der General George S. Patton – sie alle glaubten an Wiedergeburt.

»Wir sind aus jenem Stoff, aus dem die Träume sind – unser kleines Leben umfasst einen Schlaf (…)«, heißt es bei Shakespeare. Wenn jemand stirbt, so sagt man auch: Er sei »entschlafen«. Ent-schlafen, das heißt: vom Schlaf befreit. Ist also der Tod ein Erwachen aus dem Traum des Lebens? Wer weiß.

Ob der Tod das Ende unserer Existenz bedeutet, oder nur den Übergang in eine andere Sphäre, werden wir mit letzter Sicherheit erst dann wissen, wenn wir diese Grenze überschritten haben. Aber eines ist jetzt schon sicher: Wenn der Glaube an ein Leben nach dem Tod uns dazu verhilft, das Leben vor dem Tod besser zu leben, dann wäre dieser Glaube auch dann sinnvoll, wenn er sich letzten Endes als falsch erweisen sollte.

NACHWORT

Unsere täglichen Wunder

Gedanken sind wirkende Kräfte – eine Bilanz

Der Tod ist das Ende unserer Lebensreise, aber nicht unseres Lebens, denn das geht ewig weiter. Und mit den Betrachtungen über den Tod möchte ich auch diese Reise durch die magische Welt beenden. Vielleicht sind Sie enttäuscht, weil keine Hexen darin vorkamen, keine Zaubersprüche, keine Amulette und Rezepte, keine Rituale. Aber dies alles gehört, wie ich schon sagte, meiner Meinung nach nicht zur wahren Magie, sondern zum Hokuspokus. Es spricht nichts dagegen, sich mit Düften und Klängen, Farben und schönen Gegenständen in eine angenehme Stimmung zu versetzen, aber magische Wirkungen werden damit nicht erzielt. Magie findet dann statt, so meinte der Dichter Novalis, wenn man »die Gedanken zu äußeren Dingen, wie auch äußere Dinge zu Gedanken machen kann«. Und das Werkzeug der Magie unsere Vorstellungskraft, unser Geist, nicht mehr und nicht weniger.

Gedanken sind wirkende Kräfte – das ist keine bloße Ansicht, sondern eine Tatsache, tausendfach dokumentiert. Die Beispiele, die in diesem Buch zitiert wurden – (und unzählige andere, die hier keinen Platz mehr gefunden haben) – zeigen dies deutlich. Mit Hilfe unserer Vorstellungskraft können wir erstaunliche, ja unglaubliche Dinge erreichen. In unserem Körper und außerhalb davon, mit ihm und ohne ihn.

Wir können Blutungen zum Stillstand bringen und entstehen lassen, wir können Schmerzen erzeugen und zum Verschwinden bringen, wir können Krankheiten hervorrufen und beseitigen – wenn wir selbst die Verantwortung dafür übernehmen und daran arbeiten. Wir können die Wirkung von Substanzen ins Gegenteil verkehren und unsere innere Hausapotheke aktivieren, die zahlreiche, den gängigen Medikamenten gleichwertige, oft sogar überlegene Stoffe zu produzieren vermag. Und wir können durch verschiedene Arten des mentalen Trainings lernen, unseren Geist gezielt, konsequent und konstruktiv einzusetzen.

Wir können Gedanken übertragen, an andere Menschen, aber auch an Tiere oder Pflanzen. Wir können das Wachstum von Tomaten fördern und das Wachstum von Bakterien hemmen. Wir können intuitiv verborgene Dinge erkennen oder sehen, was sich an anderen Orten abspielt. Und wir können sogar Materie beeinflussen und verändern – wenn auch in vergleichsweise bescheidenem Rahmen. Wer immer wieder mit dem Auto Pannen hat oder bei wem sich Computerabstürze häufen, sollte einmal überprüfen, inwieweit dabei möglicherweise die eigene Vorstellungskraft beteiligt ist – und sei es auch nur in Form von Befürchtungen oder einer negativen Einstellung.

Das Gleiche gilt natürlich auch für Krankheiten, denn »eine Krankheit befürchten heißt sie hervorrufen«, wie schon Emil Coué sagte. Und es gibt zahlreiche Indizien, die darauf hinweisen, dass dies auch für unser Schicksal, für unsere Zukunft gilt. Zukunftsprognosen haben sich immer wieder als unzutreffend oder ungenau erwiesen, und es sieht so aus, als ob wir die Zukunft weniger voraussehen, als vielmehr vorausdenken – das heißt: durch unsere Gedanken gestalten oder zumindest beeinflussen.

Ein Bauingenieur, dem gekündigt wurde, fragt sich: Warum ich, warum nicht einer von den anderen? Ja – warum? Weil er eine Kündigung befürchtete? Weil er damit rechnete, sich in Gedanken damit beschäftigte und dadurch eine Art geistiges Feld erschuf, mit dem er das Unglück anzog? Die bloße Möglichkeit, dass solche Dinge eine Rolle spielen könnten, sollte uns veranlassen, immer nur konstruktiv von unserer Zukunft zu denken und zu reden. Nur das im Auge zu behalten, was wir wollen – und uns nicht mit dem zu beschäftigen, was wir nicht wollen.

Unser Geist kann nicht nur innerhalb und außerhalb des Körpers erstaunliche Dinge bewirken – es scheint, dass er auch ganz ohne Körper existieren und wirken kann. Zahlreiche Indizien und logische Überlegungen sprechen dafür, dass unsere geistige Essenz unsterblich ist und sich immer wieder aufs Neue verkörpert. Wenn aber unsere Existenz nicht mit dem Tod des Körpers endet, dann endet damit auch die Verantwortlichkeit für unsere Handlungen nicht, sondern wirkt über den Tod hinaus weiter, bis in spätere Verkörperungen hinein. So betrachtet bestimmen wir durch unsere gegenwärtigen Handlungen unser zukünftiges Schicksal – nicht nur in dieser gegenwärtigen Existenz. Die Inder nennen es »Karma«.

Wenn man dies nun ernst nimmt, welche Konsequenzen ergeben sich daraus? Zuerst einmal führt es uns zu der ethischen Grundregel: »Tue nichts, was einem anderen Menschen schadet.« Oder positiv formuliert: »Was du willst, dass ein anderer dir tue, das tue du ihm auch.« Mit diesem Satz hat Jesus von Nazareth das Karmaproblem einfach und ein für allemal gelöst: Wenn das, was wir tun, zu uns zurückkommt, dann sollten wir in der Tat nur das tun, was uns angenehm ist, wenn es uns selbst geschieht.

Ferner ergibt sich daraus: Ehrfurcht vor dem Leben in jeder Form, Abkehr von Materialismus und Wettbewerbsdenken, vermehrte Nächstenliebe und Spiritualität – denn da wir weder Macht noch Reichtum mit hinübernehmen können, die Verantwortung für unsere Taten aber mit hinübernehmen müssen, setzen sich die Prioritäten wohl von selbst. »Lehre uns bedenken, dass wir sterben müssen, auf dass wir klug werden«, heißt es im 90. Psalm.

Auch das Verhältnis zwischen Eltern und Kindern bekommt dadurch eine neue Dimension. Wenn die Kinder nicht mehr nur als Spiegelbild oder gar Besitz der Eltern betrachtet werden, sondern als eigenständige Wesen, deren kosmische Biographie vielleicht sogar umfangreicher und deren Lebenserfahrung größer sein mag als die der Eltern, dann wird man sie ganz sicherlich mit mehr Respekt behandeln und auch mehr Verständnis für ihre Vorlieben und Abneigungen aufbringen.

Das Verhältnis zum anderen Geschlecht, zu anderen Rassen oder Nationen bekommt unter diesem Blickwinkel ebenfalls eine andere Dimension. Denn auf welche Art von Menschen ich auch immer verachtend herabschaue – wer weiß, ob ich nicht das nächste Mal in solch einem Körper, oder in solch einer Haut geboren werde, oder im Haus meines Feindes?

Häufig wird behauptet – vorzugsweise von Berufschristen –, die Reinkarnationslehre sei eine Illusion, eine bequeme Ausflucht, mit der man der Angst vor dem Tod entrinnen wolle. Dieses Motiv kann man aber jeder Religion und fast jeder Philosophie unterstellen – und bequem ist der Glaube an Unsterblichkeit und Reinkarnation nun beileibe nicht. Die Unausweichlichkeit des Todes leugnet er keineswegs, er betont aber die Verantwortlichkeit, die nicht mit dem Ende des Körpers endet, sondern weiter bestehen bleibt. »Die Folgen unserer Taten wirken ewig durch Raum und Zeit«, meinte der griechische Philosoph Anaxagoras.

Der Gedanke, dass das Leben ein ewiges Pendeln vom Tod zur Geburt und von der Geburt zum Tod ist und dass wir für alles, was wir tun, zur Verantwortung gezogen werden, ist weder besonders angenehm noch bequem. Viele Menschen haben es da vorgezogen, an ein einmaliges Leben und ein anschließendes ewiges Paradies zu glauben. Aber sowohl die Tatsachen als auch die Logik führen unser Denken in eine andere, wie ich finde, sinnvollere Richtung.

Der Glaube an die Unsterblichkeit, an die Ewigkeit des Lebens und die Unzerstörbarkeit der geistigen Essenz, verbunden mit der Annahme höherer Existenzebenen – und hier verstehe ich »glauben« nicht als ein bloßes Fürmöglichhalten, sondern als feste Überzeugung – kann dem Menschen ein unerschütterliches Fundament für seine irdische Existenz liefern, mehr als alle materiellen Sicherheiten, alle konfessionellen Dogmen und selbst die schönsten Wirklichkeitskonzepte einer materialistisch-reduktionistischen Naturwissenschaft.

Vorausgesetzt, man ist bereit, sich der Verantwortung zu stellen – für sich selbst, für alles, was man tut, und für alles, was einem geschieht. Vorausgesetzt auch, man hat den Mut, sich der erschreckenden Freiheit einer Zukunftsperspektive zu stellen, die bis in die Ewigkeit reicht.

Dabei fällt mir eine Passage aus Lotte Ingrischs Buch *Unsterblichkeit* ein. Von ihrem verstorbenen Gatten Gottfried von Einem hatte sie folgende Botschaft erhalten:

»Doch ist diese Schöpfung längst nicht zu Ende, und durch alle Leben und Tode bewegen wir uns in ihr fort. Tod ist nicht die letzte Station der Reise. So wenig, wie die Erde die letzte Station im Kosmos ist, und Kosmos die letzte Station des Seins. Lass dich in alle Zukünfte und Vergangenheiten entführen, in alle Stadien dieses Seins. Leiste keinen Widerstand! Und berichte, berichte, berichte, solange du noch berichten kannst.«

Literaturempfehlungen

Für Kapitel 1–6

Baudouin, Charles: *Suggestion und Autosuggestion.* Schwabenverlag, 1972.
Bick, Claus: *Neurohypnose.* Ullstein Tb., 1983.
Chase, Truddi: *Aufschrei.* Lübbe, 1985.
Chertok, Léon: *Hypnose.* Fischer, 1986.
Coué, Emil: *Die Selbstbemeisterung.* Schwabe Verlag, Basel, 1997.
Eccles/Popper: *Das Ich und sein Gehirn.* Piper, 1989.
Everding, Karl: *Jeder ist ein Feuerläufer.* Silberschnur, 1996.
Griscom, Chris: *Zeit ist eine Illusion.* Econ Tb., 2002.
Hacking, Ian: *Multiple Persönlichkeit.* Fischer Tb., 2001.
Hay, Louise L.: *Gesundheit für Körper und Seele.* Heyne, 2002.
Holmes, Ernest: *Die Vollkommenheitslehre.* CSA, 1998.
Huber, Michaela: *Multiple Persönlichkeiten.* Fischer Tb., 1995.
Jussek, Eugen: *Begegnung mit dem Weisen in uns.* Goldmann, 1988.
Lindemann, Hannes: *Allein über den Ozean.* Delius Klasing, 2000.
Lindemann, Hannes: *Einfach entspannen.* Heyne, 1995.
MacLaine, Shirley: *Tanz im Licht.* Goldmann, 1986.
Mulford, Prentice: *Unfug des Lebens und des Sterbens.* Fischer Tb., 1977.
Ostrander/Schröder: *Leichter lernen ohne Stress.* Goldmann, 1979.
Pelletier, Kenneth R.: *Unser Wissen vom Bewusstsein.* Kösel Verlag, 1982.
Sanders, Eva Maria: *Leben! Ich hatte Krebs und wurde gesund.* Heyne, 1999.
Simonton, Carl O.: *Wieder gesund werden/ Prinzip Mut.* Rowohlt Tb., 2001.
Stone, Hal und Sidra: *Du bist viele.* Heyne, 1994.

Svoboda, Thomas: *Das Hypnosebuch.* Kösel, 1984.
Taylor, Gordon R.: *Die Geburt des Geistes.* S. Fischer, 1982.
Zehentbauer, Josef: *Körpereigene Drogen.* Artemis & Winkler, 2000.

Für Kapitel 7–10

Bauer/Loucadou: *PSI – Was verbirgt sich dahinter.* Herder, 1984.
Bender, Hans: *Verborgene Wirklichkeit.* Walter Verlag, 1975.
Bonin, Werner F.: *Lexikon der Parapsychologie.* Scherz, 1976.
Eysenck/Sargent: *Der übersinnliche Mensch.* Kösel, 1984.
Gruber, Elmar: *PSI-Phänomene.* Energetik Verlag, 1988.
McTaggart, Lynne: *Das Nullpunkt-Feld.* Goldmann, 2003.
Ryzl, Milan: *Jesus – größtes Medium aller Zeiten.* Ariston, 1975.
Sheldrake, Rupert: *Sieben Experimente, die die Welt verändern könnten.* Scherz, 2000
Targ/Harary: *Jeder hat ein 3. Auge.* Goldmann, 1987.
Uccusic, Paul: *PSI-Resümee.* Ullstein, 1978.
Watson, Lyall: *Geheimes Wissen.* Verlag Dietmar Klotz, 2001.

Für Kapitel 11–14

Avila, Teresa von: *Die innere Burg.* Diogenes, 1979
Bache, Christopher M.: *Das Buch von der Wiedergeburt.* Scherz, 1998.
Bender, Hans: *Umgang mit dem Okkulten.* Aurum Verlag, 1986.
Bischof, Marco: *Biophotonen.* Zweitausendeins, 1999.
Brinkley/Perry: *Zurück ins Leben.* Knaur Tb., 1994.
Couliano, I. P.: *Jenseits dieser Welt.* Diederichs, 1995.
Eadie, Betty J.: *Licht am Ende des Lebens.* Knaur Tb., 2000.
Grof, Stanislav: *Geburt, Tod und Transzendenz.* Kösel, 1985.
Guggenheim, Bill und Judy: *Trost aus dem Jenseits.* Scherz, 2002.
Ingrisch, Lotte: *Nächtebuch.* Bauer Verlag, 1988.
Ingrisch, Lotte: *Reiseführer ins Jenseits.* Molden, 1980.

Ingrisch, Lotte: *Unsterblichkeit.* Langen/Müller, 2003.
Jankovich, Stefan von: *Ich war klinisch tot.* Drei Eichen Verlag, 2000.
Johanson, Tom: *Zuerst heile den Geist.* Bauer Verlag, 1995.
Kübler-Ross, Elisabeth: *Über den Tod und das Leben danach.* Silberschnur, 2002.
Kübler-Ross, Elisabeth: *Interviews mit Sterbenden.* Droemer/Knaur, 1999.
Lessing, Gotthold E.: *Die Erziehung des Menschengeschlechts.* dtv, 1997.
Mandel, Peter: *Energetische Terminalpunkt-Diagnose.* Esogetics, 1999.
Miers, Horst: *Lexikon des Geheimwissens.* Goldmann, 1993.
Monroe, Robert A.: *Mann mit den zwei Leben.* Knaur Tb., 1992.
Moody, Raymond A.: *Blick hinter den Spiegel.* Goldmann, 1993.
Moody, Raymond A.: *Leben nach dem Tod.* Rowohlt, 2002.
Moody, Raymond A.: *Leben vor dem Leben.* Rowohlt, 1990.
Morse/Perry: *Verwandelt vom Licht.* Droemer/Knaur, 1994.
Moser, Fanny: *Das große Buch des Okkultismus.* Bauer, 1974.
Popp, Fritz-Albert: *Biologie des Lichts.* Blackwell Wissensch., 1984.
Popp, Fritz-Albert: *Die Botschaft der Nahrung.* Fischer Tb., 1993.
Ring/Valarino: *Im Angesicht des Lichts.* Ariston, 1999.
Ring, Kenneth: *Den Tod erfahren – das Leben gewinnen.* Scherz, 1985.
Ritchie/ Sherrill: *Rückkehr von Morgen.* Francke Buchhandlung, 2003.
Sabom, Michael: *Erinnerungen an den Tod.* Goldmann, 1987.
Schmidt, K. O.: *Das abendländische Totenbuch.* Drei Eichen Verlag, 1993.
Schnelting, Karl: *Geistige Heilung.* Aurum Verlag, 1986.
Sheldrake, Rupert: *Das schöpferische Universum.* Ullstein Tb., 1993.
Sheldrake, Rupert: *Das Gedächtnis der Natur.* Scherz, 1998.
Sherwood, Keith: *Die Kunst spirituellen Heilens.* Bauer, 1997.
Sloterdijk, Peter: *Mystische Zeugnisse.* Diederichs, 1993.
Stevenson, Ian: *Reinkarnation.* Aurum Verlag, 1994.

Viseux, Dominique: *Das Leben nach dem Tod in den großen Kulturen.* Diederichs, 1995.

Wambach, Helen S.: *Seelenwanderung.* Goldmann, 1984.

JULIS A.
FRICK
Purusha
Ein Zittern im Nichts
GOLDMANN